2021 좋은 방송을 위한 시민의 비평상 수상집

엄마, 불완전한 세상도 참 따뜻한 거죠?

엄마, 불완전한 세상도 참 따뜻한 거죠?

방송문화진흥회 엮음

한울

좋은 비평이 좋은 방송을 만든다는 생각으로 시작한 '좋은 방송을 위한 시민의 비평상'이 시청자분들의 적극적인 참여와 호응으로 올해 스물네 번째를 맞이하게 되었습니다. 시민의 비평상이 처음 시작될 때만 해도 대중에게 다소 생소했던 방송비평이 이제는 온전히 자리를 잡은 것을 보면 시민의 비평상이 건강한 방송비평문화 발전에 기여했음을 실감하게 됩니다.

시민의 비평상은 방송학계 전문가나 전문 비평가가 아닌 시민의 눈높이에서 바라본 방송 프로그램에 대한 의견과 비판을 듣고자 만들어 졌습니다. 전문가들의 의견도 중요하지만 시민의 입장에서 가감 없이 평가해 주시는 비평문들은 시청자들의 소구에 부응하는 좋은 방송을 만들고자 하는 방송사와 제작자들에게 더없이 소중한 밑거름이 됩니다. 많은 이들의 사랑을 받는 방송은 결국 시청자들의 목소리를 듣고 이를 반영하여 대중이 원하는 즐거움과 지식을 전달해 주는 프로그램이기 때문입니다. 이러한 점에서 시민의 비평상이 시청자들의 생생한 목소리를 제작자들에게 전달해 주는 통로 역할을 해내고 있어 기쁘게 생각합니다.

올해 응모된 비평문들을 살펴보면서 시간이 지날수록 더욱 다양해지는 시청자들의 선호와 관심을 확인할 수 있었습니다. 특히 올해 눈에 띄는 특징으로는 우리 사회에 다양한 형태로 존재하는 삶의 모습들을 따뜻한 시각으로 바라보자는 취지의 프로그램들에 많은 분들이 공감한다는 점입니다. 홀로 아이를 키우는 엄마, 문제아라고 여겨지던 아이의 속마음을 이해해 가는 과정을 다룬 방송들이 많은 시청자분들의 관심을 끌었습니다. 보내주신 비평문들을 읽어보면서 시청자 여러분들이 각박한 현실을 함께 헤쳐 나갈 수 있는 공동체의 회복을 갈망하고 계시다는 느낌을 받았습니다. 앞으로 방송 제작자들이 이러한 시청자의 여망을 받들어, 좀 더 따뜻하고 다양성이 존중받는 건강한 사회를 만드는 데 기여할 수 있는 프로그램을 많이 만들어내기를 바랍니다.

매년 응모해 주시는 비평문들을 읽어보면 한 해 동안 어떤 프로그램들이 시청자들의 사랑과 관심을 받았는지 알 수 있습니다. 올해에는 지상파 방송사 프로그램에 대한 비평문들이 예년에 비해 많이 눈에 띄었습니다. 저는 이를 지상파가 시청자들의 관심을 되찾아 올 만한 훌륭한 프로그램들을 많이 제작해 경쟁력을 회복했다는 반가운 신호로 읽었습니다. 시청자들의 이와 같은 관심은 어려운 환경에서도 고군분투하고 있는 지상파 방송사 제작자들에게 큰 힘이 되리라 생각합니다.

올해 응모해 주신 여러분들의 비평문 가운데 41편을 추려 모아 비평집을 발간했습니다. 더 많은 시청자들이 이 책에 실린 글들을 통해 방송비평에 관심을 갖게 되고, 비평적 시청 행위를 통해 제작자들이 더 나은 프로그램을 만들도록 이끌 수 있기를 바랍니다.

제24회 좋은 방송을 위한 시민의 비평상 공모전에 참여해 주신 모든 분들에게 감사의 인사를 드립니다. 매년 공동 주최로 시민의 비평상에 관심과 애정을 보여주시는 MBC 관계자, 심사를 해주신 임정환 심사위원장님과 심사위원님들, 수상집 발간에 도움을 주신 한울엠플러스(주) 관계자분들에게도 깊이 감사드립니다.

방송문화진흥회는 앞으로도 건전한 방송비평문화가 더욱 발전하여 시청자와 제작자 간의 소통이 꾸준히 이루어질 수 있도록 노력하겠습니다. 감사합니다.

2021년 12월
방송문화진흥회 이사장 권태선

지난 2년 여간 지속된 전 세계적인 바이러스 유행 사태는 우리 사회의 많은 부분을 바꿔놓았습니다. 사람과 사람 간의 직접적인 소통의 기회가 줄어들고, 각자의 공간에서 고립되어 시간을 보내는 날들이 많아졌습니다.

기나긴 터널을 지나 우리 사회는 다시 기존의 일상으로 돌아가기 위한 걸음을 내딛기 시작했습니다. 그동안 단절되었던 교류를 회복하고 소통하기 위해서는 타인의 생각에 귀 기울이는 것뿐만 아니라 나의 의견을 논리적으로 설명하고 이해시키는 연습이 필요합니다. 이러한 의미에서 시민의 비평상은 시민들이 방송비평을 통해 논리적인 시각으로 콘텐츠를 분석하고, 이에 대한 의견과 개선 방안까지 제시해 보는 건강한 소통을 위한 성장 기회를 제공한다고 생각합니다.

방송 비평문이 감상평과는 달라야 하는 이유도 여기에 있습니다. 단순히 프로그램을 시청하고 나서 느낀 소감을 나열하는 감상평과는 달리 비평문을 작성하기 위해서는 제작자의 기획 의도를 파악하고 이를 어떤 방송 및 연출 기술로 프로그램 내에서 실현해 냈는지를 분석할 수 있어야 합니다. 또 나아가 더 나은 프로그램이 되기 위해서는 어떤 개선 방안이 필요한지도 함께 제시할 수 있어야 훌륭한 비평문이라고 할 수 있습니다.

올해로 24회째를 맞이하는 시민의 비평상은 오래된 역사만큼 매년 우수한 비평문들이 많이 접수되고 있습니다. 예년과 마찬가지로 드라마와 예능 프로그램에 대한 비평문이 주를 이루었지만, 프로그램은 전보다 다양해졌습니다. 한 해 동안 많은 관심을 모았던 특정 드라마나 예능 프로그램에 대한 비평문이 쏠렸던 과거 추세와는 다르게 고루 분포된 시민들의 관심을 확인할 수 있었습니다. 이는 시청자들이 집에 머무르는 시간이 길어지고 여러 종류의 방송 시청 플랫폼을 활용하게 되면서 다양한 프로그램을 시청할 기회가 많아졌기 때문으로 생각됩니다.

비평을 전문으로 하는 평론가나 학자들이 아닌 시민들을 대상으로 하다 보니 공통적으로 발견되는 아쉬움이 있었습니다. 프로그램의 줄거리 소개나 불필요한 인용에 지나치게 많은 비중을 할애한 비평문이 다수 보였습니다. 또한 프로그램의 문제점에 대한 깊이 있는 고찰이나 개선안 제시 없이 단순한 지적에 그친 비평문도 아쉬움을 남겼습니다. 향후 시민의 비평상에 응모하시는 분들이 이런 점을 참고하신다면 더욱 수준 높은 비평문을 완성하실 수 있으리라 기대합니다.

해를 거듭할수록 더욱 발전하는 시민들의 건강한 비평의식을 확인할 수 있어서 심사를 하면서도 무척 보람되고 기뻤습니다. 시민 여러분이 보내주시는 비평문들이 쌓여 방송 제작자들에게 좋은 방송을 위한 가이드라인 역할을 해내고 있다고 생각합니다.

방송비평문화 발전에 힘쓰고 있는 방송문화진흥회와 MBC 관계자 분들에게 감사의 인사를 전합니다. 수상하신 모든 분들에게도 축하를 드리며, 앞으로도 계속해서 시민들의 훌륭한 비평문들을 만나볼 수 있기를 바랍니다.

2021년 12월
심사위원 일동

차례

"엄마, 불완전한 세상도 참 따뜻한 거죠?"

정상 이데올로기의 물결에 침투하는 불완전한 가족상을 주목하며

김하연

내면화된 폭력에 대항하는 투쟁의 목소리

상근이 소원은 도라에몽이 살아 돌아다니는 거고, 미연이 소원은 현관
문을 열면 디즈니랜드가 있는 거라는데, 내 소원은 우리 집에 아무 일
도 일어나지 않는 거다.

김개미 작가의 동시 「짝의 일기」 전문이다. 한 아이의 일상이 다른
아이의 머나먼 소망으로 발현되는 아이러니함이 보이는가. '정인이 사
건'이 발발한 2020년 후반부터 2021년 전반은 방치된 아이들이 수면 위
로 오를 수 있었던 해다. TV 속의 연예인 가족이 비춰온 '정상 가족' 프
레임의 이면에는 일상적 폭력과 차별이 도사리는 현관문이 늘 숨어 있

었다. 그런데도 아이를 내세우며 우후죽순으로 등장하는 예능 프로그램은 꼭 이렇게 말하고 있는 것 같다. 그래요, 참 행복해 보이죠. 이게 바로 이상적인 '정상 가족'이랍니다.

　방송인 사유리가 KBS2 〈슈퍼맨이 돌아왔다〉에 출연했다. 사유리는 결혼을 하지 않은 상태로 남성 정자를 기증받아 아이를 출산한 자발적 비혼모다. 첫 여성 슈퍼맨이 된 그녀의 출연은 오랜 시간 '정상' 프레임에 갇혀온 방송 미디어에 큰 화두를 던졌다. 일부 차별주의자들은 청와대 국민 청원과 KBS 시청자 권익 센터에 출연 반대 글을 올리며 프로그램의 폐지를 요구하기도 했다. 비혼 출산이라는 '비정상'적인 방식이 마치 '정상'처럼 여겨질 수 있다는 우려의 목소리였다. 사실 말이 우려지, 현존하는 다양한 가족 형태를 무시하고 배제하는 '폭력'이었다.

　가라사대 '폭력'의 시대. 포스트 코로나 시대의 삶은 곧 바이러스와의 투쟁이지만 어떤 이들의 삶은 바이러스가 창궐하기 이전부터 이미 보이지 않는 '폭력'과 투쟁 중이었다. 결과적으로 공영방송 KBS에서 8년 만에 여성 비혼모를 슈퍼맨으로 인정한 것처럼 일반화된 틀에서 벗어난 다양한 가족 형태를 보여주는 프로그램이 '이제야' 서서히 생겨나고 있다. 그간 육아 예능은 '정상 가족'의 이데올로기를 받아들이지 않은 성 소수자, 입양 자녀 가정, 한부모 가정, 비혼주의자 등 '비주류' 가족을 조명하지 않았다. 그러므로 내면화된 폭력에 대항하는 새로운 형태를 보여주는 프로그램의 탄생은 열린 시청자로서 굉장히 달가운 일이다. 감사하게도 2021년은 주목할 만한 육아 예능이 몇몇 있었다. 그들을 톺아보며 여전히 만연하는 '정상' 이데올로기의 물결에 대항하는 불완전한 가족상을 주목한다. 더불어 새로운 프로그램의 탄생이 시청자에게 얼마나 중대한 영향을 미치는지 들여다보고 육아 예능이 갖는 문제점의 본질까지를 이어서 분석해 보고자 한다.

불완전한 이들의 눈부신 도약

진부한 육아 예능의 불모지 속에서 2021년 7월 피어난 JTBC의 〈용감한 솔로 육아 ─ 내가 키운다〉(이하 〈내가 키운다〉)는 여러모로 상징적인 의미를 지닌다. 이 프로그램이 다른 육아 예능과 구별되는 특징적인 차별점은 평범한 가족으로 출연하는 연예인이 그간 미디어가 주입하던 '정상가족'이 아니라 이혼 가정의 '싱글맘'으로 구성됐다는 점이다. 안 그래도 '정상 가족'이 또 얼마나 행복하게 사는지를 전시하는 고리타분한 쇼는 더 이상 궁금하지 않던 차였다. 〈내가 키운다〉의 제작진은 군이 '싱글맘'을 메인으로 선택한 프로그램의 취지를 밝히며 아이를 홀로 키우는 한부모 가정에 공감과 응원의 장이 되어주고자 마련한 모임이라고 말한 바 있다. 그러한 연대를 통한 진심이 시청자에게 닿은 걸까. 그 프로그램은 첫회에 분당 최고 시청률 5.2%를 기록하며 새로운 육아 예능의 성공적인 지평을 열었다. 그들이 시청자의 관심과 호평을 받을 수 있었던 이유는 그 누구도 조명해 주지 않았던 '싱글맘'의 출현 그 자체만으로 충분하기도 하지만 단지 그것뿐만은 아니다.

　　〈내가 키운다〉의 '싱글맘'들이 공통적으로 추구하는 키워드는 '용기'다. 불완전함을 있는 그대로 받아들이는 첫 번째 용기는 평범하지만, 평범하지 않은 육아 관찰기 사이사이에 속마음을 고백하는 '싱글맘'의 단독 인터뷰 장면이 적재적소에 혼합된 포맷으로 나타난다. 이들의 인터뷰는 각각 다른 이유로 홀로 아이를 키우게 된 개인 서사적 배경을 수용하고, 형태의 불완전함을 있는 그대로 이야기하는 것에서 출발한다. 딸 로아를 홀로 키운 지 2년 차가 된 배우 조윤희는 로아가 장난감으로 역할 놀이를 하다가 '아빠'를 언급하는 장면에서도 비어 있는 가족의 존재를 자연스럽게 드러낸다. 그 단어조차 꺼내기 부담스러워하는 한부모 가정도 있을 테지만, 적어도 이 프로그램에서만큼은 그들의 불완전함이 불편한 역할로 치부되지 않는다. 당연한 수용성을 통해 한부모 가정의 아이는 함께 살지 않는 아빠 또는 엄마에게도 충분히 사랑받을 수 있는 존재임을 상기하며 '정상 가족'이 결코 보여줄 수 없는 (보여주고 싶지도 않아 했을) 부분까지를 보여준다. 이러한 장면은 시청자의 일반화된 인식을 확장시켜 주는 귀중한 지표가 되고, 같은 처지의 한부모 가정의 시청자에게 또 다른 용기가 된다.

이어서 불완전함을 상쇄할 그들만의 해피 엔딩을 보여주고자 하는 두 번째 용기는 일상적인 육아 관찰형 포맷으로 나타난다. 이 부분은 다른 프로그램과 크게 다를 바 없다는 점에서 다소 아쉬운 면이 없지 않아 있지만, 보이지 않던 소수의 출현은 때로 그 자체만으로도 의미 있는 법이다. 아들 신우와 이준이를 홀로 키우는 3년 차 '싱글맘' 김나영은 속마음 인터뷰를 통해 다음과 같은 말을 한다. "사실 되게 숨고 싶었어요 ……. 그런데 숨을 수 없잖아요." 〈내가 키운다〉가 보여주는 가족의 형태는 불완전하지만 그렇다고 해서 동정심을 가미한 '억지 감동'을 불러일으키지 않는다. 그저 담담하게 이야기하고, 서로 공감하며 때로 눈물 짓고, 한 가족으로서 살아가는 일상을 보여줄 뿐이다. 일부 차별주의자들이 '비정상'이라고 우려했던 그들의 실상은 생각보다 훨씬 단단했다.

육아 예능의 황금기를 곧추세운 MBC 〈아빠! 어디가?〉가 2013년 처음 방영된 이래 아이를 대상으로 한 수많은 가족주의 프로그램이 쏟아져 나왔지만 공교롭게도 사회가 공고히 세워 온 일반성의 틀을 깬 가족의 형태를 전면으로 다룬 예능 프로그램은 없었다. 대부분의 육아 예능은 부모와 자녀로 구성된 핵가족의 정형화된 틀에서 출발하고 결론적으로 '미우나 고우나 우리는 행복한 가족'임을 강조하는 현실과 동떨어진 가족애로 귀결된다. '정상' 가족의 틀에서 벗어난 다른 가족의 형태는 일반화된 시대의 창에서 지워지기 쉬웠다. 그러한 구태의연한 흐름 속에 '용기' 있게 침투하는 〈내가 키운다〉는 변해가는 시대에 적합한 성공적인 도약을 이뤄냈다고 볼 수 있다.

타자화를 벗어난 '타자 되기'

2020년부터 방영 중인 채널 A의 〈금쪽같은 내 새끼〉는 또 다른 방식으로 획일화된 단란한 가족상을 분쇄한다. 육아 문제로 골머리를 앓는 일반인 부모에게 베테랑 육아 전문가들이 현실적인 솔루션을 제안하며 내부적인 문제를 교정한다. 대중에게 잘 알려진 아동 전문가 오은영 박사가 해결사로 등장한다는 점에서 2006년부터 2015년까지 방영됐던 SBS 〈우리 아이가 달라졌어요〉의 연장선처럼 느껴지기도 한다. 〈내가 키운다〉가 불완전한 가족이 완전한 행복을 추구하는 휴머니즘적 스토리텔링을 시사했다면 〈금쪽같은 내 새끼〉는 다양한 형태의 현실적인 가족이 겪는 불완전함을 가감 없이 보여준다. 다문화 가정과 입양 가정은 물론이고 그중에는 남편과 사별하고 자폐 스펙트럼을 보이는 아이를 홀로 키우는 싱글맘, 부모의 이혼을 받아들이기 힘들어하는 두 아이의 정서를 염려하는 싱글대디 등 〈내가 키운다〉가 다뤘던 '이혼 가정의 싱글맘'이라는 테마에서 몇 걸음 더 확장됐다. 더불어 전문가가 솔루션을 제시하는 상담 프로그램의 특성상 출연자는 자신의 고정적인 역할을 벗어나 간접적으로 타자가 되는 경험을 한다. 이들은 코로나 사태로 이웃 간에 안녕을 묻는 것이 부재한 사회에서 소통을 통해 내면화된 무의식적 폭력을 인정하고 함께 성장한다.

8월 말에 방영된 〈금쪽같은 내 새끼〉 63회에서는 속살이 드러날

정도로 손톱과 발톱을 물어뜯는 아이의 사연이 소개됐다. 그런데 출연자가 살펴본 VCR 속의 아이는 아빠가 부부싸움으로 언성을 높일 때마다 손과 발에 입을 대고 있었다. 오은영 박사는 초긴장 상태에 휩싸인 집에 불안을 느낀 아이가 손톱과 발톱을 물어뜯는 최선의 자기방어를 통해 스스로를 위로한다고 분석했다. 부모는 솔루션을 통해 자신의 내면화된 폭력을 마주하고 행동에 가려진 아이의 마음을 들여다보는 시간을 갖는다. 눈여겨봐야 할 점은 그들의 솔루션이 '아이 되기'에서 끝나지 않는다는 것이다. 오은영 박사는 부모와 맺었던 애착 패턴이 대물림으로 이어지는 애착 이론을 설명하면서 아이 아빠의 어린 시절을 묻는다. 그는 일찍이 부모를 여의고 투박한 할머니 손에 자라 애착을 느껴본 적이 없던 어린 시절을 보냈기에 자신의 아이에게도 사랑을 주는 데 서툴렀다는 것을 깨닫는다. 이처럼 〈금쪽같은 내 새끼〉는 완벽한 '타자 되기' 소통으로 비로소 서로를 이해할 수 있다는 메시지를 전한다. 윤후가 복스럽게 짜파구리를 먹고 벤틀리가 사랑스럽게 옹알이를 하는 관찰형 육아 프로그램이 아님에도 불구하고 〈금쪽같은 내 새끼〉를 보며 힐링을 느낀다는 2030 세대의 시청자가 다수한 이유는 바로 이러한 부분에서 표명된다. 시청자는 리얼리티가 넘쳐나는 다양한 가족의 모습을 보면서 자기 자신까지 돌아보고 '그래서 그랬구나' 또는 '그럴 수도 있겠구나' 하고 생각하며 자유로운 '타자 되기'에 도전한다. 더 나아가 우리가 어떻게 타자와 만나서 의사소통하고 트라우마를 극복하며 사람과의 관계를 회복할 것인지를 묻기도 한다.

여태 '정상 가족' 이데올로기가 지배했던 육아 예능은 완전한 가정 내부에서 벌어지는 폭력과 혐오를 은연중에 은폐하기 십상이었다. 자기중심적인 관점에서 힐링을 무기로 사랑스러운 아이만 내세우는 육아 예능이 판을 치는 '불편한 단란함' 속에서 날것의 리얼리티를 정면으로 마주하는 프로그램은 귀할 수밖에 없다.

힐링(healing)인가, 셀링(selling)인가

한편으로는 육아 예능에 대한 비판의 여론도 무시할 수 없다. 시청자로서 프로그램을 통해 가족의 다양화를 간접적으로나마 경험하고 내면화된 폭력을 인지할 기회가 생긴 것은 반가운 일이지만 육아 예능을 다룰 때 부정적인 측면을 지적하는 우려의 여론은 늘 공존해 왔다. 비판의 본질을 파악하기 위해 표층부터 단계적으로 살펴보자. 육아 예능은 왜 열풍을 일으켰는가. 미숙하지만 사랑스러운 아이의 출현과 육아 앞에서 되려 자신의 미숙함을 발견하며 함께 성장해 가는 부모의 서사는 유쾌하면서도 감동적인 그림을 그려내기 쉽다. 귀여운 아이들을 보며 힐링하는 시청자는 기꺼이 '랜선 이모' 또는 '랜선 삼촌'이 되며 장르적 팬덤을 형성하기도 한다. 문제는 아이의 순진무구함을 자연스럽게 보여주기 위해서는 일상의 날것을 끄집어내는 리얼리티가 요구된다는 것이다. 그래서인지 대부분의 육아 예능은 제작진의 개입을 최소화하고 사실성이 부여되는 관찰 예능의 포맷을 사용한다. 그런데 아이들의 예쁜 모습만을 편집해서 방송하는 육아 예능을 진짜 리얼리티라고 볼 수 있을까. 대중을 사로잡기 위한 힐링의 대상으로 소비되는 아이들은 상품화의 위험에 노출될 가능성이 크다. 이 위험은 더욱 화목하고 이상적인 가정을 연출시키며 앞에서 거론한 '정상 가족' 프레임을 부추긴다.

　앞서 언급한 두 프로그램이 아이를 다루는 방식은 기존의 육아 예능과는 다소 남다르다. 〈내가 키운다〉 PD는 한 인터뷰에서 다음과 같이 말한다. "아이들의 예쁜 모습만 담으려고 하지 않았다. 아이가 우는 모습과 떼를 쓰고 넘어지는 모습도 다 프로그램의 이야기다. 다른 육아 예능의 고정관념을 깨는 작업을 하고 있다." 육아 예능 속의 아이들은 '귀엽고 예쁘기만 한 존재'가 아니라 '미숙한 것이 당연한 존재'로 비춰야 한다. 〈내가 키운다〉에서 김나영은 아침을 먹는 데 한 시간이 넘는 시간을 소모한다. 일어나자마자 집을 어지르는 신우를 진정시키랴 칭얼대는 이준이의 밥을 먹이랴 정신이 없다. 그녀는 이른바 '멘붕'이 온 표정을 지으며 한숨을 쉬기도 한다. 싱글맘이자 워킹맘이기도 한 양육인의 전쟁 같은 아침을 있는 그대로 보여줌으로써 이상적이지 않은 육아 리얼리티를 보여준다. 이러한 장면은 앞서 PD가 말한 대로 연예인 가족의 모범적이고 단란한 단면만 비추는 육아 예능의 일반화된 고정관념을 깨뜨리고자 하는 시도로 보인다.

비(非)연예인 아이가 등장하는 〈금쪽같은 내 새끼〉는 또 어떠한가. 유사한 구성의 〈우리 아이가 달라졌어요〉와 비교해 보면 아이를 소비의 대상이 아닌 한 인격체로 대하는 제작진의 태도가 돋보인다. 이 프로그램은 아동 권리를 보호하며 아이를 실명 대신 '금쪽이'라는 애칭으로 부르고, 또래 아이의 목소리를 녹음한 AI 스피커로 인터뷰를 진행한다. 게다가 "무개념 반항아 태양", "최강폭군 혜성" 등 아이를 문제아로 가두는 듯한 자극적인 키워드를 붙였던 〈우리 아이가 달라졌어요〉와 다르게 〈금쪽같은 내 새끼〉는 "소통 방식의 미숙함으로 오해받는 금쪽이", "이유 없이 동생들을 괴롭히는 속을 알 수 없는 금쪽이" 등 아이를 어른의 언어로 만든 틀에 가두지 않고 오로지 문제가 되는 행동만을 지적한다.

오늘날의 시청자는 다양한 가정의 '금쪽같은' 아이를 위한 육아 예능을 필요로 한다. 아이의 출입을 금지하는 '노키즈존(No-Kids-Zone)'과 어린이의 미숙함을 폄하하는 신조어인 'ㅇ린이' 같은 혐오적 언어가 만연한 사회에서는 더더욱. '힐링(healing)'이라는 말로 예쁘게 포장해서 이상적인 '정상 가족'을 '셀링(selling)'하는 데 치중된 프로그램은 시청자의 이목을 끄는 건 성공할지 몰라도 고정 시청률을 유지시키는 데 한계가 생길 것이다. 더불어 육아 예능의 다양화가 막 생겨나는 이 시점에서 아이의 권리를 존중하는 미디어의 세심한 태도는 필수적 요건이다.

확장된 육아 예능, 시각적인 환상을 깨부숴라

눈의 망막에는 '맹점(盲點)'이라고 불리는 부분이 있다. 그 부분은 신경세포가 존재하지 않아서 어떤 이미지도 만들어낼 수 없다. 그런데 인간은 웬만하면 일상생활에서 맹점의 존재를 자각하지 못한다. 우리의 시각 체계가 빈 공간을 '시각적인 환상'으로 채워 바라보게끔 만들어주기 때문이다. 지금까지 톺아본 것처럼 일상생활을 가장한 육아 예능 프로그램은 시청자에게 이 '시각적인 환상'을 이상적인 현실인 양 주입해 왔다. 현존하는 다양성을 배제하고 환상 속의 일반성만이 실재한다고 믿는 리얼리티 방송의 '매직 아이'는 '정상 가족'만을 이상적으로 취급하는 내재적 폭력을 초래한다.

육아 예능은 이제 그만 환상을 깨부숴야 할 때다. 〈금쪽같은 내 새끼〉에서 오은영 박사가 한 아이에게 '금쪽 처방'(금쪽이에게 내리는 맞춤형 솔루션)을 내리며 이런 말을 한 적이 있다. 아이가 겉으로 표현하는 수많은 문제의 이면에는 늘 진짜 이유가 숨어 있고, 부모가 그 이유를 찾지 못하면 오직 껍질에 있는 문제를 없애려는 데에만 몰두한다고. 육아 예능이 여태 주목하지 않았던 '비주류' 가정의 문제도 마찬가지다. 우리는 그동안 보이지 않는 다양성을 존재하지 않는다고 믿으며 그들을 지우는 데 얼마나 많은 시간을 할애했는가. 환상을 깨부숴야 비로소 '진짜' 리얼리티가 드러나는 법이다. 방송은 곧 시대를 비추는 창이라는 책임감을 지니고 불완전한 타자와 소통하는 리얼리티를 끊임없이 정면으로 마주하고 담아내야 한다. 이 세상의 아이들은 도라에몽이 살아 돌아다니길 바라는 '상근이'와 디즈니랜드에 가고 싶어 하는 '미연이'로만 존재하지 않는다. 정상 이데올로기로부터 멀리 떨어져 있는 현관문 너머로 저마다의 삶을 구축하는 불완전한 가정까지 따뜻한 시선으로 들여다볼 줄 알아야 하는 것이 바로 방송의 역할이다.

이 순간에도 아무 일이 일어나지 않기를 바라고 있을 아이들을 생각하자니 1990년대에 사용됐던 MBC의 로고송 하나가 떠오른다. "엄마, 세상은 참 따뜻한 거죠?" 옥구슬처럼 얇고 앳된 목소리의 어린아이가 부르던 짧은 멜로디였다. 그렇다, 아이러니하지만 세상은 전대미문의 바이러스가 퍼지고 부정부패가 비일비재하는 불온함이 섞여들어도 서로 더불어 살아가기에 참 따뜻하다. 다만 2021년을 지나는 지금 미디어를 접한 아이들이 이렇게 질문할 수 있기를 바란다. "엄마, 불완전한 세상도 참 따뜻한 거죠?" …… 이 질문에 마땅히 그렇다고 대답할 수 있는 세상이 오기를 기대하며 방송을 진심으로 사랑하는 열린 시청자로서 다양한 가족상을 지지하는 프로그램이 늘어나기를 대망한다.

감동과 웃음의 어색한 경계

MBC 〈손현주의 간이역〉

김미진

〈손현주의 간이역〉은 2021년 2월부터 7월까지 매주 토요일 밤 MBC에서 방영된 예능 프로그램이다. 세상을 연결하는 소통의 상징인 간이역을 보존하자는 취지로, 배우 손현주 씨, 개그맨 김준현 씨, 배우 임지현 씨가 역장과 역무원 체험을 하며 간이역과 그 주변 볼거리를 소개한다. 첫 화의 중앙선 화본역을 시작으로 총 10곳의 간이역을 방문했으며, 한 곳당 2회분으로 제작하여 총 20회가 방영되었다. 2회분 중 첫 편에서는 해당 간이역을 소개하고 MC들이 역에서 일하는 모습을 보여주며, 두 번째 편에서는 게스트가 출연해 함께 역 주변 관광지를 탐방하기도 하거나 마을 주민의 일손을 돕는다.

〈손현주의 간이역〉은 제목에서 느껴지는 대로 감성적 아이템을 다룬 힐링 예능을 표방한다. 간이역을 보존하자는 제작 의도는 잊혀가는 것을 기억하고 또 남기고자 하는 인간의 감성을 자극하며, 디지털이 일상이 된 지금, 아날로그적인 감동을 잔잔히 선사한다. 전국의 고즈넉한 풍경과 지역의 먹을거리, 체험거리를 보여줌으로써 코로나19로 인한 집콕 생활에 지친 시청자들의 답답함을 해소하고 대리만족을 느끼게 해준다. 사람들이 밀집되지 않도록 하면서도 침체된 지역 관광 산업을 활성화해야 한다는 모순적인 상황에서, 유명 관광지가 아닌 잊혀가는 간이역을 소개하며 관광지의 다변화를 유도한다는 면에서 시의적절한 콘셉트이기도 했다. 하지만 기대가 큰 만큼 프로그램에 대한 아쉬움도 남는다.

시청자의 기대와 프로그램 간의 메워지지 않는 거리

〈손현주의 간이역〉을 보면 어쩔 수 없이 떠오르는 프로그램들이 있다. 예능에 자주 노출되지 않은 베테랑 배우가 본인의 이름을 걸고 사라져 가는 옛 정서를 자극하는 감성적인 아이템을 다룬다는 측면에서 〈김영철의 동네 한 바퀴〉, 최불암의 〈한국의 맛〉과 닮아 있다. 또한 외지의 고즈넉한 풍광 속에서 출연진이 노동을 하고 그 지역과 어우러진다는 점에서 〈삼시세끼〉, 〈윤식당〉, 〈윤스테이〉 등의 tvN 예능을 떠올리게 한다. 특히 게스트들이 나오고 지역 주민과 자연스러운 교류를 보여준다는 점에서는 〈삼시세끼〉가, 세대와 성별을 아우른 구성원이 함께한다는 면에서는 〈윤식당〉과 유사한 측면이 있다.

다양한 플랫폼을 통해 쏟아지고 있는 수많은 영상 콘텐츠 속에서 유사한 설정이 발견된다는 것만으로 프로그램을 부정적으로 평가할 수는 없다. 유사한 설정이 시청자에게 친숙함을 주어 시청 몰입의 진입장벽을 낮추는 긍정적인 측면도 있다. 다만 시청률을 위해 기존에 성공한적 있는 프로그램 문법을 고민 없이 그대로 답습하는 것은 곤란하다. 익숙한 구성 안에서도 시청자가 소구하는, 해당 프로그램만의 차별점이 있어야 한다. 〈손현주의 간이역〉이 선택한 이 프로그램만의 차별점은, 힐링 예능을 표방하면서도 예능 프로그램 진행 방식에 좀 더 가깝다는 것이다. 〈손현주의 간이역〉은 다른 유사 힐링 예능에 비해 컷 전환이 빠르고, 화면을 꽉 채운 자막을 통해 장면 장면에 대한 설명을 넣어 시청자의 개입을 줄인다. 예능 프로그램에 익숙한 경쾌한 배경음악과 효과음 등을 사용하며, 손현주가 게스트에게 질문을 하고 답을 이끌어내는 등 기존 야외 예능 프로그램의 진행 문법을 따른다. 문제는 프로그램에서 이야기를 풀어내는 예능적 서술 방식이, 메인 진행자 '손현주'와 감성적 아이템인 '간이역'에 대한 시청자 기대감 사이의 간극을 매끄럽게 메우지 못한다는 데 있다. 예능적 구성에 집중했다면 시청자의 감성적 기대를 전복시킬 정도의 재미가 있어야 하지만, 프로그램 전반에서 재미를 선사할 특별한 요소를 찾아내기 어렵다. 편안한 웃음을 유도하는 장치가 부족하기 때문이다.

앞에서 썼듯, 〈손현주의 간이역〉은 한 간이역당 2회로 나눠 방송이 송출되는데, 전편은 해당 간이역을 소개하고 후편은 새로운 게스트들이 그 지역을 체험한다. 매 화 새로운 장소, 새로운 인물이 등장하는 셈이다. 전문 예능인만으로 완벽하게 짜인 예능 프로그램이 아닌, 야외의 낯선 상황을 바탕으로 매회 새로운 정보가 제공되는 구성에서는 재미를 이끌어낼 요소를 찾기 어렵다. 새로운 공간을 짧은 시간 머무는 것만으로는 특별한 이벤트가 발생될 여지가 적기 때문이다.

〈삼시세끼〉나 〈윤식당〉 등이 새로운 인물의 등장 속에서도 편안한 웃음을 이끌어낼 수 있었던 것은, 장소가 고정되어 있어 긴 호흡이 가능했기 때문이다. 특정 공간에서 스토리를 발견해 내기 위해서는 충분한 관찰과 시간 여유가 필요하다. 이렇게 발견된 스토리들은 공간을 특별하게 만드는 매력적인 요소가 된다. 오랜 시간을 두고 조성되는 지역 주민과의 관계들도 재미를 주는 요소로 작동한다. 홈런 같은 큰 웃음 한 방이 아니라 소소한 감동과 웃음을 통한 단타로 타점을 내야 하는 〈손현주의 간이역〉 또한 긴 호흡으로 특정 공간만의 스토리텔링을 하고 지역 주민과의 에피소드를 만들어냈어야 한다. 과감하게 한두 개의 간이역에 집중하여 1~2주 이상 장시간 머무는 내용으로 구성했다면 스토리 발굴은 물론이고, 동네 주민들과의 케미도 더욱 잘 살릴 수 있었을 것이다.

배우 손현주의 아쉬운 활용

안정적인 발성과 연기력, 대사 전달력이 보장된 배우들의 내레이션은 감성에 호소하고 몰입하게 하므로 다큐멘터리에 어울린다. 〈한국의 맛〉의 최불암, 〈김영철의 동네 한 바퀴〉의 김영철, 〈건축탐구 집〉의 김영옥의 맛깔스러운 내레이션은 프로그램의 맛을 배가하는 요소다. 연기파 배우 손현주의 목소리 또한 감성을 자극하는 매력적인 중저음이라 다큐멘터리 내레이터로도 손색이 없다. 하지만 〈손현주의 간이역〉의 예능 신인 손현주는 왠지 어색하고, 그의 어조도 다소 들떠 있다. 그가 보여줄 수 있는 강점이 이 프로그램에서 잘 드러나지 않는다. 자신의 이름을 건 예능 프로그램이라는 부담감을 안고 매회 새로운 상황에서 재미를 만들어내고, 게스트들을 이끌어 진행하는 것은 쇼 프로그램 경험이 많지 않은 그에게는 꽤 어려운 일이었을 것이다. 프로그램 진행 경험이 있는 개그맨 김준현은 선배에 대한 예우 차원인지 한 발짝 뒤로 물러서서, 기존의 이미지대로 요리를 하거나 먹방을 선보이는 데 치중한다. 임지현 또한 앞장서서 프로그램을 이끄는 출연자라기보다는 그의 매력을 이끌어낼 수 있는 베테랑 진행자가 필요한 예능 신인일 뿐이다. 손현주의 강점을 부각하기 위해서는 몸에 맞지 않는 옷을 입은 것 같은 MC 역할을 맡기기보다 편집 혹은 구성 장치 등을 통해 그의 매력을 활용할 수 있도록 제작진의 적극적인 개입이 필요했다. 〈윤식당〉의 윤여정과 신구가 호평을 받은 이유도 진행자로서 상황을 이끌어나가는 것이 아니라, 돌발 상황이 펼쳐진 곳에서 삶의 노하우와 지혜를 통해 문제를 극복해 나가는 모습을 보여 줬기 때문이다. 손현주 또한 진행자라는 부담감에서 벗어나 앞에 펼쳐지는 상황에 온전히 몰입하는 모습을 보였다면 더 큰 시청자의 공감을 얻었을 수 있었을 것이다.

　　프로그램에서 그려지는 손현주의 캐릭터 또한 아쉬운 부분이었다. 역장 업무를 수행하며 저녁 반주를 위해 당직을 피하거나 음식을 준비할 때 혼자 자리를 지키는 모습 등은 요즘 비판적으로 언급되는 꼰대 이미지가 엿보인다. 솔선수범하며 낮은 자세로 성실히 일하는 윤여정과 신구의 캐릭터가 〈윤식당〉의 성공 요인 중 하나였다는 사실을 볼 때, 〈손현주의 간이역〉을 이끄는 중심축 손현주의 매력적인 캐릭터 구축은 프로그램 성공의 큰 열쇠이다. '꼰대 아재'의 이미지를 비틀어 예능적 재미를 이끌어내고 호감으로 전환해 내기 위해, 해당 캐릭터를 재미있게 유화할 수 있도록 장도연, 장동민과 같은 강한 캐릭터의 인물이 함께했다면 손현주의 이미지가 더욱 매력적으로 살았을 듯하다.

간이역을 보존하자? 공감이 필요한 제작 의도

〈손현주의 간이역〉의 제작 의도는 세상을 연결하는 소통의 상징인 간이역을 보존하자는 것이다. 하지만 단순히 '간이역'이라는 물리적인 공간을 보존하자는 제작진의 호소가 시청자에게 얼마만큼 공감을 형성할 수 있는지는 의문이다. 최불암의 〈한국의 맛〉이나 〈김영철의 동네 한 바퀴〉에서 기억하고 기록하는 대상은 '음식', '동네'이다. '음식'과 '동네'는 모두 인간의 삶과 밀접하게 닿아 있는 요소이고, 그만큼 확장성이 있다. 내가 먹어보지 못한 음식이고 한 번도 가보지 못한 동네가 분명한데, 프로그램을 보면 묘한 동질감과 공감이 느껴지는 이유가 거기에 있다. 하지만 〈손현주의 간이역〉은 간이역에 얽힌 기억이 보편적이지 않다. '간이역'의 이미지 또한 외지에 있는 한적하고 아련한 공간이라는 이미지로 단선화된다. 보편적인 공감을 이끌어내기 어려운 '간이역'이라는 물리적 공간을 보존하자는 제작 의도가 시청자를 설득하기 쉽지 않다 보니, 프로그램이 '간이역'보다는 주변 동네 체험 등으로 무리하게 확장된다. 이와 같이 프로그램 취지, 의도와 동떨어진 프로그램 진행은 시청자의 몰입도를 낮춘다.

단순히 '간이역'을 보존하고 지키자는 것보다, '간이역'의 새로운 생명력을 불어넣자는 접근이 더욱 공감을 얻었을 수 있다. 도시재생적인 측면에서 간이역이 새로운 기능을 할 수 있도록 공간을 개편하고, 긴 호흡으로 리모델링하는 모습을 보여줬으면 어땠을까? 간이역에 대한 기억을 시청자 개개인의 기억으로 확장할 수 있도록, 해당 간이역에 특별한 추억이 있는 사람들의 사연을 모아, 에피소드로 구성했어도 흥미로웠을 듯하다.

〈손현주의 간이역〉은 아쉬운 점도 있지만, 수많은 자극적인 프로그램 속에 쉼표를 찍어줄 의미 있는 프로그램임이 분명하다. 시청자들이 예능 프로그램 속 감동적인 요소에 열광하는 이유는 그만큼 우리 삶이 여전히 팍팍하다는 방증일 것이다.

시청자의 눈을 사로잡기 위해 자극적인 장치로 휘발되는 프로그램이 아니라, 잔잔하게 힐링과 감동을 주는 프로그램에 대한 수요가 여전하다. 수많은 자극적인 프로그램 속에서도 품격 있는 웃음을 주는 프로그램들이 우리 삶에 위안을 안겨주기를 바란다. 그것이 공영방송사에 거는 시청자들의 기대이다.

청년아, 너의 판타집을 구해주지는 못하는데, 빈집이라도 잠깐 살래?

MBC 〈빈집 살래 in 서울 확장판〉 비평

범문영

들어가며

"젊음, 열정, 패기."

청년 하면 흔히 떠올리는 관념은 지독하리만큼 사회에 깊게 박혀 있다. 청년들이 안타깝지만, 열정과 패기를 가져야만 하고 이 고통도 청년이니까 겪을 수 있는 거라 말하는 저명한 중장년 인사들의 말은 일찍이 "아프면 아픈 거지, 왜 청년이 아파야 해?"라는 사회적 밈(meme)으로까지 승화되었다. 청년이 열정과 패기로 어려움을 극복해 나가라는 이미지는 고루하다. 새로움과 재미를 적절히 섞어 성공적인 효능감을 주는 방송을 끝없이 찾아나가는 시청자 입장에서, 너덜너덜하고 해묵은 관념과 이미지를 다시 보게 되는 건 결코 유쾌하지 않다. 기획 의도에 담긴 선의는 퇴색하고, 방송의 재미는 반감된다.

그렇기에 MBC의 〈빈집 살래 in 서울 확장판〉(이하 〈빈집 살래〉)이 남긴 끝맛이 불쾌하다. 시작은 분명 '집방'의 홍수 시대에서 '빈집'이라는 톡톡한 키워드를 잡아낸 창의적인 방송이었다. 1화와 2화에서 나타난 가혹한 현실은 방송의 판타지적 재미는 조금 반감되더라도 현실성을 부각했다는 점이 눈에 띄었다. 그러나 3화에 나타난 '청년'과 '집'을 풀어낸 이야기는 경악과 분노를 자아냈다. 방송 제작 배경에 자리한, '청년'에 대한 이미지는 그들이 결코 쟁취할 수 없는 '집'과 만나며 감정적 효용도, 실리적 효용도 갖출 수 없는 고통 어린 뒷맛을 남겼다.

가장 기본적인 욕망이 얽힌 '집'

"모든 국민은 거주·이전의 자유를 가진다"('대한민국 헌법' 제14조).

동서를 막론하고, 근대화 이전까지 피지배층에게 거주란 일종의 족쇄였다. 우리나라만 하더라도 갑오개혁 전까지 향·부곡·소의 일원과 농민 등 피지배층에게는 거주이전의 자유가 없었다. '내 거주지'를 '내 마음'대로 정하게 된 역사는 130년도 채 되지 않을 정도로 매우 짧다.

짧은 역사 때문일까, 거주·이전의 적극적 자유 실현은 아직까지 요원해 보인다. 소극적 자유야 대체로 보장된다고 하지만 거주와 이전에 있어 개인의 '삶', '나'는 배제되어 있다. 집이 없는 이들은 집값이 올라 쉽게 이동하지 못하고, 이동하고 싶지 않아도 이동을 해야만 하는 처지에 처한다. 거주지를 정할 때도 예산에 맞게 골라야만 하니, 열악한 교통과 좁은 공간, 불안한 치안쯤은 감수해야 한다. 거주지 자체를 옮길 수 있는 소극적 자유는 확보되었으나 그 안에서 '나'를 찾는 적극적 자유의 길은 멀기만 하다.

거주지, 그리고 그 종착역인 '집'을 소유하고자 하는 인간의 욕망은 곧 '나'를 찾고자 하는 욕망과도 맞닿는다. 누구에게 지배받지 않는 오롯한 삶을 갖기에 집은 필수적이다. 그러나 이 기본적이고도 근원적인 욕망 실현은 최근 2년 동안 아득히 멀어지기만 했다. 사회의 들끓는 욕구를 어느 산업보다 빠르게 잡아내야 하는 방송에 '집' 열풍이 분 것도 당연하다.

2019년부터, 방송은 집에 대한 욕구, 확장하자면 지배받지 않는 자유로운 나를 찾기 위한 욕구를 아주 다양한 방식으로 풀어냈다. 더욱이 코로나19로 집에 대한 관심이 크게 늘어나 그야말로 집에 대한 방송, 즉 집방의 홍수 시대가 도래했다. 건축가와 건축주의 삶과 생각을 담아낸 완성품으로서 집을 보여준 EBS〈건축탐구 집〉부터 한정된 예산으로 원하는 집을 찾을 수 있는가에 대한 답을 보여준 MBC 〈구해줘, 홈즈!〉가 집방의 시작을 알렸다면 다양한 주거 욕구를 충족할 수 있는 집이 실재한다는 것을 보여준 SBS 〈나의 판타집〉, 집 자체를 살 순 없지만 집을 자신에게 맞게 바꿔보자는 tvN 〈신박한 정리〉와 자산 증식 영역에 한 발 걸친 SBS FiL·TV조선의 〈홈데렐라〉는 일종의 응용편이라 할 수 있다.

가장 최근에 나온 〈빈집 살래〉는 앞서 나온 모든 영역을 적절히 조화시키려 한 프로그램이다. 서울 시내, 예산 안에서, 내가 꿈꾸는 요소들을 적절히 섞어 집을 마련할 수 있다는, 그야말로 '혹'하는 요소가 다 들어가 있다. 빈집을 사서(buy) 내가 꿈꾸는 삶을 살아(live)간다는 매력적인 기획이었다.

'집'을 꿈꿀 수 없는 이, 청년

그러나 이 숱한 집 방송들 안에서 '일반인 청년'은 찾기 어렵다. 청년들은 방송에서마저 욕망을 꿈꿀 수 없다. 그들은 연예인이 얻을 수 있는 혜택들을 누릴 수 없고, 집을 지을 자본도 없다. 간혹 〈구해줘, 홈즈!〉에 청년들이 나오지만 여럿이 모여 예산을 어떻게든 높였음에도 턱없이 부족한 예산에 패널들이 골머리를 앓는 모습이 반드시 나온다. 교통·치안·공간 중 하나 이상이 아득할 정도로 현실적인 경우도 다반사다. 심지어 그마저도 출연자가 학생이거나 취업준비생인 경우는 127회 내에서도 손에 꼽는다. 연예인 청년이 나오는 '판타집'까지는 아니어도 어떻게든 살 만한 집을 '구해'달라 말하는 것도 쉽지 않다.

자본의 지배에서 가장 자유로울 수 없는 이들일수록 거주·이전이 자유롭지 못하다. 특히 부모 혹은 보호자에게 의탁이 어렵고 거주지의 자유를 실현할 만큼의 자산은 가질 수 없는 청년층이 가장 심하게, 오래 부자유의 족쇄에 매여 있게 된다. 특히 대부분의 일자리가 서울·수도권에 집중된 기이한 구조를 고려해 보면, 청년층은 끌어올릴 돈은 없지만 가장 비싼 서울에 붙어 있어야만 한다. 그 때문에 그들은 '지·옥·고'(반지하, 옥탑방, 고시원)를 전전하게 된다. 거주지를 마음대로 선택할 욕망조차 거세된 이들이 청년이다.

〈빈집 살래〉 3화는 적어도 이 부분을 고민한 것으로 보인다. 초반에 나오는 '지·옥·고'에 대한 설명과 청년을 안타까이 여기는 패널들의 발언은 시청자의 공감을 높였다. 그러나 이후 등장하는 경쟁 구도는 이 사회가 얼마나 청년에게 잔혹한지를 다시금 보여줬을 뿐이었다.

〈빈집 살래〉가 활용하는 '청년':
빈집을 살(buy) 수 없는 청년

1, 2회의 전개 과정은 방송 사례자 소개, 사례자가 꿈꾸는 집, 빈집 탐방과 구매 결정, 건축, 완성으로 요약할 수 있다. 서울 시내 빈집을 구매한 후 재건축해 '서울 시내 내 집 마련'의 꿈을 이루는 모습이라는 한 문장으로 정리 가능하다.

그러나 3회는 다르다. 〈빈집 살래〉의 '사다(buy)'를 할 수 없는 이들, 즉 청년의 모습을 조명한다. '지·옥·고'에 처한 청년들에게 도움을 주기 위해 "셰어 하우스를 만들겠다" 선포한 후, 개조할 한옥을 보여준다. 이후 한옥 셰어 하우스에 들어올 이들을 무려 경쟁 프레젠테이션, 즉 오디션을 시킨다.

빈집을 사서(buy) 살아가는(live) 자본을 가진 이와 그렇지 못한 이가 있으니, 빈집을 셰어 하우스로 만들어 청년들에게 양질의 집을 제공한다는 점은 그래도 현실과 타협으로 볼 수 있다. 그러나 그 셰어 하우스 입주 과정은 현실과 타협은커녕 청년 기만으로밖에 보이지 않는다.

지금의 청년들은 일생을 경쟁 속에서 살아왔고 지금도 살고 있다. 특목고 입시 열풍으로 중학교 때부터 경쟁에 치였고, 대입 경쟁은 물론이고 입사 경쟁까지 치열하게 치렀다. '건국 이래 최초로 부모보다 못사는 세대'는 살아가기 위해 평생을 경쟁했다. 그 경쟁을 위해 지·옥·고에서 살아가는 것도 감내한다. 그러나 방송은 그 청년이 안타깝다며 셰어 하우스를 만들고도 그 셰어 하우스에 잠시 입주할 청년을 다시 경쟁으로 선발했다.

방송은 갈 곳이 없는 청년들이 낸 서류들을 검토를 한 후 3팀을 선발, 경쟁 오디션을 하는 모습까지 전부 방영했다. 각기 절박한 이유가 있는 청년들은 자신들의 열정과 활용도를 내세우며 열성적으로 경쟁 오디션에 임한다. 1, 2회의 출연자들이 왜 집을 갖고 싶은지, 집을 살 돈은 어느 정도인지를 말하고 끝났다면 청년들은 욕망하는 이유, 그럴 수밖에 없는 상황, 자신들의 생활고 전반, 살고자 하는 열정, 집을 갖게 되었을 때 자신들이 할 수 있는 일들과 자신들의 쓰임새까지 다 샅샅이 드러낸다. 앞선 출연자들이 돈으로 집을 샀다면, 청년들은 그야말로 열정과 능력, 인생 스토리를 팔아야만 집에 잠시라도 있어볼 기회를 얻었다.

청년 3팀이 몇 날 며칠을 준비하고 열과 성의를 다한 PT는 방송에 15분도 채 나가지 않았다. 아니, 15분씩이나 나갔다. 이 15분의 존재 이유를 묻고 싶다. 시청자들이 청년에게 안타까운 마음을 가지게 하기 위해서 보여준 것인가. 청년들이 이렇게나 열정을 가지고 임한다는 점을 강조하기 위해서인가. 혹은 집을 살 돈이 없는 사람들은 이 정도쯤은 해야 한다는 걸 표현한 것인가. 그것도 아니라면 결국 승자 한 팀이 결정되는 과정을 극적으로 보여주기 위한 것인가.

〈빈집 살래〉는 3회 초반, 청년들을 열악한 주거 환경에 놓이게 하는 사회구조를 비판하지만 결국 본방송도 5분이 채 지나지 않아 이를 답습하는 모습을 보였다. "방송은 현실을 반영한다"라는 명제를 잘 보여주기 위해서였다면, 성공했다.

〈빈집 살래〉가 활용하는 '청년': 빈집에 살(live) 수 없는 청년

셰어 하우스 입주자를 선정한 후의 방송 모습은 빈집을 살(buy) 순 없어도 잘 살(live)려는 청년들의 노력을 계속해서 보여준다. 그러나 그 경쟁을 통과하고도, 살아가기가 힘들다.

입주자로 선정된 동양미술 전공 학생들은 작업실로 꿈꾼 지하 공간을 잃고, 본인들이 계획했던 것 대부분을 전면 수정하게 된다. 작업 공간이 필수적이기에 그 공간을 위해 지원을 했는데, 그 이유가 사라졌다. 그들은 인터뷰에서 "엄청 충격을 받아 아무 생각이 나지 않"지만 "여기까지 오기가 쉽지 않아서" 포기할 수 없다고 말한다. 방송은 역경을 딛고 준비하는 그들의 모습을 꾸준히 보여준다. 입주자들의 전공을 살려 벽화를 그리고, 페인트칠을 하며 집을 꾸며나간다. 주어진 상황에서 어떻게든 잘 살아가려는 그들의 모습은 판타지가 아닌 현실 생을 살아가려는 노력이라 와닿는다.

그러나 충격은 그 뒤에 다시 찾아온다. 엄격한 서류 심사와 경쟁 PT, 지하 공간을 잃고도 벽화를 그리며 방송 분량을 채운 이들의 현실은 방송 종료 2분 전에 나온다. 이들은 최장 4년밖에 살지 못한다. 보증금 3000만 원에 월세 26만 원(아마도 관리비는 별도일 테지만)을 내면서 2년을 산 뒤 재계약 후 2년을 더 살 수 있는 것이다. 방송 초반에 "매번 재계약이 걱정된다", "계속 이사를 하는 게 지쳤다"라는 청년들의 인터뷰가 무색하다. 일반 전월세 계약과 다를 바가 없다.

셰어 하우스기에 평생 살아갈 수 없다는 사실은 이해한다. 그러나 일반 전월세 계약과 전혀 다를 바 없는 조건을 아름답게 포장한 건 이해할 수 없다. 그들은 1, 2년마다 계속해서 옮겨 다니며 제대로 살아갈 수 없는 현실에 고통받았고, 분노했다. 그래서 서류 심사, PT 면접을 통과하고 집에 열정을 쏟았다. 그러나 결국 남은 것은 2년, 재계약 시 추가 2년의 동일한 주거 기간이다.

이 동일한 조건을 방송 초반에 밝히고 법에서 정한 2년(추가 시 4년)을 다 채우지 못하고 쫓겨나는 청년의 이야기를 보여주었다면 납득이 되었을 수 있다. 법조차 지키지 않는 이들이 많고, 적어도 법 아래에서는 잘 살아갈 수 있도록 지원하는 사업이라고 못을 박아야 했다. 그러나 방송은 앞서 계약 만료 후 갈 곳이 없어 힘들어하는 청년의 모습을 보여준 후 마지막에야 잠깐 자막으로 '사실 이 셰어 하우스도 다를 바 없다'는 점을 드러냈다. 이는 기만이다.

나가며

20살 후반부터 월세, 셰어 하우스, 기숙사, 고시원, 준하숙 등 살아보지 않은 형태가 없다. 그렇기에 시청자지만 동시에 청년으로서, 〈빈집 살래〉에 나온 청년들의 모습에 공감했다. 동시에 분노했다. 〈빈집 살래〉라는 방송이 생각하는 청년은 이 사회가 생각하는 청년의 고루한 이미지와 다를 바 없었다. 갈 곳 없고, 고통받지만 열정 가득한 이들. 이 일차원적인 해석 아래, 방송에서는 결국 그 어떤 방식으로도 집에서 살아갈 수 없는 청년의 현실만이 남았다.

가난하고 고된 청년들의 모습을 집중 조명하고, 심지어 그 어떤 효용도 얻을 수 없는 '청년 가난 포르노'는 이제 사절이다.

〈괴물〉 같은 세상, 정의는 구원받을 수 있는가

다크 히어로의 사적 제재에 열광하는 드라마, 정의의 존재 이유를 묻다

이준목

배트맨이나 헐크는 현대 대중문화에서 이른바 '다크 히어로(dark hero)'의 대명사로 꼽힌다. 빛과 어둠으로 상반되는 다중적인 정체성을 지니고, 세상의 법과 규칙만으로 해결하지 못할 강력하고 위험한 악(惡)을 대신 응징하는 게 그들의 공통점이다.

최근 한국 드라마에서도 사회 비판적인 메시지를 담은 범죄/스릴러 장르물이 늘어나면서, 어둡고 복잡한 정체성을 지닌 주인공들이 대거 등장하고 있다. '악당을 심판하는 악당', '악마 같은 재판관', '복수 대행자', '프레데터(포식자)', '괴물' 등 그들을 지칭하는 수많은 수식어들은 결국 같은 캐릭터를 뜻하는 또 다른 이름이다. 결과적으로는 선(善)과 정의를 추구하는 것 같지만, 그렇다고 이들을 섣불리 '영웅'이라고 미화하기에는, 사회질서나 도덕적 올바름이라는 측면에서 봤을 때 결함과 한계 또한 뚜렷하다. 그럼에도 오늘날의 대중은 모범적인 영웅보다도 입체적이고 통쾌한 면이 많은 다크 히어로에 더 공감하는 경향이 있다. 바로 다크 히어로가 필요한 세상이란 '우리 사회의 정의(正義, justice)는 올바르게 구현되고 있는가'에 대한 근원적 물음을 담고 있기 때문이다.

다크 히어로 비긴즈:
세상은 괴물을 창조했고, 괴물은 또 다른 괴물을 낳았다.

드라마 〈괴물〉의 서사 구조는 오늘날 한국형 다크 히어로의 기원과 배경, 정체성을 이해하는 데 중요한 힌트가 된다. 〈괴물〉은 만양이라는 가상의 마을을 배경으로 20여 년에 걸쳐 발생한 연쇄 살인사건을 통해 사회구조의 문제가 개인의 삶과 관계에까지 어떤 영향을 주며 이어질 수 있는지를 조명한 사회고발성 스릴러다. 주인공 이동식은 20년 전 살인사건의 유력한 용의자이자 지금은 경찰이 되어 숨겨진 진실을 추적하는 인물이다. 여동생의 실종을 계기로 '가해자로 몰린 피해자'라는 기구한 운명을 겪은 이동식은, 세상의 편견과 거대한 음모에 맞서기 위하여 스스로 '괴물'이 된다.

드라마는 초반부터 주인공을 의도적으로 계속 불편하고 혼란스러운 인물로 묘사한다. 이동식의 과거와 현재를 교차해서 보여주면서 그가 비밀을 숨기고 있다는 것을 암시하고, 선한지 악한지 종잡을 수 없게 만든다. 자신을 유력한 용의자로 의심하는 한주원과 대치하는 장면에서 "사람을 죽였다"며 사악한 미소를 지어보이다가 금세 "농담이야, 왜 그리 진지한가"라고 말을 뒤집는 장면은, 영화 〈다크 나이트〉에서 혼돈의 상징이던 조커가 "Why so serious?"를 외치던 장면의 오마주다. 만양파출소 사람들이나 이동식의 주변 인물들도 모두 수상한 분위기를 풍기며 저마다의 '가면'으로 본심을 감추고 있는 것으로 묘사한다.

그리고 드라마는 이야기가 진행되면서 진짜 빌런들의 정체를 통하여 사건의 진실과 함께, 평범한 인물들이 잔혹한 운명에 휘말리며 뒤틀릴 수밖에 없었던 속사정도 조금씩 드러난다. 진짜 연쇄살인범 강진묵을 비롯해 건설사를 운영하는 조폭 이창진, 이유연 사건의 숨은 범인 박정제와 그 모친이자 시의원 도해연, 한주원의 부친이자 차기 경찰청장 후보 한기환 등 관련자들은 서로가 밀접한 인연으로 엮여 있다. 이들은 문주시 재개발이라는 경제적 이권, 혈육에 대한 집착, 개인의 권력욕 등 저마다의 이해관계로 이합집산하여 운명공동체에 가까운 '카르텔'을 구축한다. 자연스러운 욕망의 흐름을 따라 수많은 인맥들이 촘촘히 연결되는 과정, 저마다 사회적 지위를 이용하여 견고해진 공동체가 권력화되는 모습을 통해 '진짜 괴물'은 바로 우리 사회 구조 안에서 자라난 본능적 이기심의 결합이라는 것을 보여준다.

반면 이런 거대화된 괴물들과 맞서야 하는 피해자-시민들의 연대는 모든 면에서 열세에 놓여 있다. 이동식은 공권력을 상징하는 경찰이지만 끊임없이 의심받고 견제당하며 소외된 아웃사이더이고, 그를 돕는 인물들도 크게 다르지 않다. 또 다른 주인공 한주원은 사건의 진실에 다가갈수록 바로 아버지와 자신의 뼈아픈 치부를 스스로 들춰내야 하는 딜레마에 직면한다. 서로 대립하던 이동식과 한주원은 진실을 위하여 힘을 합치지만, 정작 그들의 방식도 상대하는 악인의 수단과 크게 다를 게 없다. 시체 유기, 증거 은닉, 도청, 거짓말 등 각종 부도덕하거나 심지어 범죄에 가까운 행위도 거리낌 없이 저지른다. 드라마는 정의 구현이라는 명분하에 악당보다도 더 교활하고 악랄해져야만 했던 이동식과 한주원의 흑화를 통해, 바로 '괴물을 잡기 위하여 괴물이 되어가는' 다크 히어로의 아이러니를 보여준다.

공정과 정의가 무너진 사회, 불신이 부른 자기방어 본능

여기서 주인공의 '아치 에너미(arch enemy, 숙적)'라고 할 수 있는 악당들의 면면은, 곧 다크 히어로의 존재 이유를 대변하는 거울과 같다. 작게는 학교폭력을 일삼는 10대부터 잔인하고 지능적인 범죄자들, 재벌-정치인-언론인-법조인 등 사회 주류층, 심지어 국가기관과 대통령 같은 거대한 권력의 중심에 이르기까지, 악당들은 평범한 서민들의 입장에서는 도저히 감당할 수 없는 구름 위의 존재에 가깝다. 이들이 활개 치는 대한민국은 배트맨이 활약하는 고담시처럼, 법과 질서가 더 이상 약자를 보호해주지 못하고 '강자의 이익을 대변하는 도구'로 전락한 절망의 디스토피아로 묘사된다.

〈빈센조〉에서 마피아 출신의 빈센조 까사노는 "악당의 방식으로 악당들을 심판한다"며 그 정당성을 이렇게 설명한다. "이탈리아에선 마피아들만 마피아 짓을 한다. 그런데 대한민국은 국회, 경찰, 검찰, 기업 등 전부 다 마피아에 카르텔이다."

〈모범택시〉에서 '복수대행업'을 표방한 무지개운수의 대표기사 김도기는 학교 폭력 에피소드에서 가해자들을 상대로 "어리다고 해서 죄의 무게는 가벼워지지 않는다"라는 일침을 통하여 죄를 짓고도 형사처벌을 받지 않는 '촉법소년제'의 모순, 부모의 사회적 지위가 자식까지 세습되며 고착화되어 가는 현대판 계급사회를 지적한다.

여기서 이들이 내세우는 심판론의 근거는 바로 공정-법치-도덕같이 우리 사회를 지탱해야 할 '시스템'에 대한 근본적인 불신에 있다. 세상을 움직이는 실질적인 힘은 부와 권력에서 나오고, 정의라는 가치는 오늘날에는 허울뿐인 구호로만 남은 지 오래다. 그리고 많은 대중은 이러한 드라마 속 디스토피아에서 현실의 한국 사회를 비추는 거울을 본다.

대한민국은 최근 촛불운동 – 코로나19 – N번방 사건 – 젠더 갈등 – 부동산 문제 – 좌우 진영 대결 등 수많은 사회적 이슈들을 체험했다. 변화와 개혁을 주제로 한 다양한 요구가 쏟아졌지만, 정작 우리 사회의 분열과 갈등은 여전히 별로 나아지지 않았다. 오히려 선악과 정의를 가늠하는 보편적 기준 자체가 점점 모호해지고 있다. 이를 두고 정치철학자 이진우는 『불공정사회』를 통하여 한국 사회의 갈등이 구성원 상호 간의 신뢰 부족에서 기인한다고 지적했다. 사회적 갈등을 조정·중재하는 기준이 되어주는 게 제도와 정치의 역할이지만, 그 시스템이 제 기능을 하지 못할 경우, 대중은 박탈감을 느끼고, 가치관의 혼란에 휩싸인다. 정상적인 사회에서는 정의를 바로 세우면 세상을 구원할 수 있다는 희망이 있어야 하는데, 이제는 혼란스럽고 모호해진 정의를 오히려 세상으로부터 구원해야 하는 시대가 된 것이다.

선악 구도가 단순화된 드라마 속 세계관에서 다크 히어로들은 현실의 다양한 사회악들을 상대로 '사적 제재'라는 대안을 통하여 쉽고 분명하게 정의를 구현한다. 사적 제재는 바로 힘에 의한 균형이다. 오늘날의 현실에서 층간소음 –데이트 폭력 – 학폭 가해자 등 사회적으로 물의를 빚은 인물에 대한 온라인 신상털이가 만연하거나, '복수하는 요령'을 공유하는 내용도 사적 제재라고 할 수 있다. 극중에서는 갑질을 일삼는 회사 대표, 장애인을 착취하는 업주, 심지어 미성년자라고 할지라도, 피해자들이 당한 그대로 '눈에는 눈, 이에는 이'의 방식으로 가해자에게 되돌려 준다. 법치 국가에서는 당연히 금지된 방식이지만, 사회질서에 대한 동질감과 신뢰가 낮을수록 사적 제재에 관용적이기 마련이다. 약자를 보호할 사회 시스템을 바꾸는 것은 복잡하고 시간이 걸리지만, 사적 제재는 신속하고 효율적이기 때문이다.

다크 히어로는 대개 개인적이고 본능적이며, 명분이나 절차에 연연하지 않기에 기존의 낡은 질서나 도덕 개념에서도 자유로운 존재다. 그들의 사적 제재에 동의하는 대중의 동경심은, 부조리한 세상일수록 나의 권리와 소중함은 스스로 지켜야 한다는 인식에서 나온다. 그래서 때로는 수단과 방법을 가리지 않을 수 있다는 합리화로 귀결되며, '자기 방어 본능'에 대한 은밀한 욕망을 대신 구현해 주는 역할인 셈이다.

'정의로운 사적 제재'라는 환상, 분노만 있고 희망은 없는 복수극

그런데 다크 히어로의 판타지란 애초에 그들이 어디에도 얽매이지 않는 '외부자'이거나, 자신만의 정의를 내세워 기존 질서를 전면 부정하는 '아나키스트'에 가까운 정체성에서 비롯된다. 크리스토퍼 놀란의 〈다크 나이트〉에서 배트맨은 다크 히어로임에도 건강한 기성질서의 복원을 추구하는 인물이다. 사적 제재라는 방식으로 악인들을 응징하지만 그 한계와 부작용도 자각하고 있기에, 시민들이 스스로의 힘으로 질서를 수호하여 궁극적으로는 배트맨이 더 이상 필요하지 않은 세상을 소망한다.

하지만 한국형 다크 히어로들의 모순과 한계는 철학이 부재한 맹목적 자기 확신에서 발생한다. 〈빈센조〉는 주인공의 마초성과 나르시시즘을 정당화하기 위하여 한국 사회를 현존하는 최악의 범죄 집단인 이탈리아 마피아의 세계보다도 못한 인외마경(人畏魔境)으로 매도하는 왜곡을 저지른다. 가상의 근미래를 배경으로 한 〈악마판사〉에서 강요한이 진행하는 라이브 법정 쇼인 국민시범재판은 그 자체로 사법제도와 포퓰리즘이 결합된 위험한 상상력의 구현이다. 최후의 재판도 폭탄 테러를 생중계하는 방식을 통하여 적법한 절차적 정의가 아닌 대중 선동이라는 방식으로 조작된 판결을 유도한다. 염세주의적인 다크 히어로들은 나약한 정의와 세상을 조롱하지만, 선악의 개념에 대한 깊이 있는 담론이나 자신의 한계와 오류를 스스로 경계하려는 의지는 결여되어 있다. 오로지 나보다 더 나쁜 악을 응징해야 한다는 '분노'와 '혐오'에만 의존하는 것은, 현실에 투영했을 때는 내로남불의 진영 논리로 변질되기 쉽다.

정작 사회구조의 한계를 비판하면서도 대중의 저항의식이나 성장, 깨어 있는 '집단지성' 등의 대안적 역할에 대하여 진지하게 조명하는 모습은 찾기 어렵다. 〈빈센조〉의 금가프라자 패밀리가 범죄자 빈센조를 돕다가 아예 범법행위에까지 적극 가담하며 '한국형 마피아'가 된 모습은, 마치 정치인·유명인을 맹목적으로 추종하는 현실의 극성 팬덤과 다를 게 없다. 〈모범택시〉의 현대판 노예와 학폭 사건, 〈악마판사〉의 형산동 사건 등에서 극중 일반 시민들과 여론의 역할이란 그저 주인공의 선견지명과 의도된 기획에 따라 수동적으로 움직이는 꼭두각시에 가깝다. 대중은 나약하고 미성숙하기에 유능하고 현명한 엘리트가 선도해야 한다는 발상이야말로, 선민의식과 전체주의라는 위험한 도그마를 내포하고 있다.

심지어 〈루카, 더 비기닝〉의 섬뜩한 결말은, 강력한 힘을 지닌 다크 히어로가 한순간의 잘못된 판단으로 흑화했을 때 초래할 수 있는 비극을 보여준다. 지오는 특수한 능력 때문에 평생을 괴물 취급받으며 인간을 불신하게 된다. 연인인 구름의 죽음을 계기로 안전핀이 사라진 지오의 분노는 '인류 전체에 대한 복수심'으로 옮겨 간다. 지오는 오히려 흑막들과 손을 잡고 자신의 유전자를 이어받은 아이들을 탄생시키며 "홀로세(Holocene, 인류)는 끝났다"라고 선언한다. 지오의 관점에서는 자신만의 방식으로 잘못된 세상을 심판한 것이지만, 정작 구름이 원했던 것은 지오가 끝까지 인간다운 모습을 지키는 것이었다. 사랑하는 이들의 숭고한 희생마저 무의미하게 만들며 '진짜 괴물'로 전락해 버린 지오의 배신은 〈스타워즈〉의 다스베이더나 〈데스노트〉의 아키라에 가깝다. 그들의 독선은 애초부터 '나만의 정의'는 있을지 몰라도, '인간에 대한 보편적 애정'이 부족할 때 벌어지는 다크 히어로의 위험성을 보여준다. 자기 확신에 빠져 또 다른 빈센조나 강요한, 김도기를 자처하는 이들일수록, 정작 현실에서는 언제든 또 다른 지오가 될 수도 있다는 양면성을 경고하는 순간이다.

정의는 어떻게 구원받을 수 있는가

반면 〈마우스〉는 정의로운 행동과 결과라고 해서 반드시 모든 것을 미화할 수 없다고 이야기한다. '인간의 감정을 찾게 된 사이코패스 연쇄살인마' 정바름은 다른 다크 히어로들이 소홀하게 다루던 '속죄와 구원'의 의미를 성찰하는 캐릭터다. 사고로 기억을 잃은 정바름은 평범한 인간의 뇌를 이식받은 이후 점점 보통 사람들과 똑같은 감정을 느끼기 시작한다. 그동안 흉악 범죄자들을 응징한다는 영웅심에 취해 있던 정바름은 기억을 되찾으며 본인의 실체를 깨닫고 충격에 빠진다. 극적 포장을 벗겨냈을 때 사적 제재란 그저 또 다른 범죄를 합리화하는 수단으로 전락할 수 있다는 불편한 진실을 짚어낸다. 또한 사이코패스 살인마에게 하필 연민과 죄책감이라는 '인간의 감정'을 주는 것이야말로, 오히려 어떤 복수보다 잔혹한 형벌이 될 수 있다는 설정은 의미심장하다.

정바름은 수술 후유증으로 세상을 떠나기 직전 환상으로 어린 시절의 자신을 보면서 "넌 더 이상 괴물이 아니야"라며 위로한다. 피해자들로부터 진정한 용서를 받았는지는 열린 결말로 남았지만, 최소한 마지막 순간에 진심으로 모든 잘못을 속죄하며 '인간다움'을 회복한 모습은 구원의 필요성에 대한 작은 희망을 남긴다.

〈괴물〉에서 이동식은 모든 복수에 성공하고 난 이후에 자신 또한 그동안 저지른 죄를 고백하며 대가를 치르는 길을 선택한다. 한주원 역시 잘못을 속죄하고 이동식에게 용서를 구하지만, 이동식은 "죗값은 죄지은 놈이 받는 것"이라며 오히려 한주원에게 자신을 체포하라고 부탁한다. 선한 결과를 내세워 악한 과정까지 합리화하려는 독선에서 해방되는 순간, 비로소 그들의 투쟁은 '사적 제재를 통한 복수극'을 벗어나 '공공의 절차적 정의를 통한 권선징악'이라는 성격으로 돌아온다.

미국의 철학자 마스 누스바움(Martha Nussbaum)은 〈타인을 위한 연민〉에서 '이행하는 분노(Transition Anger)'라는 개념을 제시하며 앙갚음에만 집착하는 '응보적 분노'와 구별하여, 더 나은 상황으로의 개선을 추구하는 미래지향적 의지로 나아가야 한다고 지적했다. 정바름의 '속죄'와 이동식의 '용서'라는 선택은 바로 이행분노에 해당하는 사례라고 할 수 있다. 한때 흑화했더라도 완전한 괴물로 타락할 수도 있고, 그 전에 다시 인간으로 돌아올 수도 있는 것은 오롯이 성숙한 자유의지에 달렸다는 메시지다.

악연이었던 이동식과 한주원이 진정한 화합에 이르는 결말도 일방향적인 관용이나 복수와는 성격이 다르다. 공통의 목표를 위한 연대와 협력의 과정을 거쳐, 나와 다른 상대를 인정하고 이해하면서 분노를 함께 극복하는 방식으로, 서로가 서로를 동등하게 상호 구원한 것이다.

'정의를 어떻게 실현할 것인가'라는 질문은 최근 많은 드라마에서도 빈번하게 다루는 주제가 됐다. 당연히 정의는 분노나 복수만으로 이루어질 수 없고 많은 절차와 인내를 필요로 한다. 그럼에도 사회 비판을 명분 삼아 무분별한 사적 제재와 혐오까지 권선징악으로 합리화하려는 유혹에 빠지기 쉽다. 잠시 통쾌함을 줄 수는 있지만 현실과는 당연히 거리가 멀다. 오늘날 드라마가 가지는 사회적 메시지로서의 영향력을 감안해도 책임감이 필요하다. 분노와 복수를 넘어, 용서와 이해의 과정을 통하여 구원에 이르기 위한 노력이야말로 우리가 추구해야 할 진정한 정의가 아닐까.

"잘 봐, 언니들 경기다"

세 가지 시선에서 바라본 SBS 〈골 때리는 그녀들〉

강지윤

1. 들어가며

올여름, 수많은 사람에게 감동과 짜릿함을 안겨준 올림픽 여자 배구 경기를 우린 여태 기억한다. 많은 이들은 메달 그 이상의 환희에 젖었고, 빛나는 주역들을 잊지 못해 한동안 방송가에서도 여자 배구 열풍이 일었다. 거기에는 선수들의 뛰어난 경기력도 한몫했지만 우릴 가슴 뛰게 했던 건 김연경 선수의 지도력을 필두로 한 완벽한 팀워크와 끝까지 포기하지 않는 끈기였다. 한일전만 그랬다면 '운이 좋았다' 했을 것이다. 터키전에서 풀세트 접전 끝, 마지막 득점을 대한민국이 꽂아 넣었을 때 비로소 깨닫게 되었다. 여자 배구팀의 승리는 기적이 아닌 선수들의 땀방울이 만들어낸 필연적인 결과였음을.

여기, 또 하나의 감동 드라마로 시청자들을 울고 웃게 만든, 아주

'골 때리는' 여자들이 있다. 무대 위 화려한 조명에 익숙했던 이들은 이제 필드 위 가로등 조명을 받으며 거침없이 내달린다. 방송 도중, 공들인 화장이 땀에 절어 무너지고 머리가 산발이 되어도 신경을 쓰지 않는다. 한 배우는 드라마 촬영을 하러 가서 틈틈이 볼을 찬다. 또 어떤 모델은 코로나바이러스에 감염되어 치료받는 와중에도 오로지 다음 경기 걱정뿐이다. 출연자들이 과몰입한 게 아닐까 걱정이 들지만, 어느새 실제 경기를 시청하는 양 손에 땀을 쥐며 과몰입하는 나를 느낄 수 있다. 이 사람들이 뛰는 모습을 보노라면 골 때리다 못 해 보는 이의 심장을 때릴 만큼 뭉클해지고, 노력으로 안 되는 게 없다는 사실이 내 뼈를 때린다. 〈골 때리는 그녀들〉(이하 〈골때녀〉)이 이토록 신드롬을 불러일으킬 수밖에 없는 이유를 세 가지 시선에서 바라보며 담론해 보고자 한다.

2. 노력으로 얻을 수 있는 것

"No pain, No gain", 즉 "노력 없이 대가도 없다"라는 말이 불후의 격언이던 시절이 있었더랬다. 개탄스럽게도 지금은 통용되기 어려운 말이 됐다. 오늘날 우리 사회는 계층의 양극화와 사회적 불평등으로 얼룩져 분노와 혐오가 폭발하고 있다. 노력만 하면 성공할 수 있다던 기성세대의 외침은 외려 꼰대들의 '라떼'로 전락했다. 그 이유는 현재의 사회 시스템 구조상 더 이상 기성세대가 전유한 전통적인 성공 패러다임이 통하기 힘들어졌기 때문이다.

지금은 관리자가 된 현 기성세대는 소싯적 성장일변도의 경제체제를 겪은 사람들이다. 일한 만큼 가져가고, 노력한 만큼 빛을 누렸다. 하지만 지금의 MZ 세대는 아무리 노력해도 빛에 짓눌리는 이들이 수두룩

하다. 부와 가난은 강하게 대물림되기에 사실상 계층이동 또한 막연해졌다. 청년들은 본인들의 노력이 물질적 풍요로 보답받지 못하는 사회에서 이내 '노력하기'를 포기하게 되었다. 연애부터 결혼, 출산까지 모두 포기하는 3포세대도, 이제는 반강제적으로 포기당한 내 집 마련의 꿈도 그들에겐 냉혹한 현실이다. 기성세대는 요즘 젊은이들이 회사에 몸 바쳐 일할 패기와 근성이 부족하다고 말한다. 청년들은 승진에 목매고 근로소득에 아등바등 대는 것보다 적당히 살면서 주식, 코인 같은 자본소득으로 경제적 자유를 추구하는 게 낫다고 답한다. 계층 간 갈등은 극에 달했고 지금의 사회는 노력과 땀방울의 가치가 이토록 심각하게 폄훼당하고 있다.

〈골때녀〉의 선수들은 '그럼에도 불구하고' 노력으로 이룰 수 있는 것들이 아직까지 남아 있다는 일말의 희망을 보여준다. 출연진은 모두 개그맨, 모델, 배우, 국가대표 가족, 외국인으로, 축구를 전문적으로 배운 적도 없고 뛰어난 신체적 역량을 타고난 것도 아니다. 처음에는 일로 시작했겠지만, 이들은 훈련과 경기를 반복하는 과정에서 발톱이 빠지고 인대가 늘어나며 눈이 퉁퉁 부어 정작 본업을 하기 어려울 지경인데도 사력을 다해 필드를 뛴다. 매 경기 1승씩 거머쥐는 것, 우승을 향해 한 발짝 다가서는 것이 마치 세상의 전부인 것처럼 전력 질주한다. 오죽하면 매스컴에서도 올림픽 야구 대표팀에게 〈골때녀〉 선수들이 가진 열정 반만이라도 가지라고 했을까. 심지어 FC 구척장신 팀의 감독을 맡은 최용수 감독은 본인이 최근까지 사령관으로 있던 프로축구팀을 향해 구척장신의 멘탈과 근성을 본받아 경기에 임해야 한다며 쓴소리를 내뱉기도 했다.

〈골때녀〉 선수들의 노력과 땀방울은 전혀 헛되지 않았다. 방송 초반에는 볼 컨트롤은커녕 자기 발도 제대로 가누지 못하던 선수들이었다. 하지만 회 차를 거듭할수록 제법 기술도 늘고 나름대로 전략도 짜더니 이내 완전히 한 팀이 되어 최고의 단합력과 훌륭한 경기력을 보여주었다. 아무리 올라가는 사다리를 걷어차여도, 그래도 아직은 노력하면 된다는 마음가짐과 너도 할 수 있다는 용기와 위로가 그 어느 프로그램보다도 청년들에게 진심으로 통한 것이다.

3. 이토록 애틋한, 여성들의 연대

과거 예능에서 소비되었던 여성의 캐릭터를 떠올려 보면 지금과 사뭇 다르다. 2000년대 말, 가상 결혼 프로그램에서 '센 언니' 캐릭터를 구축하며 예능에서 독보적인 활약했던 연예인이 있었다. 툭툭 내뱉는 날 선 말투, 짙은 아이라인과 화려한 옷차림은 센 언니의 상징이었고, 그녀는 당시 대중에게 신선한 매력으로 훅 다가온 그야말로 '신데렐라'였다. 얼마 전 〈놀면 뭐하니〉가 프로젝트 그룹으로 제작한 '환불원정대'의 콘셉트 이미지를 이때 캐릭터에서 따왔고, 그 시절 복고 감수성을 재현하는 데 성공했다. 이후 2010년대에 들어서며 힙합이 대중음악의 주류가 되고 음원 차트를 휩쓸게 될 무렵, 각종 힙합 오디션과 서바이벌 프로그램이 우후죽순 제작되었다. 개중 여성 래퍼들끼리 서로 경쟁하며 랩을 하는 방송이 반향을 일으키며 센 언니 콘셉트는 다시 한번 전성기를 맞았다.

그러나 목구멍을 톡 쏘는 탄산음료는 한순간 쾌락을 맛보게 할 수는 있어도 매일같이 마시기엔 부담스럽다. 많은 여자 연예인들이 보여준 센 언니 캐릭터는 장기적으로 대중에게 피로감과 거부감을 쌓이게 했다. 센 언니라는 단어 하나에 행동과 말투의 무례함이 전부 묵인될 수는 없는 노릇이기 때문이다. 게다가 요 몇 년 사이에 남녀 간 젠더 갈등이 움트기 시작할 때 '여자의 적은 여자'라는 말까지 회자되며 여성들끼리 감정싸움을 부추기고, 여성들은 진정한 연대를 이룰 수 없다고 치부된 적도 있었다. 센 언니라는 캐릭터는 처음에 단순히 방송용 이미지로 형성되었을지 몰라도 나아가 사회적 변화와 맞물려 뭇 여성들의 정체성 근간마저 뒤흔들게 되었다.

그러다가 최근 들어 센 언니의 부정적인 이미지는 자정 활동을 통해 조금 다른 형태로 진화하게 된다. 본업도 잘하지만 자기가 맡은 역할에 최선을 다하고, 동료애와 상대방을 향한 존중을 드러낼 줄 아는 멋진 언니가 바로 그것이다. 〈골때녀〉 출연진은 모두 각자의 팀을 위해 상대방과 경쟁하고 치열하게 다툰다. 우리 편의 승리라는 하나의 목적을 추구하는 건 그때나 지금이나 똑같지만, 그 과정에서 팀 내 결속을 다지고 상대방을 배려하는 모습이 더해졌다. 할 때는 하는 악바리 근성에 독한 모습을 보여주지만 정작 실제 성격이 순하고 부드러우면 덤으로 반전 매력을 자아낸다. 최근 화제가 되고 있는 프로그램 〈스트리트 우먼 파이터〉에서도 댄서들끼리 배틀을 벌이며 실력을 드러내는 프로페셔널한 모습이 그려졌다. "잘 봐, 언니들 싸움이다"라는 유행어를 남기며 한껏 언니 매력을 뿜어낸다. 그렇다고 마냥 쌈닭처럼 치고받거나 경계하진 않는다. 서로의 노력과 재능을 충분히 존중하되, 결과에 상관없이 서로를 진심으로 응원하는 포용력은 지금껏 센 언니의 프레임에 가려졌던 '진짜' 언니들의 미덕으로 비로소 드러난다. 〈골때녀〉는 그저 같은 분야라서 팀으로 묶인 선수들끼리 축구라는 공동의 목표로 만나, 깨지고 아파하고 치유하는 휴먼 드라마를 그려낸다. 각본이 없기에 진심으로 울림을 주었고, 함께 나아가기에 한 뼘 더 성장했다. 우리는 어쩌면 이토록 애틋한 여성들의 연대를 오랫동안 기다려왔을지 모른다.

4. 판세를 뒤흔든 언더독의 반란

우리나라 사람들은 축구나 야구 등 스포츠 관람을 좋아하는 편이다. 시즌이 시작되면 관중석이든 방구석이든 선수 유니폼을 입고 응원가를 부르며 목이 터져라 자기 팀을 응원하는 사람들도 많다. 이렇게 기본적으로 많은 한국인이 스포츠를 좋아하는 것과 달리, 의외로 방송가에서 스포츠 소재의 방송을 보기란 그다지 쉬운 일이 아니었다. 예능 시장은 줄곧 유행에 민감하게 반응하고 트렌드가 빠르게 변화해 왔는데 그 소재는 육아, 쿡방, 리얼리티 관찰 예능까지 시시각각 변하면서도 정작 스포츠 소재는 단 한 번도 주류에 선 적이 없었다. 드라마 쪽에서도 스포츠 소재의 드라마는 투입하는 제작비 대비 시청률이 잘 나오지 않아 만들기 꺼리는 경향이 있다.

그러다 2019년에 〈뭉쳐야 찬다〉가 공전의 히트를 치고 시즌2와 스핀오프를 양산해 스포츠 예능의 신호탄을 쏘는 듯했다. 같은 해 드라마 〈스토브리그〉는 몇 년 동안 제작이 불발되다가 극적으로 SBS에서 제작, 편성이 확정되어 제대로 홈런을 친 바 있다. 최근에는 골프가 대중적인 스포츠로 자리매김하면서 방송사마다 프로골퍼와 연예인들이 한 조가 되어 경기하는 골프 방송이 성황리에 방영 중이다. 마침내 올초 〈골때녀〉를 설날 파일럿 프로그램으로 론칭해 높은 시청률을 기록하자 몇 달 뒤 정규 편성되었는데 그 결과는 알다시피 매우 폭발적이었다. 심지어 마지막 회 차에서 〈골때녀〉 시상식에 SBS 사장과 예능 본부장이 등판해 "이렇게 목숨 걸고 할 줄 몰랐다"라며 혀를 내둘렀다. 사전에 공지하지 않았던 우승 상금 1000만 원 지급과 더불어 참가 팀 전원에게 격려금을 쏘며 현장에서 바로 시즌2를 확정·발표했다. 웬만하면 시즌 사이에 재정비를 위한 휴식시간을 가질 법도 한데 바로 다음 주부터 시즌2를 방영할 것임을 예고했다. 철저하게 자본의 흐름과 대중성의 척도를 좇아가는 방송사가 보여준 파격적인 행보는 그야말로 〈골때녀〉의 화제성과 파급력을 짐작케 하는 대목이었다.

　이 프로그램을 처음 기획했을 때 이토록 뜨거운 반응을 확신한 사람은 단연코 없었을 것이다. 여성을 중심으로 한 스포츠 예능에, 거기다 초보자들을 데리고 축구를 한다? 대부분은 여성과 축구라는 단어가 어울리지 않는다고 생각했을 것이다. 재미와 감동 모두를 놓치고 시도'만' 좋았던 괴작으로 남을 게 뻔할 거라는 혹자의 우려를 뒤로하고, 〈골때녀〉는 단숨에 상한가를 쳐버리며 예능계에서 또 하나의 섹터를 형성하여 판세를 주도하게 되었다.

　그 이유로는 우선 방송사의 충분한 재정적 지원을 빼놓을 수 없다. 종전에 언급했듯이 예능이건 드라마건 스포츠 소재는 장르의 특성상 제작비가 많이 투입된다. 〈골때녀〉의 경우 팀별 리그전을 거쳐 결승행을 하는 그림을 그리고자 총 6개 팀으로 편성했다. 이는 방송가 예능 사상 가장 많은 여성 고정 출연자를 등장케 한 결과를 낳았다. 이 외에도 풋살장과 팀별 록커룸 제작에 공을 들여 경기 완성도를 높였고, 2002 월드컵 주역의 선수 출신 감독을 섭외해 출연진의 신체적·전술적 능력치를 업그레이드시켰다. 또 캐스터로 이수근과 배성재를 영입하며 경기 몰입력을 강화했고, 예능적인 요소까지 가미하여 완벽함을 더했다. 무조건 대박 친다는 확신을 가지진 못했지만 과감한 승부수를 던진 방송사에서 제대로 판을 깔아주었기에 이른바 '짜치는' 공놀이가 되지 않을 수 있었다.

　두 번째 이유는 단연 출연진이 보여준 진정성이다. 많은 사람이 스포츠 드라마나 영화를 보며 감동하는 까닭은 주인공의 기량이 처음부터 뛰어났고 그 능력치로 인해 희열감을 느끼기 때문이 아니다. 조금은 부족하고 서툴러도 끝내 고난을 이겨내는 과정, 스스로와의 싸움에서 이겨내는 용기, 그리고 함께 나아가는 동료와의 연대감에서 감동하기 때문이다. 우리는 예능, 드라마, 영화 등 문화 콘텐츠에 각자의 삶을 투영한다. 사람들은 결말을 알 수 없는 인생을 살아가면서 때로는 기뻐하고 때로는 힘들어하며 부침을 겪는다. 그에 반해 적어도 엔딩이라는 게 있는 방송 프로그램은 시청자들에게 노력이 일으키는 긍정적인 영향력, 넘어지고 실패해도 다시 일어나면 된다는 도전 의식을 보여준다. 출연진이 촬영을 떠나 축구를 진심으로 대하고 열정을 쏟아부었기 때문에 방송을 보는 이들은 그 자체만으로 프로그램에 빠져들게 된 것이다.

5. 맺으며

하나의 프로그램이 인기를 얻는다. 인기가 더욱 많아지면 화제성을 낳고 파급력이 세진다. 이 단계마저 넘어서면 시청률을 떠나 문화의 척도가 된다. 단순히 '그 프로그램이 재미가 있어서' 혹은 '감동적이어서'라고만 단정 짓기는 어렵다. 방송 프로그램은 사회문화적인 현상을 반영하고, 시대의 요구에 응한다. 〈골때녀〉는 바로 우리 사회에서 꼭 필요한 것이 무엇인지, 우리가 잃어가고 있는 것이 무엇인지 알려주었다. 코로나 팬데믹이 벌어진 지 벌써 2년째다. 많은 이들이 사는 게 점점 팍팍해진다고, 힘에 부친다고들 한다. 거기다가 이 사회는 끝없는 논란과 분쟁을 야기하며 늘 치열하게 돌아간다. 정신을 바로 잡지 않으면 내 정체성이 흔들린 채 그저 부유할지 모른다. 바야흐로 중심을 똑바로 잡고 살아내기 힘든 세상이다.

이런 상황 속에 〈골때녀〉가 우리 사회에 시사하는 바는 크다. 어쩌면 지금 우리에게 필요한 열정, 노력, 공감 능력이 어서 회복되기를 종용하는지도 모르겠다. 나를 알면 겸손해지고, 너를 알면 존중이 생기고, 관계를 알면 사랑이 생긴다. 〈골때녀〉가 그러했듯이 지쳐버린 사람들의 마음속에도 다시 뜨거운 바람이 불기를 희망한다.

사람과 온기에 집중하는 세 개의 세계

**KBS1 〈김영철의 동네 한 바퀴〉, tvN 〈유퀴즈 온 더 블록〉,
KBS2 〈유희열의 스케치북〉**

이환희

코로나19 팬데믹은 차폐된 일상을 불러왔고, 그 아니더라도 스마트폰이
라는 첨단 기기는 하루에 한 번 사람의 얼굴 들여다보고 음성을 듣는 일
을 희귀하게 만들어버렸다. 바야흐로 우리는 발치의 있는 사람보다 브라
운관이나 스마트폰 액정의 있는 사람의 말과 얼굴을 더 자주 보는 시대에
접어들었고, 이 시대엔 '대화'라는 두 음절은 어색하고 어딘가 쑥스러운
기색을 띠는 중이다.

　　이렇듯 대화가 망실되어 버린 듯한 시대, 사람에게 말을 걸어주는
프로그램들이 있다. 한 프로그램은 지역 한 곳을 두고 걸으며 고장 사람
들에게 말을 걸고, 그들이 차려준 밥을 먹고, 그들이 만들어준 무언가를
귀히 여긴다. 또 다른 프로그램은 앞선 프로그램과 비슷한 유형의 포맷
으로 시작했다가 코로나19 시국으로 촬영 장소를 섭외해 사람을 초대
하는 변주를 거쳐 지금에 정착했다. 초대된 사람의 삶과 생각을 수십 여

분에 걸쳐 귀 기울여 듣는다. 간혹 우스운 소리를 던져 인물의 긴장을 덜어주기도 한다. 마지막 하나는 늦은 밤 무인등대처럼 불을 반짝이는 듯 방영되는 프로그램으로, 음악과 대화가 공존하는 형식이다. 세 프로는 각각 〈김영철의 동네 한 바퀴〉, 〈유퀴즈 온 더 블록〉, 〈유희열의 스케치북〉이다. 포맷과 방송사는 달라도 세 프로를 휘감는 정서는 '온기' 그리고 '사람'이다.

거듭 서술하지만 '대화와 경청'이 사라져버린 시대, 속 안에서 감도는 외로움과 쓸쓸함은 오히려 지근거리에 있는 사람보다 브라운관과 액정 안의 사람이 채워줄 수 있다는 가능성을 세 프로그램을 통해 마주한다. 우리는 김영철과 춘천 의암호를 걷다가 외따로 떨어진 구옥에서 어느 어르신 한 분을 만나 옛 춘천의 이야기를 듣고, 유재석과 조세호와 더불어 이탈리아에서 성악 공부를 하다 고국으로 돌아와 이탈리아 가정식을 만드는 셰프의 지난 이야기도 들으며 유희열과 함께 인디음악계 힐링 뮤직의 아이콘 옥상달빛과 레트로 프로듀서 박문치의 합동 무대를 두고 대화하기도 한다.

1. '걷고, 걷다' 사람을 만나며 느끼는 온기의 가치:
   〈김영철의 동네 한 바퀴〉

〈김영철의 동네 한 바퀴〉는 몇 년 전 추석 기간에 파일럿으로 방영되었던 프로그램이다. 진행자 김영철은 각종 대하드라마에서 얼굴을 비춰 이름을 알렸고, 오랫동안 TV에서 연기자로 활동해 남녀노소가 반가워하는 진행자였다. 그가 서울의 옛 동네를 걸으며 사람을 만난다는 파일럿 방송은 일견 심심하기도, 달리 말해 슴슴하기도 한 기획이었다.

그런데 그 방송이 햇수로 4년이 넘게 방영되고 있다. 한 해는커녕 한 분기만 넘겨도 괜찮은 프로그램으로 평가받고 실제 6~7회 단위로 프로그램의 편성이 줄어들고 있는 상황에 비춰본다면 굉장한 생명력이다. 〈김영철의 동네 한 바퀴〉가 주는 힘은 무엇일까.

진행자 김영철은 걷는다. 경보나 산책을 위한 걷기는 아니다. 결국 사람을 만나기 위해 걷는 것인데 걷다가 누군가에게 말을 건다. '걷고, 건다' 이 두 가지 적극적인 행위는 현대인들이 잊거나 잃어버린 것인데 김영철이라는 대중적인 출연자가 우리 안의 결핍을 대행해 주고 메워 준다.

대화 상대가 된 출연자들은 고장의 평범한 사람들, 다시 말해 우리의 이웃들이다. 우리는 생을 두고 한 번이라도 우리 이웃의 진하고 오래된 깊은 사연에 귀를 기울인 적이 있을까. 옆집 할아버지의 한국전쟁 당시의 경험이나 뒷집 아주머니의 발전연대 시기의 근로, 앞집 꼬마의 학교생활 같은 것들을 들어본 적, 아니 들으려고 귀를 기울인 적이 있을까. 마치 추궁하듯 거푸 물어보는 행위는 나 자신이 그런 적이 없음을 감추려는 행위이기도 해서이다.

출연자 김영철은 존재만으로 강력한 기운을 발휘한다. 그가 말을 걸면 사람들은 긴장과 낯선 기색을 풀고 무장해제 된다. 다시 말해 사람들에게 다가가 한두 마디 입을 열기 전에 우선 상대가 더 기꺼워하며 자신의 이야기를 털어놓고 싶어 하고, 뭐라 한 마디를 더 던지고 싶어 한다.

이것은 우리와 같은 대중이 가지지 못한 힘이다. 타인, 흔히 말하는 대중과 이야기하고 싶은 염도 애초에 있지 않을뿐더러 그럴 마음이 설사 있다고 하더라도 웬만큼의 노력이 받쳐주지 않으면 가능하지 않은 일이다. 그러니까 김영철이라는 우리의 페르소나는 사람들의 속 이야기, 옛날이야기를 어렴잖게 듣는다.

'묻고 답한다. 말하고 듣는다' 이 간명한 두 가지 행위가 브라운관에서 펼쳐진다. 그들은 국제 정세에 영향을 미치는 인물도 아니고 국내 정국에 파동을 일으키는 사람도 아니다. 그들의 말 한 마디에 국제 금값과 기축통화, 유가가 상승·하강 곡선을 그리지도 않는다. 그런데도 이야기에 빠져든다.

올해 깨 값이 떨어져 깨를 터는 데 힘이 안 들어간다는 농부, 쏘가리 매운탕을 끓일 때 방앗잎을 언제 넣어야 하며, 이 레시피는 삼 대를 거쳐 내려온 방식이라는 음식점집 사장, 마을 앞을 쓸고 닦으며 지나가는 이들의 얼굴에 번지는 미소에서 힘을 얻는다는 어느 아저씨 …… . 이 이야기를 관통하는 가치 혹은 현상은 '온기'가 아닐까 한다. 나보다 사람과 이웃을 생각하는 사람들 말이다. 물론 사전 미팅과 섭외 과정이 수반됐겠지만 더 깊은 이야기를 꺼내게 하려는 제작진과 출연자의 노력은 주목할 만한 것이다. 사람이 그리운 시대, 사람을 마주하려 〈김영철의 동네 한 바퀴〉를 본다.

2. 그럼에도 불구하고 '사람'이 주인공인 퀴즈쇼: 〈유퀴즈 온 더 블록〉

〈유퀴즈 온 더 블록〉(이하 〈유퀴즈〉)은 자타공인 스타나 명사라는 사람들이 찾아서 시청하고, 나서서 출연하려 노력한다. 시즌을 거치며 폐지 위기에 처하기도 했지만, 지금은 위기를 극복하고 국내에서 가장 영향력 있는 예능 프로그램의 하나로 꼽힌다. 이 영향력은 그악을 부리거나 용을 써서 발휘되는 영향력과는 결을 달리하는데, 이 프로그램 역시 자연스럽게 문답을 이어가며 형성되는 유대와 친근함이 선한 영향력으로 화한다.

처음에는 달랐다. 출연자 유재석과 조세호가 거리를 걸으며 시민을 섭외한 뒤 몇 마디 대화를 나누고 퀴즈를 내 상금을 선사하는 포맷이었다. 진행자들의 호흡이 시민들보다 재밌고 더 주목받을 것이라는 예측은 틀렸다. 검증된 MC 유재석과 신예 같은 박력의 조세호가 거리를 쏘다니며 마주하는 사람들의 면면이 MC들의 개인 기량이나 우스갯소리보다 재밌었다. 그렇게 혹서와 혹한이라는 계절을 건너뛰며 간절기에 진행했던 〈유퀴즈〉가 우리 곁에 자연스레 정착되는 줄 알았다.

착각이었다. 〈유퀴즈〉가 정말 정착되고 난 뒤 출연자들은 초기 〈유퀴즈〉의 어려웠던 형편을 이야기한다. 걸출한 출연자가 나오고 사람들의 호평도 이어지지만, 저조한 시청률의 늪에서 헤어 나오지 못한 프로그램은 언제든지 종영될 수 있었다. 더군다나 의욕 있는 PD들에게 파일럿 프로그램을 제작할 수 있는 기회와 여건을 많이 만들어준다고 알려진 tvN이었다. 시청률이 저조한 프로그램이 눈 깜짝할 새 사라져도 이상하지 않았다. 어느 언론에선 유재석과 tvN이 상극이라는 평가를 내리기도 했다.

변수가 하나 더 있었다. 변수라기보단, 프로그램의 정체성과 방향을 송두리째 집어삼킬 만한 요인이었는데 코로나19였다. 팬데믹 상황에서 대면은 어려웠다. 〈유퀴즈〉는 세트를 빌려 그 주에 맞게 출연자를 섭외하는 포맷으로 변모한다.

퀴즈를 맞혀 상금을 수여하거나 못 맞힌 경우 상품 (혹은 얄궂은 굿즈)을 수여하는 장치를 제외한 거의 대부분을 바꿨다. 하지만 제일 중요한 프로그램의 정체성을 보존한다. '사람을 만난다'는 행위. 자리를 잡은 〈유퀴즈〉의 출연자들과 제작진은 거리에서 맞닥뜨리는 에피소드나 해프닝이 줄어든 자리에 보다 많이 사람의 이야기를 집어넣는다.

〈다큐멘터리 3일〉의 다큐 전문 PD를 보강해 녹화 전후로 출연자의 사연을 듣는 일에 보다 집중한다. 해당 팀은 한 사람의 생애사를 모두 담아낼 작정이라도 한 듯 느껴지는데, 그만큼 열의가 깊다. 다큐멘터리 3일 역시 풍경 그리고 사람에 집중하는 포맷이었기에, 〈유퀴즈〉라는 예능의 코믹터치를 얹고 가지만 기본적으론 휴머니티에 주목한다.

보강된 팀의 녹화 전후 취재가 프로그램에 더해져 사람을 향한 경청의 깊이와 강도가 깊고 짙어졌다. MC들의 출연자에 대한 질문도 전보다 심도 깊어졌다.

한편 전과는 달리 인터넷상에서 화제가 되거나 언론매체가 주목하거나, 큰 경기나 대회에서 이슈가 된 출연자들이 스튜디오에 출연하게 되었다. 문득 '명망가나 영향력이 있는 사람들만 〈유퀴즈〉에 나오는 구나' 하며 거리에서 만난 보통의 사람들이 그리워진 적이 있다.

〈유퀴즈〉의 초기 섭외 지향점은 최대한 평범한 보통의 우리 이웃들이었다. 이런 점에서 〈김영철의 동네 한 바퀴〉와 프로그램 포맷이 겹치기도 했다. 평범한 이웃 섭외에 치중하던 과거와 소수의 명망가도 출연을 간절히 원하는 요즘 사이의 간극 혹은 괴리를 어떻게 메울지 제작진의 고민이 있지 않을까.

어쨌든 지금 〈유퀴즈〉는 편안하고 폼이 좋아 보인다. 수요일 오후 8시 40분이면 채널을 고정해 놓는 시청자들이 많다. 본업 이외에 다른 TV 프로그램에 출연하지 않으려는 사람도 〈유퀴즈〉라면 한 수 접고 출연에 열을 올린다는 후문이 있다. 시청자들은 3년 연속 〈유퀴즈〉를 '영향력 있는 프로그램'과 '좋아하는 프로그램' 순위 상위에 올려놓았다. 사람을 깊게 들여다보고 그의 이야기를 경청한다는, 프로그램을 관통하는 가치에선 역시 온기가 배어난다. 〈유퀴즈〉도 역시 '사람'이 주인공인 프로그램이다.

3. 사람과 음악 그리고 첫 마음을 함께 들을 때의 온기: 〈유희열의 스케치북〉

잔잔한 음악이 화면으로부터 들려온다. 안경을 쓴 귀여운 일러스트 캐릭터가 피아북 건반을 연주한다. 무려 11년째 매주 금요일 심야 시간이면 시청자들을 찾는 〈유희열의 스케치북〉(이하 〈유스케〉) 방영을 알리는 신호들이다.

음악은 이제 소장하는 것이 아닌 소비하는 무엇이 되어버렸다는 선언이 나온 지도 20년 가까운 세월이 흘렀다. 손가락 몇 번이면 음악이 재생되고 멎는 시대, 〈유스케〉는 음악을 좋아하는 사람을 한데 불러 모아 우리 함께 음악을 듣자며, 이 소중한 시간을 나누자며 손짓하는 것만 같다.

〈유스케〉에선 장안의 음가(音價)를 올리는 스타들도 음악회를 만드는 한 명의 작은 게스트로 돌아간다. 세계적으로 선풍을 일으켜 외국에서 최고의 스타 대접을 받는 가수나 뮤지션도 처음 음악을 시작하는 지망생처럼 약간의 홍조를 띠며 자신의 음악을 소개하고 어느 부분에서 귀를 기울여야 할지 힘주어 말한다. 〈유스케〉의 힘이자 진행자 유희열의 힘이다.

10년쯤 해왔으면 노련해질 만도 했다. 진행자 유희열은 천재적인 음악성과 더불어 음악과 사람을 향한 지대한 관심으로 〈유스케〉를 11년째 이끌어오고 있다. KBS에서 힘주어 만든 프로그램 편성에 밀려 시간대가 오락가락하기도 했다. 자정을 넘은 심야에 편성돼 시청자들에게 외면을 받기도 했다. 일찍이 타사의 심야 음악 프로그램이 그렇게 명멸했다. 방송국에게 음악은 있으면 좋으나 없어도 되는 것처럼 여겨지는 무엇쯤 되었을까.

〈유스케〉역시 코로나19의 유탄에서 자유로울 수 없었다. 공개방청을 하는 날이면 구름떼처럼 모이던 청중을 더 이상 모을 수 없게 됐다. 하여 짜낸 방식이 그날의 출연자들을 방청객 삼아 진행하는 것이었다. 출연자이자 방청객들은 제작진이 마련한 스케치북에 출연자들의 무대에 호응하거나 반응을 나타내는데, 이것이 또 다른 재미를 선사한다. 시청자들에겐 "아, 저들도 우리와 똑같은 형태로 반응하는구나"나 "아, 저 드립은 별로인데" 같은 친근한 모습으로 다가오는 것이다.

한 번은 궁금한 적이 있었다. 코로나19 상황 탓에 관객들을 부르지 못한다면 작은 녹음실(이를테면 MBC에서 방영됐던 〈음악여행 라라라〉처럼)에서 녹화를 뜨면 되지 않을까. 곰곰이 생각해 보다 깨닫게 됐다.

녹음실에선 MIDI 음악, 그러니까 가수의 목소리 말고는 전부 녹음본이나 전자음악으로 대체된다. 〈유스케〉는 기타, 건반부터 코러스까지 전부 라이브 세션이 뒷받침하는 음악을 추구해 왔다. 그 같은 기조의 중심엔 음악감독 강승원이 있는데, 국내 최고 수준의 음악 구성원이 현시점 최고의 가수들과 어우러져 노래를 부르고 음악을 들려주는 정통 음악 토크쇼를 〈유스케〉는 어렵게 어렵게 지켜오는 중이다.

그리고 사람과 이야기! 〈유스케〉는 음악 토크쇼라는 정체성에서 한순간도 비껴서질 않았다. 출연자가 등장하면 진행자 유희열은 최근의 근황을 묻고, 이번 음악 작업의 마디마디 곡절을 짚어준다. 그는 때론 그들보다 앞서서 길을 가는 선배 입장이 되고, 고참 가수가 나오면 선배를 예우하며 후배들과 선배 사이의 가교가 되어 허리 역할을 매끄럽게 해낸다.

이것은 일찍이 노영심, 이문세, 이소라, 윤도현 등으로 이어져 오던 KBS 심야 정통 음악 토크쇼 MC들이 너끈하게 해왔던 역할로 라디오에서 오래 말하기와 들어주기 기량을 닦은 유희열에게 맞춤옷 같은 것이었다.

시청자들은 기존의 가수가 나오면 편안해하는 한편 오랜만에 만난 사이처럼 무얼 물어보고 어떤 말을 해야 할지 어색해하는 상황인데, 이때 유희열이란 존재가 자아내는 유대감과 친근함이 시간과 공간에 쉽게 녹아들게 한다.

한편 처음 마주하는 가수가 나와 낯설고 어쩔 줄 모르겠는 상황에서 유희열의 친절한 설명과 아이스 브레이킹으로 곧장 그 가수의 음악과 세계에 배어든다. 이렇기 때문에 어떻게 보면 〈유스케〉는 음악이라는 측면에선 정통이라는 표현이 차고 넘치는 프로그램이나, 토크쇼라는 측면에선 정통보단 맘 편히 시청할 수 있는 세미라는 표현도 들어맞을 것이다.

"꿈이 뭐예요?"

〈유스케〉에 처음 출연하는 출연자들에게 묻는 공통 질문이다. 느닷없기까지 한 이 물음에 돌연 신중해지는 출연자들의 모습에 집중한다. "다시 〈유스케〉에 나오기", "그래미를 손에 쥐기", "연말 시상식에서 신인상을 타기", "행복해지기" …… 다양한 답이 나온다.

어쩌면 우리는 출연자의 처음을 지켜보는 것이다. 그의 첫 출연, 첫 마음, 처음으로 고백하는 꿈. 〈유스케〉는 출연자, 다시 말해 브라운관에 처음이다시피 출연하는 '사람'의 처음을 듣는 행운을 시청을 통해 누릴 수 있다. 하여, 음악과 사람 그리고 사람의 첫 마음을 발견할 수 있는 〈유스케〉를 보기 위해 금요일 밤 11시 25분을 기다리게 된다.

4. 그래도 결국은 사람과 온기

정말 코로나19 때문일까. 우리의 대화가 단절되고 소통이 막히고 교감이 차폐되어 버린 이유는. 코로나 이전을 떠올린다. 스마트폰에 눈길이 모두 아래만, 바닥만 보고 있는 우리의 모습이 상에 잡힌다. 곁에 누가 있어도 우리의 신경은 온통 작은 화면에 집중됐고 귀에는 세상의 모든 소리를 소음으로 여겨 차단해 버리는 이어폰을 꽂고 있었다. "우리 곁에 사람이 없다", "외롭고 쓸쓸하다"라는 소리는 어쩌면 우리가 자초한 바가 아닐까.

사람이 그리워지는 계절이 또 한 번 건너왔다. 그간 해왔던 관성 때문에 선뜻 사람에게 다가가기 어렵다. 뭔가 쑥스럽고, 면구스럽고……. 그럴 땐 좋은 교보재가 있다. 활자가 아니라 영상이고, 실제 대화 장면도 있어 한층 실습하기 수월하다. 〈김영철의 동네 한 바퀴〉, 〈유퀴즈 온 더 블록〉, 〈유희열의 스케치북〉은 친숙한 사람이나 낯선 사람에게 말을 걸고 호의를 전달해 역시 "사람 사는 곳은 뭉근한 곳이어야 한다"라는 명제가 여전히 참임을, 방영으로써 증명해 내고 있다.

비단 이 프로그램을 시청하지 않아도 사람과 온기로 가득한 시대가 되기를 소망한다. 코로나19와 스마트폰에 가로막힌 우리의 단절과 차폐가 종식되기를 바란다.

용기 내지 않아도 될 세상을 위해

JTBC 〈용감한 솔로 육아 — 내가 키운다〉가 보여준 용기, 그들이 사는 세상에 한정된 용기가 아니길

최서영

정상 가족은 없다. 그리고 비정상 가족도 없다. 2021년의 대한민국 예능에는 정상 가족 틀에서 벗어나려는 시도들이 눈에 띄었다. '정상 가족'만 찾아볼 수 있었던 방송계에서 이혼한 남녀의 이야기, 입양 가족의 이야기 등 다양한 가족의 이야기를 담아내기 시작했다. 이제야 한국 사회가 '정상 가족' 이데올로기에서 벗어날 준비가 된 걸까?

정상 가족 틀에서 벗어나기

'정상 가족'이란 '결혼'이라는 제도를 거쳐 남자와 여자가 '정상적인 임신과 출산' 과정을 통해 이뤄낸 가족, 우리 사회가 이상적인 형태로 간주하는 가족을 의미한다. 최근 이러한 정상 가족 이데올로기 논쟁에 불을 붙인 건 결혼이라는 '정상'적인 제도와 '정상'적인 임신 과정을 거치지 않고 가족을 이뤄낸 사유리 씨의 〈슈퍼맨이 돌아왔다〉 출연이었다. '남녀'가 만나 사회가 요구하는 '결혼'이라는 제도를 거쳐, '두 부모'와 아이로 구성된다는 '정상 가족'. 이 중 단 하나의 요건도 갖추지 않은 사유리 씨가 가족 예능에 출연해 얻은 시청자들의 응원은 사회적 인식의 변화를 비추지만, 국민청원으로도 이어진 불만은 여전히 남아 있는 사회적 편견도 드러냈다.

방송 예능은 우리 사회의 현실을 담아내기도 하지만, 동시에 사회의 변화를 이끌기도 한다. 그런 면에서 가장 눈길이 가는 프로그램이 있다. JTBC의 예능 프로그램 〈용감한 솔로 육아 - 내가 키운다〉(이하 〈내가 키운다〉)는 솔로 육아를 하는 스타들의 육아 생활을 보여주고 함께 모여 육아 팁을 공유한다. 그간 두 부모 정상 가정만 다뤄왔던 한국 가족 예능과 육아 예능 사이에서 한부모 가족에게 용기를 주고 싶다는 의도에서 기획했다는 〈내가 키운다〉가 우리 사회가 공유하는 가족관에 어떤 변화를 몰고 올지 주목할 만하다. 이 글은 〈내가 키운다〉가 한국 정상 가족 이데올로기에 도전한 용기에 주목하고, 더 많은 이들이 함께 용기를 내기 위해 프로그램이 나아가야 할 방향을 제시하고자 한다.

〈내가 키운다〉가 보여준 이혼과 가족

〈내가 키운다〉에서 연예인 출연자들의 이혼은 새로운 연인을 만나기 위한 소재도, 웃음의 소재가 되는 농담거리도 아니다. 이혼한 싱글들의 이야기를 다룬 〈돌싱글즈〉·〈신발 벗고 돌싱포맨〉에서 '이혼'을 예능의 새로운 설렘이나 웃음으로 소비하는 것과는 다르다. 특히 육아로부터 자유로운 남성들의 이혼이 예능에서 줄곧 놀림거리로 소비되어 온 것과 대비된다. 〈내가 키운다〉는 연예인으로서뿐만 아니라 솔로 맘으로서 이혼 이후 홀로서기 과정의 어려움을 털어놓고, 같은 상황에 처한 이들에게 용기를 주고 싶다는 따뜻한 마음을 전한다. "우리는 동상이몽 안 본다"라고 당당하게 외치며 싱글 맘을 대변해 용기를 보여주기도 한다.

출연자 김현숙은 솔로 맘이자, 재혼한 가정의 자식이기도 하다. 두 아이를 키우는 솔로 맘 김나영은 혈연으로 엮이진 않았지만, 양희은을 엄마이자 가족 같은 존재로 표현한다. 이들은 육아 조력자로서 솔로 맘의 육아를 도울 뿐 아니라, 가족의 범주를 더 확장하는 역할을 한다는 점에서 주목할 만하다. 〈내가 키운다〉는 육아의 주체인 솔로 맘은 물론이고 재혼 가정, 비혈연 가정 등 다양한 가족 구성을 포용했다.

아이들의 귀여움이 아닌 현실 솔로 육아를 조명하다

〈내가 키운다〉에서 육아는 여타 육아 프로그램과는 달리 단순 놀이나 체험이 아니다. 솔로 맘 김나영은 두 아이를 동시에 씻기고 혼자 밥을 준비한다. 아이들은 지치지 않고 체력을 소모한다. 엄마가 쉬고 싶을 때 아이들도 쉬고 싶을 리 없다. 항상 복스럽고 맛있게 밥을 먹는 귀여운 아이들일 수 없다. 때로는 밥을 먹지 않아 부모를 힘들게 한다. 아이들은 밤에도 지치지 않고 춤을 추고, 엄마는 아이들이 지칠 때까지 잠을 청하지 못한다. 여타 육아 프로그램이었다면 카메라는 이때다 싶어 춤을 추는 귀여운 아이들의 모습에 초점을 맞췄을지도 모르겠다. 그러나 〈내가 키운다〉는 귀여운 아이들의 모습으로 시청자를 현혹하지 않는다. 육아는 귀여운 아이들의 모습에 녹아나기도, 투정 부리는 아이들의 모습에 얼기도

하는 일상이고 현실이다. 아이들을 어떻게 키워야 할지 고민의 연속인 솔로 맘의 시각에서 아이들을 비춘다는 점이 〈내가 키운다〉가 여타 육아 프로그램과 가장 차별적인 부분이다.

〈내가 키운다〉는 육아의 주체에 초점을 맞춘 연출로 차별점을 뒀다. 싱글 맘 출연자들은 스튜디오에 모여 고민을 나누며 육아에 관해 이야기한다. 부모와 어른들이 녹음실에 앉아 귀여운 아이들의 모습을 보며 리액션하는 내레이션으로 등장하는 육아 프로그램과는 다르다. 기획 의도는 '슈퍼맨'의 육아 도전이지만, 귀여운 아이들이 주인공이 되어 버린 〈슈퍼맨이 돌아왔다〉와 비교하면 초점의 대상이 확연히 다름을 알 수 있다. 육아의 주체인 싱글 맘들의 감정과 고민을 담는 인터뷰가 삽입되고, 출연진은 스튜디오에 함께 모여 공감하고 위로하며, 육아 팁들을 공유한다. 이러한 연출은 육아 일상 관찰에 그치지 않고 솔로 육아를 하는 이들에게 위로와 공감을 전하겠다는 프로그램의 기획 의도를 잘 구현한다.

용감한 솔로 육아인가, 용감한 솔로 여성인가

프로그램의 풀네임은 〈용감한 솔로 육아: 내가 키운다〉이다. 그런데 '솔로' 육아에서 '솔로' 남성, 싱글 대디의 육아 장면은 찾아볼 수 없다. 캐스팅 과정에서 어려움을 겪었다고 밝힌 기획자가 의도적으로 솔로 맘들만 캐스팅하진 않았을 것이라 생각한다. 싱글 대디 정찬이 스튜디오에 게스트로나마 출연해 자신의 솔로 육아 경험을 공유하기도 했다. 어쩌면 아직 싱글 대디들이 용기 내기가 어려운 우리 사회가 그대로 반영되지 않았나 싶어 안타까운 마음도 든다. 한부모 가족의 20%는 부자 가구인데, 이들은 또다시 소외된 것은 아닌지 왠지 찜찜한 기분이 든다.[1] 게스트 정찬이 싱글 대디로서 딸과의 대중목욕탕에 관한 고민을 해결한 방법을 공유하는 부분에서 드러나듯 싱글 맘이기에, 싱글 대디이기에 겪는 고충은 분명히 다르다. 솔로 맘뿐만 아니라 솔로 대디들에게도 용기가 필요하다.

더 아쉬운 점은 육아가 여성의 영역이라는 관념이 재생산될 수 있는 여지가 남아 있다는 것이다. 남성 게스트가 손님으로 등장하는 장면에서 기존의 육아 프로그램들과 비슷한 장면들이 연상된다는 점은 여전히 아쉽다. 게스트 윤박과 박성광은 미숙한 모습으로 육아를 '체험'하는 데 그친다. 남성 게스트는 육아 초보로 등장하고, 여성 게스트 양희은은 친정 엄마 같은 이미지로 육아에 능숙한 모습을 보인다. 단순히 나이와 인생 경력에서 비롯된 차이일까? 육아 경험 제로인 미혼 여성 김희진이 육아에 능숙하고 조력자적인 역할로 등장하는 모습은, 기혼 남성인 박성광이 보여준 육아에 미숙한 모습과 크게 대조된다. 여성들의 서툰 육아는 부족함으로 여겨지지만, 남성의 서툰 육아는 미숙하지만 배워나가면 된다며 쉽게 용인되는 모습이 그대로 반영된 결과는 아닐지 고민해봐야 한다.

프로그램 제목은 〈내가 키운다〉이다. 그런데 언제는 남이 키워줬던가? 이혼 전에도, 이혼 후에도 여전히 여성들이 아이들의 육아를 맡는 것을 당연시하는 현실이 어쩔 수 없이 출연자 캐스팅에 반영됐다고 변명할 수 있을지도 모르겠다. 그러나 방송을 통해 익숙했던 모습들이 또다시 반복되어, 당연한 것이 되지 않았으면 하는 바람이다.

---

1   2018년 기준 한부모 가족 중 모자가구가 51.6%, 부자가구 21.1%, 모자+기타 가구 13.9%, 부자+기타 가구 13.5%를 차지한다. 여성가족부, 「한부모가족 실태조사」 (2018).

용감함인가, 편견의 재생산인가

솔로 맘들은 아빠의 부재를 숨기지 않는다. 아이들이 가족과 아빠에 대해 건강한 생각을 가질 수 있도록 고민하는 엄마들과 건강하게 자라나는 아이들의 모습을 보여주는 것만으로도 솔로 육아를 하는 이들에게 용기를 준다.

그러나 예능에서 평탄한 모습만 비출 리 없다. '아빠의 부재'라는 위기 상황이 등장한다. 낚시를 떠난 김현숙은 "아빠는 쉽게 낚싯바늘을 꿴다"는 아이의 말을 듣고, 아이가 아빠의 부재를 느끼지 않게 하려 노력한다. 캠핑을 떠난 김나영은 여러 번의 연습으로 단련해 혼자 텐트 치기에 성공해 냈다. 텐트 치기에 성공한 김나영이 남성 혼자도 힘든 일을 해냈다며 칭찬받기도 한다.

이 과정에서 솔로 맘이기에 힘든 일은 없다. 처음 해보는 일이고, 둘이 아닌 혼자이기에 조금 오래 걸렸던 것뿐이다. 이를 남성의 부재, 아빠의 부재라는 렌즈를 끼고 바라보며, 위기로 정의하지 않았으면 한다. 위기에 처한 상황을 강조하고, 여성이지만 용기를 낸 이와 같은 상황 연출이 편견을 재생산하는 것일지도 모른다. 용기를 주겠다는 명목으로 이들만 특별한 렌즈로 비추고 있진 않은지, 그 렌즈에 사회적 편견이 묻어나지는 않았는지 경계해야 한다.

〈용감한 솔로 육아: 내가 키운다〉에서의 '용감함'이 닭장에 들어가 달걀을 꺼내오고, 지렁이에 낚싯바늘을 꿰는 것만을 의미하는 것은 아닐 것이다. 이혼과 솔로 육아가 마치 인생의 큰 실패로 여겨지는 사회적 편견 앞에 당당하게 선 그들의 용기에 더 큰 의미가 있는 것이다. 한부모 가정의 눈물에만 초점을 맞추는 것은 정상 가족 이데올로기를 재생산하는 수단이 될 수 있음을 경계해야 한다. 솔로 육아의 과정에서 그들이 겪은 좌절감과 어려움을 부정하라는 것이 아니다. 단지 두 명이 아닌 한 명이기에 시간이 좀 더 걸리는 일조차 결핍이 있는 상황으로 비춰내지 않도록 경계해야 한다. 이는 이들을 결손 가족, 비정상 가족으로 바라보는 시선의 연장일 뿐이다. 솔로 육아를 하는 이들에게 용기를 주고자 한다면, 남들과 다르지 않은 솔로 맘들의 육아 일상을 담백하게 비춰내야 한다.

용기 낼 수 있는 그들만의 세상은 아닌지

아이의 놀이방에 가득한 다양한 놀이도구, 넓은 집에 가지런히 정리된 각종 육아용품, 세 대의 냉장고, 넓은 거실을 비추는 익숙한 카메라 워킹. 모두 어디선가 본 장면인 듯하다.

아이들이 마음대로 벽에 낙서하도록 용납할 수 있는 넓은 아량은 그들만의 세상에서나 가능한 일이 아닌가? 물론 〈내가 키운다〉는 현실 고발 다큐멘터리가 아닌, 연예인들의 육아 일상 관찰 예능이다. 그렇지만 적어도 솔로 육아를 하는 사람들에게 용기를 주겠다는 의도를 보여주기 위해선 솔로 맘들의 용기가 연예인이라는 직업과 재력에서 오는 용기로 비춰지지 않도록 노력해야 한다. 러브하우스의 배경음악을 떠올리게끔 하는 카메라 워킹과 넓은 집을 비추는 광각렌즈는 누구에게 용기를 주기 위한 것인지 의문이 든다.

누군가는 힘든 상황 속에서도 솔로 맘, 솔로 대디로 홀로 설 용기조차 내지 못할 각종 경제적·상황적 어려움에 처해 있다. 한부모 가족의 소득은 전체 가구 평균의 절반 수준이며, 자산은 평균의 4분의 1 수준이다. 한부모들은 가장 큰 어려움으로 양육비, 교육비 부담을 꼽았다. 이

외에도 장시간 근로와 불규칙한 휴일로 일, 가정 양립에 어려움을 겪으며, 한부모 가정 아동 10명 중 한 명은 돌봄 공백을 겪는다.[2] 방송에서 보이는 육아용품들, 놀이기구들, 하다못해 아이들이 벽에 낙서해도 다시 칠하면 된다며 웃어넘길 수 있는 그들의 아량도 누군가에는 사치로 느껴질지도 모르겠다. 이들이 전하는 육아 '꿀팁'이 영어 유치원 고민, 육아용품 정보에 한정되지 않고 보편적인 육아 고민으로 확대되길 기대한다.

그들만의 세상에서나 낼 수 있는 용기가 아닌지 고민할 때 더 많은 이들이 용기를 낼 수 있다. 힘든 상황에서 육아와 가장의 역할을 모두 해내는 솔로 맘과 솔로 대디들이 용기 낼 꿈도 꾸지 못하게 만드는 것은 아닌지, 프로그램 제작진 스스로 계속해서 점검해 나가야 한다.

용기 내지 않아도 될 세상을 위하여

〈용감한 솔로 육아 내가 키운다〉라는 제목에는 솔로 육아를 위해 아직은 용기가 필요한 사회임이 비춰진다. 가족의 개념은 확대되고 가족 구성의 다양성을 인정하는 사회적 인식이 생겨났지만, 한부모, 비혼 부모, 미혼 부모에 대한 뿌리 깊은 차별적 인식은 여전히 남아 있다. 앞으로 방송계

---

2   구체적인 수치를 덧붙이자면, 취업한 한부모의 41.2%가 10시간 이상 근무하고, 33.7% 는 오후 7시 이후에 퇴근한다. 주 5일제 근무하는 한부모는 36.1%에 불과하고, 정해진 휴일이 없는 경우도 16.2%에 달한다. 미취학 자녀를 둔 한부모의 11.7%, 초등학생, 중학생 이상 자녀를 둔 한부모의 각각 45.1%와 54.3%가 평일 일과 후 돌봐주는 어른이 없어 돌봄 공백을 겪는다. 모든 연령대의 80% 이상의 한부모가 가장 큰 어려움으로 '양육비·교육비 부담'을 꼽았다. 여성가족부, 「한부모가족 실태조사」(2018).

에서 다양한 가족 형태를 다룸으로써 확대된 가족의 의미를 우리 사회가 받아들이는 변화를 이끌기를 기대한다. 언젠가 큰 용기를 내지 않아도 담담하고 당당하게 홀로 키울 수 있는 사회를 향해 〈내가 키운다〉가 한 발자국 내디뎠다는 점에 박수를 보내고 싶다.

분명히 해야 할 것은, 솔로 육아를 하는 이들이 용기 낸다고 해서 그것이 전부는 아니라는 점이다. 그들이 용기를 내야 하는 상황에 처하게 만든 것은 사회적 편견과 '두 부모 가정'에 맞춰진 제도들이다. 양육비, 복지 사각지대 등 다양한 문제를 겪는 이들은 영어 유치원 고민이나 육아용품 정보 공유 같은 육아 '꿀팁'에 신경 쓸 여력이 없다는 점을 잊지 말아야 한다. 솔로 대디들이 소외되지 않는 용기, 그들만의 세상이 아닌 모두의 세상에서 낼 수 있는 용기를 통해 다시 한번 정상 가족 틀에서 벗어날 수 있길 응원한다.

스펙터클 인 블랙박스

충격을 넘어: SBS 〈맨 인 블랙박스〉

김주일

블랙박스는 불신을 먹고 자란다

우리나라 운전자들의 블랙박스 사랑은 유별나다. 유럽, 일본 등 해외 주요국의 블랙박스 보급률이 10~20% 수준에 그치는 데 반해 우리나라의 블랙박스 보급률은 90%에 달하는 것으로 추정된다.[1] 자동차를 구매하면 가장 먼저 블랙박스부터 장착하는 것이 상식으로 자리 잡았고, 영업사원에게 말만 잘하면 애초에 블랙박스를 장착한 상태로 신차를 출고해 주기도 한다. 여느 지하주차장을 들어가더라도 시커먼 자동차 앞 유리창 너머에서 번뜩거리는 눈동자들이 적막 가운데 서로를 예의 주시하는 풍경을 일상적으로 마주할 수 있다.

---

1   《아시아경제》, "이번에는 K-블랙박스 …… 성장 전망 밝은 까닭은?"(2021.3.8).

유별난 블랙박스 사랑은 관련 시장을 레드오션으로 이끌었다. 그에 따라 경쟁우위를 점하기 위한 제조사들의 기술혁신도 눈부시다. 원거리의 번호판도 전천후로 식별할 수 있는 4K 화질과 안정적인 녹화와 재생 기능은 기본이다. 최근에는 사고 발생 시 긴급 문자를 전송하거나, 인공지능(AI) 기반으로 충격 발생 위치와 크기를 안내하고, 최대 1275시간까지 대기할 수 있는 초저전력 기능까지 선보이는 등 진화를 거듭하고 있다.[2] 향후 이러한 기술혁신은 자율주행 기술의 진화와 맞물려 더욱 가속화될 전망이다.

우리의 남다른 블랙박스 사랑은 어디서 기인한 것일까? 높은 자동차 보급률과 우수한 첨단 제조 역량, 그리고 높은 수준의 디지털기술 수용성도 원인으로 꼽을 수 있겠지만, 가장 중요한 것은 따로 있다. 블랙박스에 대한 애착은 우리가 '불신사회'에 속해 있다는 처연한 현실과 맞닿아 있다. 시속 200㎞로 질주할 수 있는 묵중한 기계장치가 일상적 삶의 공간 구석구석을 누비는 현실에서는 누구나 자동차로 인해 억울한 일을 당할 수 있다는 위기감을 떠올리게 마련이다. 억울한 일을 회피할 최선책이 최상위 수준의 운전 실력이나 첨단 주행보조장치라면, 도무지 회피할 수 없는 불가항력적인 상황에 대한 최후의 증언자는 블랙박스다. 평소에는 룸미러 아래에 거추장스럽게 매달려 경고음이나 툭툭 내뱉는 존재지만, 억울한 사건의 맥락에 들어서면 피해자의 곁에 서서 객관적 자료를 척척 내놓아 줄 믿음직한 증인으로 돌변한다. 블랙박스가 없던 시절, 이러한 기대는 응당 사건을 둘러싼 공적 조사 기관이나 법률가 혹은 보험사를 향했었다. 하지만 기술이 점차 고도화되고 빠르게 확산되면서, 신뢰의 무게중심은 사람이나 조직이 아닌, 기계 쪽으로 기울

---

2   ≪이투데이≫, "블랙박스 업계, '첨단기술' 경쟁 치열"(2021.5.20).

기 시작했다. 사건에 대한 면밀한 관찰과 객관적 증언을 기계에 위임하기 시작한 것이다. 그런 점에서 2009년은 상당히 의미 있는 시점이다. 그때부터 보험사들은 블랙박스를 설치한 차량에 대해 자동차보험료를 할인해 주기 시작했다.[3] 다시 말하면, 그때부터 신뢰를 기반으로 한 감시와 증언이라는 공적 기능이 기계에 공식적으로 위임되기 시작했다.

이제 우리는 사람보다 기계의 증언을 더욱 신뢰한다. OECD 주요국의 신뢰도를 조사한 결과에서, 우리나라의 대인신뢰도는 26.6%로 OECD 평균인 36.0%보다 낮다. 정부신뢰도도 34%로 OECD 평균 대비 8%p 낮다.[4] 또한, 국민의 91%는 우리나라 사법체계에 '유전무죄 무전유죄'가 적용된다고 믿고 있다.[5] 이러한 불신사회에서 블랙박스는 고정형 CCTV와 함께, 무결성의 총아로서 반사이익을 누리고 있다.

스펙터클 + 리얼리티 = ?

블랙박스 제보 영상만으로 꾸린 TV 프로그램이 지상파 방송국에 정규 편성되어 이렇게 오랜 시간 동안 꾸준히 사랑받으리라고는 아마 제작 관계자들도 미처 예상치 못했을 것이다. 2011년 9월에 SBS〈모닝와이드〉의 '블랙박스로 본 세상'이라는 작은 꼭지로 출발한〈맨 인 블랙박스〉는 2016년 2월에 독립 프로그램으로 격상되었다가 같은 해 8월부터 정규 편성되어 현재에 이르고 있다. 한때 5%대에 달했던 시청률이 최근 1~2%

3   ≪이데일리≫, "차 블랙박스 달면 보험료 3% 깎아드려요"(2009.2.26).

4   OECD, "Society at a Glance 2016"(2016).

5   ≪동아일보≫, "유전무죄·무전유죄 …… "여전히 돈 없고 빽 없으면 서럽다""(2017. 1.25).

대로 감소했으나, 여전히 지상파 프로그램 시청률 20위권에 진입하고 있으며,[6] 대중의 공분을 사는 대형 교통사고나 자동차 관련 논란이 발생하면 온라인상에서 심심치 않은 버즈(buzz)를 유발할 수 있는 화제성도 갖추고 있다. 〈모닝와이드〉 편성부터 현재에 이르기까지, 10여 년의 시간 동안 족히 수천 대 분량의 충돌, 폭파, 화염, 전복이 전파를 탔고, 그 현장에는 어김없이 수만 번의 충격, 분노, 억울함, 슬픔이 찢긴 타이어처럼 고속도로 위에 흩어져 나뒹군다.

　한두 번 이 프로그램을 볼 때는 교통사고에 대한 경각심을 일깨우는 공익적 콘텐츠로만 생각하기 쉽다. 충격적인 사고 영상 위로 긴박한 상황을 차분하게 전달하는 진행자의 목소리가 오버랩되며 사고의 원인과 예방법을 상기시킨다. '도로교통법'과 자동차 전문가들의 전문적 식견도 적절하게 가미되어 공익성을 더한다. 특히 한 주제의 말미에서 운전자들의 경각심을 일깨우는 절제된 문장의 경고는 이 프로그램의 표면적 목적성을 확고히 공표한다.

　하지만 계속되는 파괴의 향연을 부지불식간에 즐기다 보면, 이 프로그램의 교훈적 측면이란 제작진이 표층에 내걸어 놓은 당위적 명분에 지나지 않음을 알게 된다. 〈맨 인 블랙박스〉가 진정으로 추구하는 것은 파괴의 미학, 충돌의 스펙터클이다. 프로그램 도입부부터 가공할 충격과 번뜩이는 섬광, 찢어지는 비명을 적절하게 압축하고 버무려, 주말 황금시간대의 시청자를 화면 앞에 단단히 동여맨다. 본편으로 들어가면, 육중한 기계장치가 심장이 팔딱팔딱 뛰는 인간을 싣고 시속 120km로 달리다가 중앙분리대를 넘어 점프하기도 하고 인도를 덮치기도 한다. 사

6　브레이크뉴스, "9월 5일 지상파 시청률, 홍은희×전혜빈×고원희 '오케이 광자매' 1위" (2021.9.6).

람들은 다리가 부러지거나 죽거나, 최악의 경우 가족을 잃고 혼자 중환자실에 우두커니 누워 있다. 여기서 우리가 표면적으로 느끼는 감정은 피해자들에 대한 안타까움과 교통사고의 위험성에 대한 경각심이지만, 그 심층에 조심스럽게 도사리는 감정은 영화 〈2012〉나 〈고질라〉를 볼 때 느끼곤 하는 대량 파괴의 엑스터시와 크게 다르지 않다. 평소 보기 힘들었던, 상상으로만 존재하던 가공할 파괴를 두 눈으로 똑똑히 목격하면서 교감신경이 전신에 일으키는 생존 기제로서의 화학반응을 즐기는 것이다. 블랙박스 영상 특유의 각종 수치 정보들과 다소 너저분한 화질은 이 영상이 실제 상황이라는 점을 강조하며 더 강한 자극과 몰입으로 이끈다. 제보된 블랙박스 영상을 날것 그대로 공개한다는 독특한 시각성은 이러한 사건이 나와 내 가족에게 오늘 혹은 내일이라도 당장 일어날 수 있다는 선명한 리얼리티로 돌아온다. 불손한 예이지만, '주변에서 실제로 벌어진 일'이라는 현실성은 성적 불법촬영물을 즐기는 자들이 그 악의 구렁텅이에서 쉽사리 빠져나오지 못하는 이유이기도 하다.

프로그램이 끝나고, TV를 끄면 저 무시무시한 사건이 나에게는 아직 일어나지 않았으며, 나는 분명 아직 살아 있다는 안도감이 잔상처럼 아른거린다. 그 안도감을 이불 삼아 덮고 누우면, 그제야 프로그램은 진짜로 끝난다.

직사각의 링

폭력과 파괴의 장면은 언제나 대중의 관심을 끄는 데 성공한다. 그래서 해외 토픽으로 보도되는 총격 사건의 혈흔에서부터 9·11 테러와 같은 세계사적 순간에 이르기까지, 중요하고 가치 있는 정보로 곱게 포장된 '파괴의 포르노'들이 거실 TV와 손바닥 위의 작은 화면을 가리지 않고 쉴 새 없이 스며든다. 5000만 명이 부대끼고 살아가는 좁은 땅에서는 충돌이 멈추는 날이 존재할 수 없으므로, 파괴의 포르노도 결코 결방하는 일이 없다. 설령 소재가 고갈되더라도 미국 같은 나라(우리와 친하다고 믿고, 세계적으로 영향력이 크며 폭력의 폭과 깊이가 상상을 초월하는 나라)에서 수입하면 되니 전혀 걱정이 없다.

　　장 보드리야르(Jean Baudrillard)는 일찍이 파괴의 이미지가 늘 자본과 결탁하기 마련이라는 점을 지적했다.[7] 이 시대를 정의하는 견고한 구조라고 할 수 있는 '소비사회'는 매스미디어를 충신으로 삼아 개개인의 정신과 행동 일체를 소비에 최적화된 상태로 유도한다. 매스미디어는 시시각각으로 벌어지는 폭력을 눈앞에 배달하고 입체감 있게 묘사한다. 노골적으로 때려 부수는 액션영화뿐만 아니라 가장 객관적이고 신뢰할 만하다고 믿고 보는 뉴스조차 파괴의 포르노를 배달하는 임무에서 중요한 첨병 노릇을 한다. 우리는 그것을 바라보며 불안해지지만, 이내 방어기제가 작동하여 그 고통은 나와 관련 없는 것이라며 일축해 버린다. 하지만 마음 한편에 뿌리를 내린 불안감은 견실한 안락함을 갈구하는 단계로 이끌고, 새로운 사물들을 주위에 배치하는 행동을 통해 비로소 일단락된다. 소비사회에서 미디어가 막연한 불안을 조장하는 이유는 극한까지 추구해 마땅한 안락함이라는 권리를 확고하게 정당화하면서 의식의 수면 위로 부상하기 위함이다.

　　'파괴 - 불안 - 소비'는 소비사회에서 한 번도 실패한 적 없는 최상의 전략이다. SBS는 두 프로그램을 통해 이 전략에 효과적으로 편승한다. 파괴의 포르노 세상에서 〈SBS 8뉴스〉가 첨병 역할을 한다면, 뉴스

7　　장 보드리야르, 『소비의 사회: 그 신화와 구조』, 이상률 옮김(문예출판사, 1992).

후에 곧바로 이어지는 〈맨 인 블랙박스〉는 더 심화된 전문 상영관 역할을 맡는다. 둘의 긴밀한 결탁은 광고 전략에서 여실히 드러난다. SBS는 두 프로그램과 〈그것이 알고 싶다〉까지 묶은 패키지로 광고주들에게 어필하고 있는데, 이 광고 상품에는 5구좌 한정 3억 원이라는 최고가가 책정되어 있다.[8]

〈맨 인 블랙박스〉 광고가 시각성과 내용 측면에서 작동하는 방식도 주목할 만하다. 초창기와 현재 사례를 비교해 보자. 2017년에 방송된 한 에피소드 말미에서, 진행자는 겨울철에 교각을 지날 때는 빙결을 고려하여 속도를 줄여야 한다는 교훈을 남겼다. 이때 진행자를 담은 스튜디오 화면이 축소되며 우측 아래에 볼보사의 'The All New XC90'이 당당한 풍모를 드러냈다. "볼보 역사상 가장 안전한 SUV"라는 야심 찬 선언과 함께였다.[9] 이후 2021년에는 파괴와 소비의 결탁이 조금 더 우회적인 형태로 바뀌었다. 역시 한 에피소드를 마무리하며, 톨게이트 구간에서는 안전에 더욱 유의해야 한다는 진행자의 진중한 경고가 이어진다. 좌측 자료 화면에서는 차선을 변경하는 트럭 후미를 들이받을 뻔한 승용차, 교각 표지석에 정면 추돌하여 공중으로 붕 튀어 오른 택시를 연이어 보여준다. 그때 그 비극의 오른쪽 옆 칸에서, 미모의 배우가 고혹적인 미소와 함께 복고풍의 경쾌한 춤을 추며 "탄 만큼만 매월 후불로" 납부하는 캐롯퍼마일자동차보험을 소개한다.[10] "볼보 역사상 가장 안전한 SUV"보다는 우회적인 방식이지만, 그 우아함 속에서 파괴와 소비

8   SBS M&C, ≪cream≫, 118(2021), 36쪽.
9   한국광고총연합회 광고정보센터 홈페이지, https://www.adic.or.kr/ad/newtype/show.
      do?ukey=1609334&oid=(2017.4.24)(검색일: 2021.9.16).
10   한국광고총연합회 광고정보센터 홈페이지, https://www.adic.or.kr/ad/newtype/show.
      do?ukey=1609334&oid=(2017.7.29)(검색일: 2021.9.16).

는 더욱 강렬하게 대치하고, 아이러니의 골은 더욱 깊어진다. 이 직사각의 링에서, 뒤집혀 찌그러진 택시가 무릎 꿇은 헝그리 복서라면, "탄 만큼만 매월 후불로"를 외치며 춤추는 배우는 링걸(ring girl)이다. 그녀는 경기 결과 따위는 자신과 아무런 상관없다는 듯 만면에 미소를 띠고 링을 휘젓다가 자기 자리로 돌아간다.

〈맨 인 블랙박스〉는 교통사고 없는 세상을 꿈꾸는가, 아니면 교통사고로 인해 무언가를 계속 팔 수 있는 세상을 꿈꾸는가?

충격을 넘어

모든 방송 프로그램이 공익적 목적으로 제작될 필요는 없다. 모든 공익적 프로그램이 광고에서 발생할 수 있는 이해충돌로부터 철저히 중립적이어야 할 이유도 없다. 이러한 무리한 조건을 받아들인다면 사실상 KBS1을 제외한 모든 채널에서 공익적 프로그램은 사라져야 할 것이다. 한편으로 〈맨 인 블랙박스〉를 시청하고 경각심을 갖게 된 누군가가 "볼보 역사상 가장 안전한 SUV"를 구입했고, 결과적으로 큰 사고로부터 목숨을 건지게 된다면 그것도 나름대로 좋은 일이다. 하지만 기획 의도대로 "연출 불가능한 세상에 단 하나밖에 없는 날것 그대로의 영상을 활용해 정보가 가득한 리얼리티 쇼"를 만들고자 한다면, 그 '리얼리티'를 다루는 방식에 관한 진정성이 퇴색되지 않도록 섬세한 접근이 필요하다. 지난 10년 동안 해온 것처럼, 말초신경을 자극하는 파괴의 파노라마에서 자극의 역치를 끌어올리기 위하여 더 강한 파괴 장면 하나를 더하는 방식으로는 앞으로의 10년을 장담하기 어렵다. 시청자는 계속 무뎌질 테고, 더 강력하고 새로운 파괴를 향한 갈증은 임계점에 도달할 것이다. 어느

날 UFO가 경부고속도로 상공에 내려와 도로 전체를 쑥대밭으로 만들지 않는 이상, 지금보다 더 강한 자극이란 불가능해 보인다. 보여줄 수 있는 것은 다 보여줬으니, 자부심을 느껴도 된다. 그리고 자부심을 고이 접어 둔 채, 앞으로의 10년은 우리가 왜 블랙박스에 이토록 집착하게 되었는 지, 그리고 블랙박스가 필요 없는 세상은 불가능한지 고민할 수 있도록 더 큰 의제를 던져야 한다.

우리가 블랙박스 영상을 통해 보고 싶은 것은 스키드마크도, 외마 디 비명도, 충돌 장면의 슬로모션이나 구간 반복도 아니다. 충격적인 사 고 영상에 이어지는 "누가 더 과실이 크다, 최대 형량은 어느 정도다"라 는 전문가의 추정도 딱히 궁금하지 않다. 이러한 법정 밖 사건들은 현실 에서 거의 아무런 영향력을 미치지 못한 채 다음 사고 장면에 치여 도로 밖으로 튕겨 나간다. 충격적 사고 장면과 섣부른 판정이 결합된 가벼운 포맷이라면 지상파 방송국이 굳이 나설 필요도 없다. 그 정도는 유능한 개인, 예를 들어 〈맨 인 블랙박스〉의 전문가 패널로 참여하다가 개인방 송으로 독립해 성공한 한문철 변호사 같은 이에게 위임해도 충분하다.

우리가 진정 알고 싶은 것은 특정 유형의 사고가 왜 지속적으로 발 생하는지, 그리고 그것을 예방할 방법은 없는지에 관한 기술적·제도적 대안이다. 우리나라의 도로교통 인프라, 자동차 기술과 보급률, 교통안 전 제도와 사법체계, 재난재해대응 및 의료기술 등은 이미 특정한 사고 의 구조적 원인과 해법에 관해 충분한 답을 줄 수 있을 만큼 충분히 고 도화되었다. 이제는 그 개별적 요소들이 현실에서 실효성 있게 작동할 수 있도록 성숙한 체계화와 연계화의 과정에 이르러야 한다. 법, 제도, 기술이 실제 사고의 맥락에서 왜 온전히 작동하지 못하고 불협화음으로 이어졌는지 추적하고 캐물어야 한다. 기술 및 제도의 유기적 연계와 시 스템적 고도화를 통해 교통사고를 둘러싼 우리 사회의 고질적인 불신의 고리를 끊어야 한다. 한낱 이상주의에 불과할지 모르나, 언젠가 부단한 노력을 거쳐 기술이 무결하다는 것, 법이 진실의 편이라는 것, 갈등해소와 피해복구를 위한 각종 제도와 기구가 제대로 안전망 역할을 해주리라 믿게 되는 날, 우리가 그토록 사랑했던 블랙박스는 시야만 가리는 거추장스러운 장치로 전락해 트렁크에 처박힐 것이다. 최고 성능의 블랙박스 기술 개발도 가치 있는 일이겠지만, 사고를 둘러싼 맥락 전반의 신뢰를 회복하여 블랙박스가 필요 없는 세상의 도래를 앞당기는 일은 그보다 훨씬 더 중요하다.

〈맨 인 블랙박스〉는 이러한 변화에 분명 기여할 수 있다. 교통사고만을 전문적으로 다루는, 우리나라 지상파 방송사 유일의 '교양' 프로그램으로서 10여 년간 시청자들의 사랑을 받아오지 않았던가? 프로그램이 지금처럼 파괴의 스펙터클에 치중하면서 보험 영업이나 블랙박스 보급 촉진 캠페인 정도의 성과에 만족한다면, 20분으로 짧아진 현재의 방영시간조차 앞으로 유지하기 어려울 것이다. 그 대신에 그간 축적한 노하우, 신뢰도, 브랜드 가치를 더 뜻깊은 일, 더 큰 구조와 담론을 건드리는 일에 사용한다면, 앞으로의 10년은 하나의 방송 프로그램이 세상에 스펙터클한 변화를 불러일으킨 멋진 사례로 남게 될지 모른다.

맛있게 요리된 타인의 고통

SBS 〈꼬리에 꼬리를 무는 그날 이야기〉

김서현

예능의 맛으로 물든 시사 교양

"이건 시사 교양이지 예능이 아니다."

프로그램을 예능이라 착각한 게스트의 발언을 진행자가 손수 정정해 주며 한 말이다.[1] 그렇다. 분명 〈꼬리에 꼬리를 무는 그날 이야기〉(이하 〈꼬꼬무〉)는 시사 교양 카테고리에 속한다. 하지만 충분히 오해할 만하다. 〈꼬꼬무〉는 시사적인 내용을 다루면서 그 형식은 예능의 모습을 차용하고 있기 때문이다. 이렇게 장르 간 벽을 허무는 시도들이 그리드문 것은 아니었다. 즐거움뿐만 아니라 유익한 인사이트도 동시에 얻

---

1   〈꼬리에 꼬리를 무는 그날 이야기 시즌 1〉, 8회.

고자 하는 대중의 수요에 따라, 정보(information)와 오락(entertainment) 기능을 합친 '인포테인먼트(infotainment)' 프로그램들이 꾸준히 각광받아 왔다. 자칫하면 딱딱하게 느껴질 수 있는 내용을 쉽고 재미있게 풀어나가는 것이 인포테인먼트 프로그램의 가장 큰 매력일 것이다.

　그중 〈꼬꼬무〉는 현대사의 가슴 아픈 사건들을 기억하고 같은 일이 되풀이되지 않도록 하자는 취지에서 출발했다. 프로그램을 제작한 것은 〈그것이 알고 싶다〉의 제작진이었던지라 더 깊이 있는 내용으로 시청자들에게 유익함을 주리라 기대를 모았다. 하지만 공익성과 상업성 사이의 갈등을 원만히 풀어내지 못한 걸까, 〈꼬꼬무〉는 예상보다 훨씬 더 자극적인 접근 방식을 택했다. 이러한 〈꼬꼬무〉의 방식이 시사교양보다는 예능에 어울린다는 생각은 착각이 아니다. 결과적으로 시청자들의 시청 목적과 태도는 자연스레 '즐거움'으로 기울었기 때문이다. 하지만 프로그램을 보고 가볍게 '즐겁다'는 감상을 말하기에는 어딘가 불편한 기분이 드는 것도 사실이다. 당사자가 존재하는 실제 사건을 너무 편하게 오락거리로 만드는 것은 아닌가? 그리고 그 과정에서 진지하게 숙고해야 할 문제는 뒷전으로 밀려나는 것은 아닌가? 본 비평문에서는 이와 같은 의문들을 바탕으로 해당 프로그램의 윤리적 문제점과 인포테인먼트 프로그램으로서 고민해야 할 부분을 짚어보고자 한다.

재료: 무거운 소재와 한없이 가벼운 포맷

〈꼬꼬무〉는 프로그램의 이름처럼 '꼬리에 꼬리를 무는' 진행 방식을 채택하고 있다. 세 명의 진행자, 일명 '이야기꾼'이 '이야기 친구'(가장 가까운 지인)에게 현대사의 주요 사건을 일대일로 이야기하는 형식으로 진행되는

데, 이를 교차편집 하면서 마치 꼬리에 꼬리를 물듯 자연스레 이야기가 흘러가는 것이다. 포맷의 특성상 무엇보다도 진행자의 역량에 크게 의존할 수밖에 없지만, 이슈에 대해 전문성을 갖춘 인물이 아닌 인기 있는 스타 방송인들(장도연, 장항준, 장성규)을 캐스팅해 한층 더 주목받았다. 이는 이 프로그램이 사건에 대한 심도 깊은 분석보다는 흥미롭게 이야기를 이끌어 나가는 것을 중요시했다는 것을 의미한다. 이러한 포맷의 장점은 어려운 내용도 친구에게 듣는 것처럼 쉽고 친근하게 받아들일 수 있다는 것이다. 하지만 과도하게 친근함을 주려 한 탓일까, 사석에서 친구에게 듣는 것처럼 사건이나 감정 개입이 지나치게 많은 것은 내용 면에서 분명한 문제라고 할 수 있다. 〈꼬꼬무〉에서 다루는 소재는 모두 실제 사건이다. 그것도 눈살이 찌푸려질 정도로 잔혹한 범죄 이야기들이 주를 이룬다. 그러나 이러한 소재에도 불구하고 프로그램의 포맷 자체에서 이를 스펙터클로 소비하고자 하는 의도가 선명히 읽힌다. 흥미로운 가십거리를 얘기하듯 웃으며 입을 여는 진행자와, 그 말 하나하나에 감정적으로 반응하며 감상을 전하는 패널들. 무겁고 심각한 사건을 다루는 데에 필요한 진지한 태도가 부족하다고 느껴질 수밖에 없다.

무엇보다도 심각한 문제는 실제 피해자와 유가족이 있는 사건을 무신경하게 다룬다는 것이다. '지존파' 에피소드[2] 중 출연자들은 강력범죄를 일삼았던 범죄 조직에 대해 설명하면서 그들의 아지트가 분홍색과 민트색으로 칠해져 있다는 것을 이유로 "SNS 감성"이라고 표현하고, "너무 예쁘다"며 칭찬하는 모습을 보여줬다. 누군가에겐 공포와 트라우마가 되었을 장소에 대한 설명으로는 부적절했다. 또 해당 사건에서 피해자 유 씨는 지존파에 감금 및 협박을 당했지만 가까스로 도망쳐 나온

2   〈꼬리에 꼬리를 무는 그날 이야기 시즌 1〉, 5회.

인물이다. 이에 대해 진행자가 "지존파 행동대장이 그녀를 마음에 두고 있었을 것"이라는 추측성 발언을 하는 부분은 2차 가해로 여겨질 여지가 충분했다. 사건 후 가정생활도 유지가 안 될 정도로 트라우마에 시달렸다는 피해자는 그 말을 어떻게 받아들여야 할까. 마찬가지로 두목 '김기환'의 일대기를 서술하는 부분도 의문스러웠다. 그가 전교 5등을 했을 정도로 똑똑했으나 가난하여 세상에 분노하게 된 과정을 알 필요가 있었을까. 그가 범죄자라는 사실은 변하지 않으며 그로 인해 희생된 죄 없는 사람들의 고통도 변하지 않는다. 그렇게 함으로써 의도했든 하지 않았든 그의 범죄가 마치 불합리한 세상을 향한 정당한 분노인 것처럼 서사를 부여하는 결과를 낳았다.

사건을 마치 술자리에서 '썰' 풀 듯 가볍게 다루는 방식도 심각한 문제인데, 해당 방송분은 실존하는 피해자와 유가족들에게 상처가 될 수 있음을 고려하지 못해 배로 안타까운 에피소드였다. 타인의 고통이 가벼운 흥밋거리로 다루어지지 않기 위해서 무거운 일은 때론 무겁게 받아들여야 하며, 더 예민하게 피해자의 입장을 고려할 필요가 있을 것이다.

양념: 자극적인 맛을 더하는 '스토리텔링'

프로그램에서 단연 눈에 띄는 특징은 실제 사건을 하나의 완결된 서사구조로 만들어 전달하는 '스토리텔링'이다. 〈꼬꼬무〉는 캐치프레이즈부터 "주관적으로 해석하는 '나'의 이야기"를 표방하고 있다. 이런 구조는 분명 몰입감을 더하는 데 효과적이나 여기서 해석을 빌미로 한 왜곡이 발생할 위험성이 있다는 걸 부정할 수 없다. 프로그램에선 주로 범죄자의 사연을 자세히 조명하면서 이러한 문제점이 잘 드러난다. 대표적인 예로 살인죄를 저지른 조폭 '고금석'의 에피소드[3]를 다루면서 제작진은 고금석에게 '키다리 아저씨이자 첫사랑을 잊지 못한 로맨티스트'라는 서사를 부여한다. 출연자들은 눈물을 보인다. 감성적인 배경음악과 함께 조폭은 "매일이 불안의 연속인 존재"라는 자막도 흘러나온다. 한 출연자는 조폭에 대해 "의외로 착하신 분들이 많다"라는 발언을 하면서 옹호하는 모습을 보이기도 했다. 전체적으로 가해자의 미화에 중심을 둔 연출로 에피소드가 흘러간다. 마지막에는 아이들의 편지와 고금석의 편지를 직접 읽어주면서 이야기를 완결시켜 시청자들이 가해자인 고금석의 사연에 감정이입을 하도록 만든다. 사건을 재구성하는 과정에서 현실을 지나치게 주관적으로 왜곡하는 일이 발생한 것이다. 시청자들은 프로그램의 객관성을 의심할 수밖에 없게 된다. 이렇게 〈꼬꼬무〉는 사건의 본질을 이성적으로 분석하기보다는 그저 흥미로운 이야기처럼 겉핥기식으로 다루면서 감정적 해설이 더해지는 형식을 취하고 있다. 결과적으로 이미 짜인 스토리라인 안에서 사건을 바라보게 되면서 시청자들이 사건을 객관적으로 바라보고 해석할 여지를 빼앗게 된다.

이 외에도 〈꼬꼬무〉에서는 '스토리텔링'을 돕는 다양한 극적 연출을 사용한다. 그와 더불어 이야기 속에서 가해자든 피해자든 모두가 등장인물, 즉 하나의 '캐릭터'로 취급된다. 제작진은 이야기의 극적 쾌감을 위해 캐릭터의 특정한 면을 부각시킴으로써 원하는 방향으로 캐릭터를 묘사할 수 있다. 이뿐만 아니라 배경음악을 통한 분위기 고조, 감성을 자극하는 영상 연출 등으로 드라마적인 장면들을 만들어낸다. 여기서 진행자들은 몰입감을 위해 직접 인물의 모습을 과장되게 연기하는

---

3   〈꼬리에 꼬리를 무는 그날 이야기 시즌 1〉, 8회.

모습을 보여준다. 이 모든 과정은 사건 당사자를 그저 극적인 캐릭터로 대상화할 수 있다는 문제를 낳는다.

〈꼬꼬무〉의 끝은 "그날 이야기를 들은 오늘 당신의 생각은?"이라는 멘트와 함께 출연자들의 감상 코멘트로 마무리된다. 과거의 사건이 오늘날 우리에게 미치는 영향이나 교훈에 대해 생각해 볼 수 있는 부분이지만 이것마저 사건을 바라보는 '다양한' 시각을 반영하기보다는 그저 제작진이 짜놓은 각본의 연장선에서 단조로운 감상을 전하는 데 그친다. 프로그램이 정말 사건에 대해 생각거리를 주고 싶다면 의도한 메시지를 주입하기만 하는 것이 아니라 시청자들에게 좀 더 진중하게 사건에 대해 생각할 틈을 내어주는 것이 좋지 않았을까.

포장: 스낵 콘텐츠, 한 입 거리로 대중에게 소비되기까지

최근 들어 이러한 콘텐츠들은 텔레비전보다는 유튜브와 같은 뉴미디어에서 더 많은 사람에게 노출·소비되고 있다. 특히 짧고 가볍게 즐길 수 있는 '스낵 콘텐츠'라는 형태가 인기를 끄는데, 〈꼬꼬무〉 또한 이러한 생리를 적극 이용하여 본편을 20분 내외로 요약한 클립을 유튜브를 통해 꾸준히 업로드하고 있다. 〈꼬꼬무〉의 경우 심야 시간대 방송임에도 TV 최고 시청률이 6.7%를 기록했을 뿐만 아니라 유튜브 관련 콘텐츠 누적 조회수가 1억 6000만 회를 훌쩍 넘기는 대기록을 보여주고 있다. 그렇다면 이렇게 많은 사람들이 〈꼬꼬무〉 콘텐츠를 조회한 이유는 무엇일까. 우선 〈꼬꼬무〉 자체가 기존 유튜브의 1인 미디어 콘텐츠들과 유사해 위화감 없이 유튜브 시청자들에게 다가갈 수 있었던 점을 꼽을 수 있다. 속도감이 느껴지는 편집과 친구한테 이야기하는 듯한 진행 형태는 유튜브에서 흔히 볼 수 있는 방식이다.

다른 하나는 시청자들이 영상을 고르는 기준인 섬네일과 제목에 있다. 섬네일과 제목에는 영상의 내용이 함축되어 있어 소비자들의 이목을 끄는 포장지와도 같은 역할을 한다. 〈꼬꼬무〉 에피소드 중 대중에게 널리 알려졌거나 충격적이고 비극적인 사건일수록 조회수가 높은 경향이 있으므로, 섬네일에는 일률적으로 충격에 빠지거나 놀란 출연자들의 모습이 담겨 있다. 또한 주로 "충격 실화", "모두를 놀라게 한", "겁에 떨게 한" 등의 문구가 삽입되어 사건의 내용보다는 얼마나 충격적인지 어필하는 데 방점이 찍혀 있음을 알 수 있다. 이 외에 '필리핀 여행 간 아들이 시체로 돌아온 이유'나 '서울대 법대 교수가 중정에서 투신한 이유'처럼 무언가 충격적인 사건 뒤에 '이유'라는 말을 덧붙여 궁금증을 자아내는 패턴도 자주 볼 수 있다.

스낵 콘텐츠의 유행은 사람들이 콘텐츠를 수용하는 태도가 갈수록 점점 더 가벼워진다는 것을 뜻한다. 심심풀이로, 자극을 바라고 짧고 흥미로운 영상을 클릭하기 때문이다. 그런 심리를 자극하기 위해 점점 더 영상의 교훈적인 부분보다는 충격적인 부분을 강조하여 섬네일을 제작하게 되는 것은 조회수가 가장 중요한 지표인 유튜브에서는 어찌 보면 자연스러운 일일지도 모른다. 하지만 단언컨대 프로그램의 취지에 부합하는 바람직한 일은 아니다. 그로 인해 대중은 영상을 단순히 오락성의 맥락으로만 소비할 가능성이 커지기 때문이다.

건강한 즐거움을 위해서

〈꼬리에 꼬리를 무는 그날 이야기〉는 장르를 파괴한 새로운 시도들로 대중과의 거리를 좁히고 그렇게 함으로써 현대사 속 잊지 말아야 할 사건들과 우리네 현실을 돌아볼 수 있게 해준 의미 있는 프로그램이다. 하지만 지나친 자극성으로 '시사 교양'의 본질 훼손이 우려되는 것 또한 분명한 사실이다. 시청자들의 비판에 유혜승 PD는 "당연히 그런 비판이 있을 수 있고 우리도 조심스러워하지만, 그 사건의 이면, 왜 우리가 기억해야 하는지 그 의미를 생각해 주면 좋겠다"라고 대답했다. 하지만 피해자들의 존엄성을 해치는 방식으로 기억되어서야 무슨 의미가 있을까. 비슷한 예로, 실제 사건을 다룬 영화 〈암수살인〉 또한 암수범죄를 알리자는 취지로 만들어졌지만 피해자의 인격을 존중하지 않아 유가족분들의 공분을 산 바 있다. 사람보다 우선되어야 할 즐거움은 없다. 정말 중요한 것이 무엇인지 헤아리지 않는다면 또 다른 상처를 낳게 될 것이다.

비단 〈꼬꼬무〉만의 이야기는 아니다. 근래 인포테인먼트 프로그램들은 마치 맛은 있을지 모르나 영양가 없는 불량식품처럼, 시사 교양의 내용은 그저 소재로만 사용하고 이를 극대화하기 위한 예능이라는 껍데기에 더 초점을 맞추면서 프로그램 전반의 품질을 떨어뜨리고 있다. '시사 교양' 프로그램에 '예능과 같은 재미'는 수단일 뿐 절대 목적이 될 수 없다. 장르 간의 결합에서 오는 부정적 효과를 고려해 보고 해당 포맷이 정말 프로그램의 메시지와 부합하는 방향으로 쓰이고 있는지 검토해야 할 시점이다. 더불어 건강한 즐거움을 위해 시청률이나 조회수 같은 당장 눈앞의 성과에 매몰되어 프로그램을 제작하기보다는 장기적으로 시청자들의 신뢰를 얻고 유의미한 인사이트를 제공함으로써 선한 사회적 영향을 미치는 데 더 많은 관심과 노력을 기울여야 할 것이다.

읽지 못하는 디지털 세대

EBS1 〈당신의 문해력〉

정희성

집에 있는 TV가 제구실을 하지 못한 지 오래다. 심심할 때 리모컨으로 이 채널 저 채널 돌려보는 것 말고는 TV 프로그램을 거의 안 보기 때문이다. 기껏해야 넷플릭스나 유튜브 영상을 큰 화면으로 보기 위한 장치로서의 역할 정도만 하고 있다. 높은 시청률을 기록한 TV 프로그램 장면들은 하루만 지나도 기사로 나오거나 SNS에 올라온다. 커다란 이슈를 불러오거나 웬만한 자극을 주지 않는 이상 사람들을 TV 앞으로 불러 모으기 어려운 시대가 되었다.

〈당신의 문해력〉을 본 것도 스마트폰으로 우연히 접한 짤막한 영상 때문이었다. 3분 정도밖에 되지 않는 짧은 영상이었지만, 이미 종료된 프로그램 모두를 다시보기로 찾아보게 할 만큼 큰 파급력이 있었다. 직업적 특성상 어린이와 청소년들을 만날 기회가 많은데, 평소에 가지고 있었던 생각들과 그동안 이들을 관찰하면서 들었던 의문점의 핵심을 정확하게 짚어주고 있었기 때문이다.

대략 5~6년 전부터 본격적으로 관찰하게 된 현상인데, 학교 현장에서 어린이와 청소년들을 만날 때 내가 하는 말의 의미를 잘 이해하지 못하는 친구들이 점점 늘어나고 있었다. 그리고 코로나 시국이 되면서 이 사태는 더욱 가속화되었다. 명확한 원인을 밝혀내지 못하고 고심하고 있던 차에 이 프로그램을 통해 그 이유가 '문해력' 때문이라는 것을 알 수 있었다.

"글을 읽고 의미를 이해하는 능력"이라는 뜻을 가진 문해력. 처음 듣는 말은 아니었지만, 자주 쓰지는 않던 단어였다. 하지만 나만 모르고 있었던 것뿐이지 이미 오래전부터 관심이 높아지고 있던 주제였으며, 세계 각국에서 미래의 핵심 역량으로 주목하고 있던 능력이다. 디지털 시대에 영상이 보편화되는 것과 맞물리면서 전 세계가 어린이와 청소년을 포함한 전 연령의 문해력 하락을 경험하고 있었고, 이 문제를 해결하기 위해 다양한 방법을 모색하고 있었다.

읽지 못하는 아이들

이런 상황 속에서 〈당신의 문해력〉 프로그램의 1부에서 던지는 질문과 메시지는 매우 시의적절했다고 본다. 1부는 본프로그램의 서곡으로, 현재 우리나라가 맞이하고 있는 문해력 저하 현상을 정확하게 짚어주고 앞으로 방송이 어떤 부분을 다룰 것인지 소개한다. 연예인과 전문가를 포함하여 6명의 사회자와 패널이 지루하지 않으면서도 상당히 심도 있게 프로그램을 진행한다.

많은 사람들이 내가 그랬던 것처럼 1부를 보면서 적지 않은 충격을 받았을 것이라 생각한다. 문해력 저하 문제가 어린이, 청소년들만이 아닌 어른들에게도 심각하게 나타났기 때문이다. 프로그램 제작사인 EBS가 성인 남녀 883명을 대상으로 실시한 문해력 평가에서 나온 평균점수는 54점밖에 되지 않았다. 많은 성인들이 일상생활에서 글을 읽고 의미를 이해하는 데 어려움과 불편함을 느끼고 있다는 뜻이다. 태어났을 때부터 디지털 기기와 함께 살아온 어린이와 청소년들은 그 정도가 더 심하다.

전국 중학교 3학년 2405명을 대상으로 진행한 조사에서는 문해력이 적절한 수준에 미치지 못하는 비율이 27%였고, 그중 11%는 초등학생 정도 수준밖에 되지 않는 문해력을 가진 것으로 확인되었다. 산술적인 수치보다 더욱 놀라움을 주었던 것은 교실 풍경이었다. 영어와 역사 수업 시간의 모습을 보여주었는데, 모르는 단어가 많다 보니 수업을 따라가기가 어렵고 흥미를 쉽게 잃어버리는 학생들이 너무 많았던 것이다. 경험상 이 장면은 방송을 위해 편집한 과장된 모습이 절대 아니었다. 실제 학교 현장에서 방송보다 더 심각한 경우를 많이 목격했기 때문이다.

이렇게 걱정스러움을 넘어 두려움까지 느낄 수 있는 심각한 문제 제기로 1부가 시작되지만, 이 문제를 충분히 극복할 수 있다는 희망과 함께 구체적인 방법들이 제시된다. 이것은 이 방송이 본래 가지고 있던 기획 의도이기도 하다. '문해력 저하'라는 이 시대 문제의 핵심을 정확히 파악하고 '소리 내어 글 읽기'라는 설득력 있는 대안을 제시한다.

이 방송을 준비하는 데 1년의 시간이 소요되었다고 한다. 2부에서 5부까지 진행된 총 4개의 프로젝트 때문이라고 판단된다. 2부 '공부가 쉬워지는 힘, 어휘력' 편에서는 중학교 남학생 6명과 선생님이 함께 진행한 어휘력 향상 프로젝트의 진행 과정과 결과를 보여준다. 3부 '학교

속의 문맹자들' 편에서는 선생님이 문해력 저하로 어려움을 겪고 있는 학생들과 일대일 지도를 통해 어떠한 변화가 있었는지를, 4부 '내 아이를 바꾸는 소리의 비밀' 편에서는 엄마들이 12주간 자녀들에게 책을 읽어주는 시간이 자녀들에게 어떤 영향을 주었는지를 보여준다. 5부 '디지털 시대, 굳이 읽어야 하나요?'에서는 중학생 4명과 선생님이 한 학기 동안 책을 읽고 토론하는 프로젝트를 소개한다.

프로그램의 백미는 이 프로젝트들에 있다. 문제에 대한 해결책을 제시할 때 전문가의 의견을 듣거나 다른 기관의 사례(특히 해외)를 가져오는 것이 대부분인데, 이 프로그램에서는 이론적으로 정립된 내용들이 실제로 효과를 발휘하는지 직접 해본다. 흥미로운 점은 각 프로젝트를 수행한 주체가 이론가들이 아닌 실제로 어린이와 청소년들을 만나는 교사나 엄마와 같이 현장에 있는 사람들이라는 것이다. 이 사람들이 문해력 향상을 위해 다양한 프로젝트를 직접 수행하고, 각 편의 패널로 등장하여 진행했던 과정을 들려주는 장면들은 프로그램의 유익함과 즐거움을 한껏 더한다.

엄마들이 자녀들에게 책을 읽어주는 프로젝트의 경우 언어 전문가가 아닌 일반 사람들도 꾸준히 소리 내어 글을 읽어줄 때 자녀들의 문해력 향상이 가능하다는 것을 보여주었다. 그리고 이것은 시청자들의 의식과 행동에 변화를 이끌어내는 데 큰 역할을 했다는 확신이 든다. 아빠가 함께 책을 읽어주면 상호작용의 수가 많아지면서 자녀들의 문해력 상승에 더욱 도움을 줄 수 있다는 대목에서 나도 용기를 내어 책을 읽어주겠다고 다짐을 했기 때문이다.

디지털 시대, 굳이 읽어야 하나요?

가장 흥미 있게 봤던 편은 5부다. 지금의 어린이와 청소년들은 태어났을 때부터 스마트폰이 있었고, 거의 대부분의 사람들이 디지털 기기를 보유하고 있는 시대에 살고 있다. 그러다 보니 정보를 습득을 영상에 많이 의존하고 있는데, 일반적으로 영상을 보는 것이 책을 읽는 것보다 더 방대한 양의 정보를 쉽고 빠르게 얻을 수 있다고 생각하기 쉽다. 5부에서는 이에 대한 실험을 진행하는데, 같은 내용을 받아들일 때 책을 읽는 것과 듣는 것, 영상을 보는 것 중 책을 읽었을 때 정보처리와 상위인지를 담당하는 전전두엽이 가장 활성화되는 결과를 보여준다.

즉, 글을 읽었을 때 뇌가 가장 능동적으로 반응을 하며, 이는 디지털 시대에도 읽는 활동을 영상을 보는 행위로 대체할 수 없음을 의미한다. 오히려 계속 자극적인 매체에 노출되고 손쉽게 정보를 얻는 행위가 문해력을 낮추는 요인이 될 수 있음을 시사하고 있다. 아울러 문해력은 제때 성장시키지 못하면 시간이 갈수록 다른 이들과의 격차가 커지므로 어렸을 때부터 읽기 훈련을 하는 것이 얼마나 중요한지 지속적으로 강조한다.

많은 사람들이 책 읽기의 중요성은 잘 알고 있지만 실천에는 어려움을 겪는다. 그래서 책을 직접 읽지는 못해도 영상으로 지식 습득을 대신하기도 한다. 하지만 실험 결과와 같이 영상 시청은 독서의 자리를 대체할 수 없다. 그리고 이것은 본 프로그램이 현대사회에 꼭 던지고 싶었던 중요한 메시지였다는 생각이 든다. IT산업을 선도했던 빌 게이츠 (Bill Gates)가 자녀들의 스마트폰과 인터넷 사용을 엄격히 제한하고 독서와 운동을 권장했던 것처럼 말이다.

"행복했어요."

프로젝트에 참여한 한 청소년이 행복했다고 이야기하는 장면이 잊히지가 않는다. 아동, 청소년의 행복지수가 OECD 최하위권인 우리나라에서 "행복하다"라고 말하는 청소년을 만난 게 너무 반가웠기 때문이다. 문해력 상승은 단순히 아이들의 시험 성적만 상승시켜 준 것이 아니었다. 휴대폰 사용 시간을 줄여주었고, 자신감과 자존감을 회복시켜 주었으며, 학습 부진을 딛고 인생의 전환점을 맞이할 수 있게 해주었다. 우리나라 청소년 문제의 많은 부분들이 문해력 향상으로 해결될 수 있을 것 같은 느낌마저 들었다.

〈느낌표!: 책을 읽읍시다〉와 같이 책 읽기를 권장하는 TV 프로그램들은 더러 있었다. 〈우리말 겨루기〉와 같은 프로그램은 일반인들의 어휘력 향상에 큰 도움을 주고 있다. 심지어 뉴스에서도 우리나라 청소년들의 문해력 실태를 꼬집는 취재와 분석들을 볼 수 있다. 〈당신의 문해력〉은 문해력 저하 현상을 정확하게 분석한 뒤, 의지를 가지고 그에 대한 해결 방안을 제시했다는 점에서 다른 프로그램들과 차이가 있다. 네 차례에 걸쳐 진행된 프로젝트를 통해 변화를 보여준 어린이와 청소년들의 모습을 보는 것만으로도 이 프로그램의 역량과 정성을 가늠할 수 있었다.

그렇다고 프로그램이 모든 면에서 완벽한 것은 아니었다. 프로젝트들의 과정을 너무 멀리서 조망했던 아쉬움이 있다. 꽤 오랜 기간 진행했던 프로젝트였음에도 불구하고 교사와 학생, 부모와 자녀 사이에 일어났던 상호작용을 너무 짧고 피상적으로 보여주었다. 프로젝트가 항상 성공적이고 의도된 대로만 진행되지 않았을 텐데 진행 중에 벌어졌던 다양한 시행착오의 모습들은 좀처럼 찾아볼 수 없었다.

프로그램 메시지의 핵심인 소리를 내어 책을 읽어주는 것에 대한 설명이 부족하기도 했다. 주 시청자인 부모가 가장 궁금해하는 '어떻게?'에 대한 내용이 다소 추상적이었다. 상호작용을 많이 하면서 글자가 아닌 내용을 중심으로 읽어주어야 한다는 지침 정도만 있을 뿐, 실제로 그것을 어떻게 해야 하는지 구체적인 행동 요령은 제시되지 않았다. 필자 또한 책을 읽어주는 데 어려움을 많이 느끼고 있던 터라 꼭 알고 싶었던 부분이지만, 이에 대한 정보는 프로그램에서 충분히 제공되지 않았다.

하지만 방송 홈페이지가 부족한 부분을 많이 보완해 주고 있다. 연중 캠페인으로 '매일 소리 내어 읽어주세요. 아이의 미래가 바뀝니다'를 진행하고 있고, 프로그램이 끝난 지 7개월이 지난 지금까지도 많은 가족들의 참여가 이어지고 있다. 영아부터 초등학교 입학 전 유아를 둔 부모가 소리 내어 책을 읽어주고, 그 모습을 촬영해 홈페이지와 SNS에 공유하는 방식인데, 엄청난 보상이 주어지는 것이 아님에도 상당히 많은 후기가 올라와 있다. 이러한 후기는 누구나 볼 수 있으며, 소리 내어 책을 읽어주는 다양한 방법들을 참고할 수 있다.

좋은 프로그램은 건강하고 긍정적인 행동을 이끌어낸다. 한때는 TV 프로그램 하나로 전 국민이 차량 정지선을 지키던 때도 있었다. 그만큼 TV 프로그램의 영향력이 컸던 시절이었다. 대중매체의 수가 증가하고 TV 시청 시간도 줄어든 요즘, 사회적 관심을 불러일으킨 것을 넘어 자발적인 캠페인 참여까지 이끌어낸 제작진에게 큰 감사와 박수를 보낸다.

너를 만나는 나를 만나라

김누리

들어가며

〈VR 휴먼다큐멘터리 너를 만났다〉(이하 〈너를 만났다〉)가 두 번째 시즌
으로 돌아왔다. 이번 시즌은 지난 시즌의 흐름처럼 남편이 사별한 아내
와 가상현실에서 재회하는 '로망스'와, 2018년 12월 10일 한국서부발전
태안화력발전소에서 홀로 일하던 중에 몸이 컨베이어벨트에 끼이는 산
업재해로 숨을 거둔 스물네 살 하청 비정규직 노동자 고(故) 김용균 씨를
가상에 구현하고, 12명의 시민이 그것을 체험한 '용균이를 만났다'라는
이야기로 구성되었다. 그런데 김용균 씨의 이야기는 비교적 낮은 시청률
을 기록하고 대중의 관심을 덜 받았다. 이에 시리즈를 연출한 김종우 PD
는 해당 이야기가 "강한 사연의 당사자가 만나는 포맷을 유지한 게 아니"
고 "노동문제가 사실은 조금 받아들여지지 않"는 경향이 있어 불가피한

결과라고 예상했으며, 대신 VR(virtual reality) 저널리즘에 "기여할 수 있는 부분이 있는지를 도전"했다는 의의를 찾았다고 담담하게 반응했는데[1] 어쩐지 필자는 담담할 수가 없었다. 그러니까 김용균 씨의 사연이 약했다는 말인가? 고인과 고인의 어머니인 김미숙 씨가 만나지 않은 포맷이 문제인가? 노동 문제가 받아들여지지 않은 '사실'은 무엇을 의미하는가? 그런데도 저널리즘의 역할을 충분히 다했는가? 이러한 질문들을 말미암아 이 글은 다큐멘터리이자 저널리즘이라고 자칭하는 이 프로그램의 성취와 한계를 읽고자 한다.

VR - 휴먼 - 다큐멘터리의 현주소

"인간의 일반적인 삶을 사실적으로 그린" 기록물이라는 사전적 정의처럼, 휴먼 다큐멘터리(human documentary)는 휴머니즘(humanism)의 주체인 인간의 사실을 기록한 결과이다. 이처럼 인간을 주체화하며 대상화하는 작업은 인간다운 가치를 엄선한 인간주의를 재현한다. 국내 최초의 휴먼다큐멘터리 KBS〈인간승리〉(1968~1980)도 "지역과 국가에 봉사하고 헌신하는 역군"을 다룬다고 소개되어, 국가 근대화 정책에 부응하는 의지를 실현한 모범적인 인간과 더불어 전지전능한 인간상을 대변하는 계몽적인 보이스오버 내레이션을 선보였다. 권위주의가 약화되고 6월 항쟁을 치른 1980년대 중반에는 더 평범하고, 사회·정치에 희생된 소외 계층 인물들에 주목했고, 다매체-채널이 경쟁한 1990년대에는 상업화된 연

---

1   이영광,〈이영광의 발로GO 인터뷰 621: 김종우 MBC PD, "VR로 만난 김용균 … 체험 자들 깊게 공감하더라"〉, GO발뉴스(2021.2.17).

예인 중심의 오락성 다큐가 생겨났다. IMF 체제 때는 실패담을 극복해 낸 기업가나 유명 인사의 성공담을 전형적인 영웅 서사처럼 재연하여 희망적인 메시지를 전했고, 연성화 현상이 심화된 2000년도에 이르자 마침내 다큐드라마가 등장했다. 미니시리즈로 재구성된 KBS 〈인간극장〉이 전지적 입장의 설명에 가깝던 내레이션 대신 평등한 이웃을 대하는 대화체로 인물을 관찰하고 전달하여 사생활을 들여다본 것이다. 한편 등장인물에게 인터뷰를 시도한 제작진의 음성을 상황의 일부로 삽입한 참여관찰 다큐멘터리도 나타났다. 이처럼 인간의 일상사에서 삶의 의미를 추구한 경우는 '재현'에 집중했고, 인간 드라마를 추구한 경우는 과장된 허구성을 감수하며 '극적' 연출을 거쳤다.[2]

이러한 가운데 〈너를 만났다〉는 참여관찰을 넘어서는 참여 다큐멘터리에 가깝다. 제작진이 인공의 VR 스튜디오에 초대된 시민과 더 적극적으로 소통하기 때문이다. 다만 지난 시즌(2020.2.6.~3.12)에서 어머니가 병사한 딸과 재회했으나 프로그래밍을 입힌 딸의 아바타와 자유롭게 상호작용을 하지 못했다는 VR의 한계가 지적된 바 있다. 어머니는 실체가 없는 딸을 만지지 못했고, 주어진 시나리오를 따라 딸의 아바타가 수행하는 대화나 상황에 제한적으로만 참여하며 기묘한 소통을 나눴다. 마찬가지로 가족적인 관계를 벗어나서 이슈 자체에 집중하도록 환기할 의도로 기획된 〈용균이를 만났다〉에서 '공감'이나 '이해'와 같은 '상호성' 문제는 훨씬 복잡해졌다.

제작진은 김용균 씨가 발전소에서 85일간 근무하며 원청에 작업을 보고하기 위해 촬영한 사진과 영상을 수집하고 그의 동료를 인터뷰하여 사고 현장을 조사했다. 장비가 그렇게 위험하게 설계되고, 2인 1조의

---

2   최현주, 『다큐멘터리와 사실의 재현성』(한울엠플러스, 2018), 216~221쪽 참고.

작업 원칙과 충분한 인수인계나 매뉴얼이 무시되었던 일터에서 노동자가 겪었을 애로를 간접적으로 파악했다. 예컨대 김용균 씨가 헤드랜턴을 지급받지 못해 휴대폰 플래시에 의지하여 좁고 캄캄한 복도를 다닐 때, 그가 점검할 창의 내부에서는 석탄을 운반하는 컨베이어벨트가 빠른 속도로 회전했고 분진과 탄가루가 시야를 흐렸다. 그런데도 김용균 씨는 설비를 더럽힌 석탄을 치우고 심지어 회전체 안쪽에 쌓인 낙탄을 제거하려 컨베이어벨트에 가까이 다가가야 했다. 고인이 죽음을 맞기 직전의 장면이기도 했다. 이에 제작진은 불안전한 시스템의 문제를 알고도 그것을 세트로 재현하며 괴로워했고, 이는 휴머니즘을 비판적으로 성찰할 수 있는 휴먼 다큐멘터리로서 특히 유효할 수 있는 대목이었다. 그렇게 생전에 "비정규직 이제는 그만"이라는 문구가 적힌 팻말을 들고 사진을 찍었던 고인을 복원하기 위한 스튜디오는 다시금 불가피한 사지가 되어갔다.

대상화의 스펙터클

한편 VR을 체험할 시민 중 김용균 씨를 아는 사람은 드물었다. 또한 그들은 발전소의 열악한 환경에 당혹했지만, 그것은 현실을 순화해 재현한 세트에 불과했다. 체험에 방해되지 않도록 소음의 정도를 줄이는 등 제작진이 수위를 조절했기 때문이다. 그러나 굳이 재현을 했어야 했는지 불가해한 장면이 있었다. 바로 김용균 씨의 몸이 컨베이어벨트에 끼어들어가던 순간이 방송에 의도적으로 생략되고, 무방비한 상태로 그것을 목격하고 충격을 받는 시민이 대신 노출된 순간이다. 아울러 체험을 마치고 아직 진정하지 못한 시민에게 "지금 마음을 얘기해 주시"라는 제작진의 질문은 신중하지 못했다. 제작진은 뉴스 단신처럼 편집되거나 프레임으로 잘리지 않은 실제 같은 가상현실에서 김용균 씨의 죽음을 적나라하게 접할 때 체감될 반응을 기대했다는데, 설령 체감도가 다를지언정 그게 대체 무슨 소용이 있는가. 오히려 제작진이 구성한 시선에 의해 산재가 '스펙터클(spectacle)'[쇼(show)를 의미하는 라틴어 'spectaculum'에 기원을 둔 용어]로 소비된 문제가 훨씬 중대하다.

기 드보르(Guy Debord)도 현대를 "스펙터클 사회"로 표현하며 자본주의적인 미디어로 구성된 구경거리에 감각이 마비된 인간이 주체적인 위치를 잊고 현실을 왜곡한다고 지적한 바 있다. 예컨대 디스토피아적 재난과 참혹한 역사를 재현한 영화에 몰입하다가 극장을 나오면 실감을 잃듯이, 감상은 자주 일시적이 되고 만다. 그렇다면 김용균 씨를 본 시민은 그에게 과연 이입되고 동일시되었는가. 도리어 고인과 거리를 두고 안도하지는 않았던가. 사고가 발생한 가상현실에서 날것의 스튜디오로 돌아오면 다시 안전해지기 때문이다. 다만 그들이 이기적이고 부도덕해서 공감과 이해에 실패한 건 아니다. 그보다는 시민에게 수동적인 체험자의 자리만을 부여한 기술이 미끄러졌다. 김용균 씨를 뒤따르며 그에게 손을 뻗은 시민도 있었으나 아무런 변화도 일어나지 않았을 때, 시민은 달리할 수 있는 것이 없는 방관자로 전락해 무력해질 수 있기 때문이다. 나아가 그렇게 비관하면서 가상현실을 긍정적으로 전망하기는 어렵다.

거리감에 대한 문제

가상현실에는 김용균 씨의 다른 삶을 담은 시공간도 재현되었다. 즉 노동자 아닌 김용균 씨의, 전문대학을 졸업하고 수차례 면접을 치르고 발전소의 협력업체에 3개월 계약직으로 입사한 기념으로 양복을 입어보고, 첫 월급으로 친구들에게 통닭을 사고 노래를 즐기는 면면과, 그의 일상을 표상하는 자기소개서와 메모, 계획표를 보여주었다. 이에 어느 대학생은 김용균 씨를 "그냥 청년"으로 여기며, 고인이 느꼈을 무서움과 안타까움과 아쉬움을 상상했다. 다른 취업 준비생도 김용균 씨를 그저 부모님께 효도하려던 또래로 보고, 자신의 친구였다면 그에게 일을 그만두라 권하고 싶었으리라고 대답했다. 또한 김용균 씨의 죽음을 다룬 고통스러운 기사를 일부러 외면한 중년의 대학 강사는, 어리고 경험이 적은 그를 방기한 기성세대의 무감각을 반성했다. 아울러 자신을 반성하도록 이끌어 준 가상현실에 놀라워했다.

다만 그들의 진술한 목소리와 별개로 이를 결말부에 배치한 구성은 작위적이었다. 그것은 VR이 공감과 이해로 인도한다는 효과를 무리하게 증명하려는 시도로 보였다. 갑작스럽게 시민이 주체로 부각되고 김용균 씨가 도구화되었다는 착각이 일어났기 때문이다 다양한 개인이 거시구조에 편입될 때 발생하는 문제를 지시하는 대신 미시 차원에 있는 그들을 '청년'이나 '신세대'로 다시 일반화할 경우 김용균 씨가 산재 피해자라는 사실이 흐려진다. 물론 제작진은 김용균 씨라는 존재를 노동자로만 환원하지 않고, 그의 풍부한 삶을 발굴하고자 했을 것이다. 그럼에도 엄연한 피해자라는 좌표를 교차된 보편사로 확대하려는 듯 축소한 연출은 일종의 제명(除名)처럼 보이기도 했다.

물론 〈용균이를 만났다〉가 올해 3월 국내 민주언론시민연합이 선정한 '이달의 좋은 보도상'을 수상하여, 자본과 권력의 입장을 대변하는 보수적인 언론 환경에서 시민의 관점으로 세상을 해석하고 시민에 이익이 되는 보도를 수행했다는 결실을 부정하기 어렵지만 무조건 긍정하기도 어렵다. '보도자'와 '시청자'의 관계를 동반하는 '보도'는 방송을 편성하는 방송사의 역할도 고민할 필요가 있기 때문이다. 그러나 방송사가 시리즈를 홍보하는 양상은 좀처럼 평등하지 않았다. 지난 시즌의 성과를 안전하게 보장할 '로맨스'를 더 홍보한 것이다. 물론 상업적인 이익을 추구하는 방송사로서 광고나 시청률을 의식했겠으나, 공영방송으로 명문화되기를 자처한 전적이 있는 입장으로서 인권을 다룰 때는 훨씬 사려 깊은 방향을 선택해야 했다. 또한 그것이 시청자와의 (무)의식적인 이해관계까지 전략적으로 고려한 결과라면 윤리적인 문제는 심각해진다. 체험자-시민들이 교수, 강사, 연구원, 디자이너, 배우, 임상병리사 등 김용균 씨와 다른 직업으로 살아온 것처럼, 하청 비정규직 노동자와 동일시되(려)는 시청자는 많지 않다. 그에 비해 '로맨스'에 나타나는 가족의 죽음은 좀 더 일반적으로 경험하게 될 사건이다. 따라서 시청자-대중의 공감과 이해가 필요하며, 그들이 그것을 베풀기가 더 쉬운 대상은 아무래도 당신이라는 '가족'이다.

고로 당사자성을 반성해야만 한다. 거리감의 정도는 나 - 중심의 감각과 인식에서 비롯하는 경향이 있고, 제작진에 따르면 시청자는 "공통적인 운명에 대한 이야기"에 "자기 얘기를 다들 투영"하여 반응한다.[3] 아울러 지난 시즌을 비평한 어느 기사가 인용한 바처럼[4] 철학자 한병철

3   이영광, 〈이영광의 발로GO 인터뷰 621: 김종우 MBC PD, "VR로 만난 김용균…체험자들 깊게 공감하더라"〉.
4   류민, 〈연대를 향하는 기술의 정서〉, 매일노동뉴스(2021.2.10) 참고.

은 "경험은 타자와의 만남이다. 반면 체험 속에서 인간은 언제나 자기 자신만을 볼 뿐"이라고 주장했고, 전치형 교수도 "가상현실은 그것을 체험하고 있는 자신을 재확인하는 것으로 귀결되기 마련이며 …… 실제와 가상의 경계를 흐릴 뿐 아니라 현실에 대한 우리의 태도를 흐리"게 된다는 데 동의했다.

VR 저널리즘으로의 전망

당사자성을 사고하려면 '로망스'에 ① VR을 체험하는 유족, ② 유족을 스튜디오를 촬영하는 화면으로 보는 가족, ③ 유족과 가족을 방송으로 보는 시청자 등 여러 시점과 프레임이 겹친 양상을 살펴야 한다. 그렇게 유족은 체험자이자 가족의 관찰 대상이 되고, 유족과 가족은 시청 대상이 되어 '체험자 - 관찰자 - 시청자' 구도가 나타났다. 마찬가지로 '용균이를 만났다'의 '(관찰자에 가까운) 체험자 - 시청자' 관계는 동일화와 전체화를 비판하는 연대를 이룰 가능성을 잠재한다. 휴머니즘과 가상현실 모두 우리에게 각자의 특이성을 지녔다는 바를 명심할 필요가 있기 때문이다.

　예컨대 방송은 김용균 씨와 다른 산재 피해자를 함께 호명했다. 김용균 추모제는 모든 산재 피해자를 위한 추모제처럼 확대되었는데, 2주기에는 죽음의 부조리를 밝히지 못해 장례조차 미루는 유가족의 호소를 앞세웠고, 김미숙 씨가 그를 안아주고 응원했다. 또한 산업재해에 대한 사업주의 책임을 묻는 '중대재해기업처벌법'을 통과시키려고 단식 농성하고, 국회의원에게 "함께해 주십시오. 연내 처리될 수 있도록 힘써주십시오. 부탁합니다. 감사합니다. 사람 죽는 일을 막아주십시오"라고 간절히 사정하던 김미숙 씨의 노력도 적잖이 비추었다. 게다가 그동안 세월호 참사 진상을 규명할 위원회의 활동 기간을 연장하는 법안이 통과했다는 점이 강조되면서, 경중이 없는 죽음들을 가시화하거나 비가시화하는 언론의 패악을 드러내었다.

반면에 김용균 씨의 시신을 발견했고 빈소를 내내 지켰던 이인구 씨는 추모관을 세워 '위험의 외주화'에 침식된 하청 노동자의 고통을 함께 짊어졌다. 컨베이어벨트의 위협에서 가까스로 벗어난 동료는 그에게 "열심히 일하면 다친다"라고 알려주지 못했음을 자책했다. 원청 기업이 안전성을 간과하고 내린 명령을 적당히 따라야 살아남고, 곧이곧대로 성실히 이행하면 위험해지는 현실을 신랄하게 고발한 목소리가 경종처럼 울렸다. 기업들은 유해한 업무를 법과 제도의 사각지대에 처한 취약 계층에 떠넘겨 산재발생률을 줄이고 보험료를 감면받을 때마다, 그들이 회피한 책임은 다른 목숨에 빚졌다. 그럼에도 근무 환경을 개선하라고 요구할 여력도 잃고 체념한 노동자의 표정이 공허했다. 무엇보다 부모가 뛰어났다면 자식이 공부를 잘해 좋은 회사에 갔으리라고, 학벌주의와 능력주의의 늪에 빠져 울 자격도 없다고 자신을 원망하는 김미숙 씨처럼, 침묵하는 가해자의 죄를 대신이라도 타개하려는 듯한 모습에 갑갑했다.[5]

이처럼 제작진은 김용균 씨의 사망 '사건'이 '사고'처럼 곡해되는 맥락을 입체적으로 해석하기 위해 노력했다. 다만 "원래는 훨씬 디테일하고 큰 프로젝트를 생각"했다는 PD가 "VR 체험 부스를 만들어서 청와대도 가고 국회도 가는 것이다. 대통령도 VR 체험해 보시고, 국회의원들도 HMD를 써본다면 뭔가 달라"져서 VR 저널리즘이 본격화되기를 기대한다고 한 바람의 방향과 순서는 당장은 어긋나 있는 듯하다. 당사자

---

5   후지이 다케시, "세상 읽기: 명복을 빌지 마라", ≪한겨레≫, 2015.4.12 참고.

인지 여부를 벗어나 죽음을 애도하려면 다른 디테일이 필요하다. 예컨대 동질적인 집단성에 기대어 현실을 호도하는 저널리즘의 편향된 색깔론이 파다한 세태 속에 구조를 내세워 개인성을 지우는 것이 아니라 구조가 지운 개인을 소생시켜야 한다. 아울러 2021년 1월 8일에 '중대재해기업처벌법'이 제정되었음에도, 자기를 희생하여 다른 생명을 구하려 앞장선 유가족의 투쟁이 무색하게 대다수의 기업이 2022년 초부터 시행하기로 예정된 법을 준수할 수 없다고 거부하고 있다. 종사자로 인한 산재를 예방할 당연한 의미와 책임을 회피하고, 처벌받지 않기 위해 노사를 분리하는 것이다.

나오며

그리하여 다음 시즌을 준비하는 제작진에게 감히 청한다. 장르의 특성상 낡아가기 마련인 VR 다큐멘터리로 제작한 가상현실의 '체험자들이 보여주는 건 진짜 마음'이라는, 몹시 아이러니해서 숭고하게도 보이는 리얼리티로 저널리즘의 역할을 성취했다고 만족할 수도 있겠습니다. 그러나 그보다는 기술은 중립적일지언정 기술을 수행할 인간은 비중립적인 휴먼 다큐멘터리의 향방과 건설적으로 갈등하는 동시에, 참여 다큐멘터리로서 여전히 만연한 현안에 투신하여 치열하게 의논하고 보도하고 싸워주십시오. "계속 업데이트해서 어디서든 틀어줄 수 있는 10분 정도의 체험을 만드는 게 목표"[6]라는 약속을 부디 포기하지 말아주십시오. 저도 이

---

6   이영광, 〈이영광의 발로GO 인터뷰 621: 김종우 MBC PD, "VR로 만난 김용균…체험자들 깊게 공감하더라"〉.

글에 머무르지 않고 당신을 부단히 비평할 일종의 저널리스트로 남아, 언젠가는 김용균 씨와 만나기 마련인 세계에 연루된 또 다른 노동자로서 안전하게 일할 권리를 구할 과제를 고민하고 실천하겠습니다.

그 1000회 동안 ······ 알고 있었나요

존재의 가치를 묻는 장수 프로그램의 노래

문보성

서프라이즈는 이승환이다?

저는 88년생, 30대 중반입니다. 누군간 저희더러 취업난이니 집값이니 이래저래 참 힘든 세대라 말하는데요, 그래도 아날로그와 디지털 모두에 익숙하다는 점에서는 또 축복받은 세대가 아닌가 생각합니다. 저의 경우 편성표에 맞춰 매주 일요일 아침 〈신비한 TV 서프라이즈〉(이하 〈서프라이즈〉)를 TV로 본방 사수 하면서도 평소엔 주로 유튜브 클립으로 예능 프로그램을 소비합니다. 대중가요로 따지면 랩퍼 도끼(Dok2)나 트와이스의 노래를 스트리밍으로 즐기면서도 한편으론 이승환의 노래를 테이프로 들었던 마지막 세대입니다. 아마 제 글의 제목이 이승환의 아주 유명한 노래에서 따왔다는 사실을, 저보다 다섯 살만 어려도 알아채긴 쉽지 않을 것입니다.

곧 1000회를 맞이하게 되는 〈서프라이즈〉는, 30대 미만의 젊은 친구들에겐 마치 가수 이승환처럼 느껴질지도 모르겠습니다. 그들이 〈아는 형님〉에서 김희철의 모창을 보고 이승환을 그저 웃기는 창법으로 노래하는 가수 정도로 인지하는 것처럼, 〈서프라이즈〉 역시 들어본 적은 있지만 실제로 본 적은 없는, B급 재연 프로그램의 대명사 정도로 인식되고 있으니까요. 그렇다고 〈서프라이즈〉가 대중에게 아예 소비되지 않는 건 또 아닙니다. 놀랍게도 매주 4~5% 사이의 가구시청률을 꾸준히 기록하고 있습니다. 이 정도면 꽤 잘 나간다는 예능인 〈유 퀴즈 온 더 블록〉과도 비슷한 시청률입니다. 그런데도 왜 실제로 시청했다는 사람을 만나기 힘들고, 왜 어떠한 화제도 만들지 못하는 걸까요?

이 글은 〈서프라이즈〉에 대한 이야기이기를 하면서도 동시에 지상파 콘텐츠 시장 전체에 대한 이야기이도 합니다. 무려 20년간 방영된 〈서프라이즈〉의 변천사는 지상파의 위상 변화를 고스란히 반영하고 있기 때문입니다. 또 어떤 측면에선 하나의 산업이 성장하고 쇠락하는 모습까지도 대변하는 것 같은데요, 저는 이 글에서 아날로그 세대의 막내로서 그리고 디지털 세대의 왕고참으로써 1000회를 앞둔 〈서프라이즈〉의 이모저모를 살펴보고자 합니다. 그리고 이를 통해 지상파가 우리에게 어떤 의미로 존재했으면 하는지 말해보고자 합니다.

〈서프라이즈〉와 노키아의 공통점

원래 서프라이즈는 〈나 혼자 산다〉나 〈전지적 참견 시점〉처럼 스튜디오에서 연예인들이 재연 VCR을 함께 보며 리액션을 하는 전형적인 예능이었습니다. 이 때문에 무척이나 교양다운 이 프로그램은 아직도 예능으로 분류되어 있습니다. 마치 한때 우리가 원숭이었음을 알려주는 꼬리뼈 같기도 하네요. 앞서 〈서프라이즈〉가 지상파의 위상을 대변한다고 했듯이, 지상파가 본격적으로 수익이 감소하기 시작하던 2009년 〈서프라이즈〉에서 스튜디오 분량은 사라집니다. 누구도 얘기하진 않았지만 모두가 제작비 절감 차원이었던 걸 알고 있었죠. 결과적으로 이 전략은 유효했습니다. 이 덕분에 〈서프라이즈〉는 폐지 위기를 극복하고 이후 10년 동안을 무사히 살아남을 수 있었습니다. 한창 땐 "저예산으로 높은 시청률을 견인하는 MBC의 효자"라는 소리까지 듣기도 했고요. 문제는 요즘입니다. 지금의 〈서프라이즈〉는 젊은 세대에게 어떠한 어필도 하지 못하고 있습니다. 결말까지 너무도 느리게 흘러가는 호흡, 20년 전과 똑같은 서사 구조는 유튜브에 익숙한 젊은 세대들에게는 그저 답답할 뿐입니다.

얘기하다 보니 오래전 『경영학개론』에서 읽은 노키아의 사례가 생각납니다. 한 때 경영학 교과서에선 노키아를 종이와 고무 제품 같은 경쟁력 없는 사업을 정리하고 휴대폰에 집중해 크게 성공한, 경영혁신의 대표적인 성공 사례로 언급했습니다. 하지만 현재의 노키아는 스마트폰이라는 새로운 흐름에 기민하게 대응하지 못하며 악전고투 중입니다. 어디 노키아뿐이겠습니까. 디지털 카메라에 적응하지 못하고 추락한 굴지의 필름회사 코닥 등 새로운 물결에 적응하지 못하고 희생양이 된 사례는 차고도 넘칩니다. 〈서프라이즈〉 역시 과거의 영광을 바탕으로 한 차례 위기를 넘겼지만, 디지털 세대를 포용하지 못하고 폐지를 향해 달려가는 하나의 사례가 되고 있습니다.

'아니, 회사도 아니고 그깟 방송 프로그램, 시대와 맞지 않다면 그냥 폐지하면 되는 거 아니야?'라고 하실 줄 모르겠습니다만, 저는 지상파가 장수 프로그램을 조금 더 가치 있게 다뤘으면 좋겠습니다. 아날로그에서 시작해 디지털 시대를 관통하는 콘텐츠를 만들 수 있다면, 지상파 채널 그 자체도 아날로그 시대를 관통해 디지털 시대에도 살아남을 수 있지 않을까요?

유일한 출구 전략, 지식의 큐레이터

〈서프라이즈〉라고, 가만히 앉아 폐지될 날만 기다리고 있는 것은 아니었습니다. 제작진은 생존을 위한 최소한의 변화를 시도하고 있었습니다. 그들은 젊은 시청자층을 유입시키기 위해 굉장히 빠른 호흡의 '서프라이즈 Pick'과 '서프리즘'이라는 코너를 신설했습니다. 그러면서도 장년 시청자층을 잡아두기 위해 익스트림 서프라이즈와 언빌리버블 스토리는 예전과 같은 호흡으로 유지했고요. 나름 산토끼와 집토끼 모두 잡겠다는 전략입니다. 하지만 콘텐츠 시장에서 이런 양가적인 전략은 실패하기 마련입니다. 오직 패러다임을 정확하게 읽고 현재의 가장 핵심적인 문제를 해결하는 것이 유일한 출구전략입니다. 시청자의 입장에서 제가 생각하는 〈서프라이즈〉의 가장 핵심적인 문제는 전개되는 호흡이나 내러티브가 아니라 고민 없이 선정되는 소재들입니다.

요즘 〈서프라이즈〉에서 방영되는 소재를 보고 있노라면 어떤 기준이나 고민을 통해 선별된 것이란 생각이 들진 않습니다. 딱히 시의적인 것 같지도 않고, 그렇다고 어떤 주제의식을 도출하기도 쉽지 않습니다. 〈서프라이즈〉의 오랜 팬으로서 제작진이 왜 그럴 수밖에 없는지 일견 이해가 되기도 합니다. 20년을 해왔으니 어지간한 소재는 다 다뤘을 테고 남은 건 아주 흥미롭진 않지만 소개된 적은 없는 이야기들이 전부일 것입니다. 흥미롭지 않은 이야기에 힘을 주자니 내러티브는 점점 억지스러워졌겠죠.

지난 20년간 〈서프라이즈〉가 잡화상처럼 새로운 이야기를 모아왔다면, 사실 이제는 박물관처럼 큐레이션을 해야 할 때입니다. '큐레이션'이라 함은 작품을 선별하고 그 작품에 해석을 다는 행위를 뜻합니다. 요즘 같은 정보 과잉의 시대에 큐레이션이 얼마나 훌륭한 출구전략이 될 수 있는지는 '마켓컬리'라는 식품회사의 성공에서 찾아볼 수 있습니다. 마켓컬리는 자신들만의 엄격한 기준을 통해 MD들이 식자재를 직접 공수하고, 홈페이지에 그것이 어떤 농부가 기른 제품인지, 어떻게 요리하면 좋을지 등을 회원들에게 제시합니다. 식품에 대한 일종의 큐레이션인 셈입니다. 이전까지 인터넷에 올라오는 수많은 상품들 중에 무엇이 믿을 만한지 확인하기 어려웠던 고객들이 순식간에 마켓컬리로 모여들기 시작했습니다. 그 덕분에 마켓컬리는 창업 4년여 만에 매출 1500억 원을 돌파하는 눈부신 성과를 낼 수 있었죠.

불행히도 〈서프라이즈〉의 행보는 마켓컬리와 정반대였습니다. 잦은 정보 오류로 신뢰를 잃고 중구난방의 이야기 전시로 시청해야 할 이유를 상실하게 만들었죠. 이건 비단 〈서프라이즈〉가 아니라 지상파 채널 자체의 문제이기도 합니다. 언제부턴가 지상파 채널만의 개성을 찾아보기 힘들어졌습니다. 대부분 이미 종편과 케이블에서 소비된 소재, 이를테면 한 때는 트로트였고 지금은 골프 같은 것들로 채워지고 있습니다. 검증된 소재를 활용한다는 점에서 단기적으로는 위험에 대처할 수 있는 전략이 될 순 있겠지만 이러한 몰개성은 결국엔 지상파의 존재 이유를 위협할 것입니다. 지상파 채널은 우수한 접근성과 신뢰도를 바탕으로 한 다양한 소재로 화두를 던지고, 그것을 통해 스스로의 존재 가치를 증명하는 차별화된 큐레이션을 진지하게 고민할 시점입니다.

신뢰와 소통 그리고 시대정신

그럼 어떻게 하면 성공적인 큐레이션이 가능할까요? 우선 큐레이션은 큐레이터에 대한 신뢰가 담보되어야 합니다. 전성기 시절 〈서프라이즈〉의 허무맹랑한 이야기들이 혹했던 건, 그 이야기를 둘러싼 고증이 탄탄했기 때문입니다. 그 덕에 허접한 B급 재연으로도 저 같은 마니아들을 대량으로 양성할 수 있었죠. 하지만 요즘 〈서프라이즈〉는 고증에서의 오류가 매우 빈번하게 발견됩니다. 재연 신의 퀄리티는 예전보다 훨씬 좋아졌지만 재미는 예전만 못한 이유입니다. 〈서프라이즈〉뿐 아니라 지상파 채널 그 자체도 마찬가지입니다. 신뢰는 예나 지금이나 지상파가 지켜야 할 가장 중요한 요소입니다. 검증된 정보를, 얼마나 올바른 가치로 전달할 수 있느냐가 핵심이 되겠지요.

또한 좋은 큐레이션은 소통을 필요로 합니다. 시청자들이 무엇을 가장 원하는지를 파악할 수 있는 가장 확실한 방법이기 때문입니다. 더 나아가 소통은 양질의 콘텐츠를 생산할 수 있는 활로가 되기도 합니다. 이를테면 시청자가 '크라우드 큐레이터'로 참여하는 것이지요. "크라우드 큐레이터"는 1인 또는 소수로 구성된 집단이 작품을 선별하고 해석을 다는 고전적인 큐레이터 개념과 대척점에 있는 개념입니다. 예를 들어보죠. 저는 〈서프라이즈〉 제작진이 소재 선정에 어려움을 겪는 이유가 커뮤니티의 부재에 있다고 생각합니다. 저 같은 〈서프라이즈〉 마니아들을 한데 묶어줄 커뮤니티가 있었다면 당장 오늘도 방송에서 소개되지 않았던 따끈따끈한 소재를 제보했을 텐데요. 더구나 자존심 강한 미스터리 마니아들이 매주 소재 선정에 꼼꼼하게 관여하고 검증한다면 어떨까요? 이처럼 소통과 참여는 콘텐츠의 질을 높여주고 끊임없는 피드백으로 콘텐츠가 발전할 수 있게 하는 동력이 됩니다. 지상파의 다른 모든 프로그램이 마찬가지입니다. 제 기능을 하지 못하는 시청자 게시판이 아닌 제대로 된 소통 창구가 필요합니다. 방송을 통해 대중과 소통하고, 그들을 대화의 장으로 이끌어내는 것이 공익을 위한 지상파의 기본 책무이기 때문입니다.

그러면서도 큐레이터(제작자)는 때론 스스로가 시대정신을 가지고 능동적으로 소재를 선별해야 합니다. 단순히 대중이 원하는 소재만을 노출시키는 것이 큐레이션은 아닙니다. 때론 세간에 알려지지 않은 소재라도 공익에 부합한다면 선제적으로 화두로 제시하는 것도 큐레이터의 역할입니다. 앞서 제시한 참여와 소통은 매우 개방적인 행위이고, 시대정신을 발휘한다는 건 매우 엘리트주의적인 행위인데 지상파의 큐레이션은 두 가지 모두에 부합해야 합니다. 온갖 플랫폼에서 콘텐츠가 쏟아지는 콘텐츠 홍수의 시대에 가치 있는 콘텐츠를 만든다는 건, 그래서 참 어려운 일입니다.

하지만 그럼에도 불구하고 저는 〈서프라이즈〉가 고유의 큐레이션으로 그 존재가치를 증명해 내길 바랍니다. 매주 의미 있는 주제를 중심으로 이야기들을 선별하고, 믿을 만한 정보들을 통해 재미와 감동을 전달해 주길 바랍니다. 그것만이 유튜브에 넘쳐나는 정보 콘텐츠들이 아닌, 〈서프라이즈〉를 시청해야 할 유일한 이유가 될 것입니다. 지상파 채널 그 자체도 마찬가지입니다. 케이블이나 유튜브에서 먹혔던 소재를 그들만큼 자극적으로 만들기 위해 노력하는 건 경쟁력에 아무런 도움이 되지 않습니다. 채널을 돌리다가 단 자리 번호대로 들어서면, 자극적인 이전까지의 채널들과는 확연한 차이를 느낄 수 있는 이야기로 가득한 큐레이션이 이루어지길 기대합니다. 그것만이 급변하는 미디어 시장에서 공영방송이 그 가치를 증명할 유일한 방법이 아닐는지요.

존재가 아닌 존재의 가치를 지켜주십시오

"총장님, 존재가 아닌 존재의 가치를 지켜주십시오"

검찰 조직의 안위를 위해 내부 비리를 덮으려는 검찰총장에게 그의 직속 부관이 찾아와 말합니다. 드라마 〈비밀의 숲〉 속 대사입니다. 때론 존재 그 자체를 지키기 위해 존재의 가치를 훼손하는 모순이 벌어지곤 합니다. 곧 1000회를 맞는 〈서프라이즈〉도 이러한 모순을 경계해야 할 것입니다. 프로그램의 존속을 위해 더 자극적으로, 또는 왠지 경쟁해야만 할 것 같은 유튜브의 스피디한 편집을 따라가는 건 결국 존재 그 자체를 위협하는 일이 될 것입니다.

지상파도 마찬가지입니다. 최근 지상파의 콘텐츠를 보면 계속되는 적자 상황에서 '회사'라는 존재를 지키기 위해 값싼 스릴로 가성비를 추구한다는 느낌을 지울 수 없습니다. 지상파의 임원이나 PD들이 인터뷰를 통해 넷플릭스나 케이블에 비해 지나치게 빡빡한 규제가 지상파 콘텐츠 퀄리티를 하락시킨다며 규제 철폐를 주장하기도 합니다. 개인적으론 굉장히 의문스럽습니다. 그들의 주장처럼 더 자극적이고 말초적인 콘텐츠를 생산하는 것이 지상파의 존재 가치를 지키는 길일까요, 아니면 존재를 위해 존재의 가치를 훼손하는 길일까요? 어쩌면 더 적절한 규제를 통해 지상파만의 컬러를 갖게 되는 것이 생존을 위한 더 올바른 방향이 아닌지 곰곰이 생각해 볼 일입니다.

결론이 자칫 거창해 보일지도 모르겠습니다. 하지만 제가 바라는 〈서프라이즈〉는, 또는 지상파의 콘텐츠는 기실 그렇게 거창한 것이 아닙니다. 마치 이승환의 노래가 도끼의 랩처럼 직설적이지도 트와이스의 신곡처럼 상큼하지도 않지만, 그것들과는 다른 방식으로 소비되고 공존하듯, 그렇게 또 다른 쓰임으로 존재했으면 좋겠습니다. 평소에 육두문자 섞어가며 '플렉스(flex)'를 외치다가도, 그러다가 아무 생각 없이 댄스곡을 흥얼거리다가도, 문득 힘을 얻고 싶을 때 '슈퍼히어로'를 찾아 듣는 것처럼요.

이승환이 시류에 따라 어설프게 랩을 한다거나 아이돌에 도전한다거나 했다면 얼마나 끔찍했을까요. 아날로그의 마지막 세대로서 이승환도, 〈서프라이즈〉도 본래의 가치를 지키며 언제까지나 우리 곁에 있어주길 바라봅니다.

아쉬운 밀도, 우리 주변의 잡학사전

tvN 〈알아두면 쓸데있는 범죄 잡학사전〉 다시 읽기

나은정

범죄, 우리 주변의 이야기

2020년 12월 12일, 한국이 경악했다. 악명 높은 범죄자 조두순이 출소한 것이다. 각종 언론과 경찰은 물론 시민들까지 나서 그를 보기 위해 몰려들었다. 모두를 충격과 공포에 빠지게 했던 조두순은, 사실 평범하고 선하다고 평가받으며 '선량한 시민'으로 불렸다. 따라서 그가 범인으로 밝혀졌을 때 더 많은 놀라움을 자아냈다. 범죄는 결코 특별한 상황에서 벌어지지 않는다. 언제 어디서 어떻게 일어나도 전혀 이상하지 않은 것이 바로 범죄다.

tvN의 새로운 예능 〈알쓸범잡〉은 "범죄는 우리 주변의 이야기"라는 것을 보여주기 위해 기획된 프로그램이다. 하나의 여행지에서 파생되는 이야깃거리들을, 다양한 전문가들이 함께 범죄와 관련된 잡다한 이야기로 구성하여 어떻게 대처하는 것이 좋을지 찾아가는 것이 그 내용이라 할 수 있다. 〈알쓸신잡〉의 성공은 교양과 예능, 다큐멘터리 사이 어딘가에 새로운 장르를 구축했고, 〈알쓸범잡〉은 그러한 계보와 더불어 사회적 관심이 쏠린 '범죄'라는 키워드를 더해 더욱더 흥미로운 프로그램으로 발전시켰다고 볼 수 있다.

아쉬운 전문 지식인

전 시리즈의 성공과 소재에 대한 기대감과는 다르게, 〈알쓸범잡〉은 캐스팅부터 아쉬움이 가득했다. 〈알쓸신잡〉에서 시작했지만 그 골자는 전혀 다르다. 네 명의 전문가와 한 명의 MC 구성이 더욱 독특하다. 범죄를 이야기하기 위해 모인 공간에 과학박사 물리학자가 있고, 영화박사 영화감독이 있다. 일반적인 교양 지식을 내뿜기 위해 모였던 네 명의 〈알쓸신잡〉 전문가들은 각자의 분야와 더불어 다른 분야를 자유롭게 이야기하며 시너지 효과를 보였다. 소재거리에 따라 그들의 관점은 같기도, 다르기도 했다. 그러나 〈알쓸범잡〉의 네 사람은 '범죄'를 이야기한다는 점에서 각자 다른 분야이면서도 비슷한 관점을 공유하는데, 아이러니하게도 시너지 효과가 나지 않는다.

〈알쓸신잡〉 시리즈 내내 포스터의 센터는 MC 유희열이 아닌 유시민이었다. 더 유명해서가 아니라 더 '잡학 다식' 했기 때문이다. 〈알쓸범잡〉 포스터의 센터는 다름 아닌 박지선이다. 범죄심리학자로 나오는 박지선 교수를 센터로 삼음으로써, '범죄'를 다루겠다는 것을 본격적으로 보여주는 듯하다. 박지선이 제대로 대중에게 얼굴을 보여준 것은 〈유퀴즈 온 더 블록〉에 출연해서다. 그는 모든 범죄자에게 "모두 너보다 똑똑하다"라는 명대사를 날렸다. 인자하고 따뜻한 웃음 너머에는 범죄를 향한 강렬한 비판이 담겨 있다. 〈그것이 알고 싶다〉 단골 출연자로도 알려진 박지선은, 냉철하고 카리스마 넘치면서도 털털하다. 박지선은 범죄자에게 매우 엄격한 면모를 보여주는데, 특히나 범죄에 관해 피해자 시점에 조금 더 초점을 맞춰 이야기한다.

범죄심리학자는 범죄자의 특성과 배경, 환경 요인을 알아내 범죄 예방과 범죄 수사, 또한 범죄자의 갱생에 이바지하는 것을 목적으로 하는 심리학의 한 분야로, 다른 네 명의 출연자보다도 더 범죄라는 것에 직접 관련된 인물로 볼 수 있다. 그런데도 그녀가 화두로서 범죄를 먼저 이야기하는 것은 김상욱보다도 더 적다. '잡학 다식'해서 여러 가지 화두를 던졌던 이전 〈알쓸신잡〉 센터 유시민과 가장 대조적으로 비교되는 대목이다. 범죄라는 화제를 가장 잘 끌어갈 것이라 기대했던 센터의 역할이 조금 아쉬울 따름이다.

〈알쓸신잡〉에서는 MC를 시청자이자 사회자, 전달자이자 의문 제기자로 사용했다. 각 내용에 대한 리액션은 물론이거니와, 이해가 어려울 것 같은 것은 다시 물어 제대로 정리를 해주고, 궁금한 현상에 대해서도 충분히 질문을 통해 여러 답변을 이끌어냈다. 그러나 〈알쓸범잡〉의 MC는 시청자에 불과하고, 각 이야기의 연결고리가 되어주는 것조차 벅차 보인다. 이해보다 공감이 먼저인 윤종신은 리액션을 하기 바쁘다. 이 때문에 기존 MC의 역할로 여겨졌던 요소들은 각각 분산돼 보인다.

영화박사로 출연하는 장항준 감독은 자유로운 면모와 함께 코믹한 요소를 보여준다. 특히나 MC 윤종신과의 친분으로 두 사람의 궁합이 보이는 듯하다. 그러나 문제는 해당 프로그램에 '영화'가 설 자리가 없다는 것이다. 장항준이 연출했던 범죄를 다룬 작품은 대표작으로 두 편뿐이다. 오히려 장르물의 대가로 불리는 아내 '김은희'의 명성이 더 자자한 가운데, 과연 '김은희'가 아닌 '장항준'이 나와야 하는 이유가 있었나 하는 생각이 든다. 가끔 나오는 범죄 영화 이야기는 사실 전문가가 아니더라도 충분히 논할 수 있는 문제들이다. 말 그대로 다양한 분야에서 잡학 다식 해 말이 많았던 〈알쓸신잡〉의 출연진과 달리, 모든 것에서 그런 것은 아니지만, 장항준은 많은 부분에서 리액션 담당에 그친다. 이 때문에 다섯 명의 출연진 중에서 시청자의 역할을 맡은 것처럼 보일 때도 있다. 자신의 분야가 아닌 다른 잡학을 기대하는 시청자들에게, 리액션하는 역할만 하는 장항준은 꽤 많이 아쉽다. MC 윤종신과의 역할이 겹쳐 보여 더욱더 그러하다. 적절한 리액션도 좋지만 더욱더 풍성한 이야기를 보여주는 것이 이 프로의 핵심이기 때문이다.

사라진 잡학지식

전문 지식인의 아쉬움보다도 잡학지식의 부재가 더욱 〈알쓸범잡〉을 쓸쓸하게 만든다. 유일한 〈알쓸신잡〉 경험자이자 낭만적인 인문학도인 동시에 과학박사인 경희대 물리학과 김상욱 교수는, 경험을 토대로 가장 여유로운 모습을 보인다. 가장 많은 이야깃거리 화두를 제시하고 깔끔한 마무리를 선보인다. 상당히 많은 내용적인 측면에서 의문 제기자임과 동시에 가장 전문적인 면모를 보이는 잡학박사다. 한마디로 준비된 박사다. 특히 김상욱은 자료조사 측면에서 놀라움을 보여주는데, 매 회 직접 궁금한 것들 혹은 알고 싶은 것들을 조사하고 이를 토대로 다른 출연진에게 들려주는 것이 인상적이다. 인문학과 과학을 오가며 '범죄'라는 키워드를 잃지 않는 것이 매력적인 포인트다.

의문 제기의 역할은 잡학박사의 이야기를 더욱더 심도 있게 끌어

126

내거나 다른 화제로 자연스럽게 넘어가기 위함이다. 〈알쓸신잡〉에서의 MC는 전문가의 이야기를 잘 못 알아듣는 등의 방향성을 가지고 해당 대화를 이끌어나갔다. 그러나 〈알쓸범잡〉에서는 다르다. '범죄'라는 키워드가 생긴 이상, 주관적 요소가 더 많이 포함된 이 경우에서의 지식인 김상욱이 하는 의문 제기는 '이해'하려는 방향성보다는 '의구심'에 조금 더 가깝다.

법무부 법무심의관인 법학박사 정재민은 모든 출연진 가운데 가장 골치 아픈 위치의 잡학박사다. '범죄'라는 것은 형법에 어긋난 행위를 칭한다. 따라서 범죄를 논하며 법을 빼놓을 수는 없다. 전직 판사이자 현 법무부 소속이므로 정재민은 결코 소속된 집단으로부터 자유로울 수 없는데, '법'을 논한다는 것은 그에게 굉장한 책임감과 조심스러움을 초래할 것이다.

프로그램을 구성하는 범죄 이야기 중 상당 부분이 국내에서 예전에 일어난 범죄이다. 이미 종결된 범죄를 다루는 것은 종결된 판결을 다룬다는 것과 맥락이 같다. 따라서 방송 소재로 등장하는 것 자체가 판결에 대해 다시 판단하겠다는 것으로 볼 수 있다. 정재민은 당시 해당 판결에 대해 "법원은 이렇게 생각한 것 같다"라는 말로 시작을 하는데, 이것만 놓고 봐도 그가 얼마나 신중하게 접근하는지 알 수 있다. 이로부터 김상욱 - 정재민의 대립 관계가 형성된다. 김상욱은 형량, 판결에 대한 의문 제기를, 정재민은 해당 의문에 답변하는 것이 주로 이야기 전개 방식이다.

〈알쓸신잡〉의 매력 포인트는 다양한 지식인이 모여 이야기하는 더 다양한 잡학에 있었다. 〈알쓸범잡〉 역시 같은 맥락에서 범죄와 관련된 다양한 잡학을 기대했으나, 실상은 그러지 않았다. 한 명의 의문 제기자와 한 명의 법 전문 설명가, 한 명의 범죄 심리고문위원과 두 명의 시청자만이 있을 뿐이었다. 다양한 지식을 원했는데, 분야별 전문가만이 그 자리를 대신했다. 다양한 분야 박사들의 다양한 잡학들이 모여 이루는 것이 매력적 포인트인 잡학사전이, 어느새 잡학을 잃어버렸다.

위험한 판도라의 상자

방송은 Broadcast다. 넓은 시청자를 대상으로 하고, 공영방송이 아닐지 라도 공적인 면모를 띤다. 이 때문에 위험한 판도라의 상자다. 논픽션 장 르인 교양 예능에서는 보여주는 그대로가 진실이고 현실이라 믿는다. 이 러한 방송 특징상 전문가가 나와서 하는 이야기는 '당연히' 전문지식으로 받아들여져 사실로 인식될 수밖에 없다. 이것이 〈알쓸신잡〉이 통했던 이 유다. 해당 사항에 대해 직접 알아보지 않는 이상 사실 여부를 확인하기 어렵고, 전문가가 나와 말하는 전문적인 이야기는 당연히 신뢰가 갈 수밖 에 없다. 이를 뒷받침하는 여러 가지의 자료 화면들은 해당 이야기가 얼 마나 신빙성 높은지 증명해 주기까지 한다. 〈알쓸범잡〉 역시 다르지 않 다. 그러나 문제는 '범죄'라는 것은 결국 '판단'하는 일이며, 해당 판단에 는 주관이 배제될 수 없다는 사실이다.

앞서 말했듯 정재민에게 이 프로그램은 너무 많은 짐을 맡기고 있 다. 이미 내린 판결에 대해 의문을 갖는 것은 곧 판결에 대한 반감을 조 성하고, 해당 반감은 법원의 신뢰성 하락까지 초래할 수 있다. 전직 판 사이자 현 법무부 종사자로서 정재민은 당시 법원 판결을 전달 및 해설 해 주는 임무를 수행하면서 객관적인 법적 근거와 주관적인 판단 근거 를 제시한다. '법'을 대리하고 전달하는 역할로 정재민이 존재한다. 형 제복지원 사건을 설명하면서 법원의 허술함을 이야기하고, 이를 통해 발전하고 있는 법원의 방향성을 은근히 내비치기도 한다. 그러나 시청자의 관점에서 형제복지원 사건을 봤을 때, 법원은 이미 공정하지 못했고 또 속수무책으로 수습조차 제대로 해내지 못한 정의를 저버린 기관일 뿐이다.

지식인의 주관적 판단은 방송에서 매우 신중해야 한다. 특히 한 사람이 모든 분야를 대표할 때는 더더욱 그러하다. MC는 시청자이기 이전에 사회자이므로, 해당 판단을 보다 객관화하여 전달할 필요가 있다. 〈알쓸신잡〉은 다양한 소재거리를 사용한 만큼 가벼운 이야기도, 무거운 이야기도 모두 존재했다. 그러나 범죄는 결코 무게를 논할 수 없다. 그 소재 자체로 이미 충분히 중요하고 또 무겁기 때문이다. 어쩌면 그래서 조금 더 가볍고 친근하게 느껴지도록 장항준과 윤종신 두 사람을 모두 캐스팅했는지도 모른다. 언제든지 시청자에게 무의식적 이데올로기를 심을 수 있다는 생각으로 조심하고 그 '신중함'을 정재민 혼자가 아닌 다른 방식으로 표현해야 할 것이다.

법, 우리 주변의 이야기

범죄가 우리 주변의 이야기라면 법 역시 우리 주변의 이야기이다. 일전에 법 교양 강의를 들었을 때 교수님이 하신 말씀이 기억난다. "사실 법을 제대로 아는 사람이라면, 형벌 대부분이 이해가 갈 수밖에 없는데, 일반적으로 법이 잘 안 알려져 매우 아쉽다."

우리는 범죄가 나쁜 것을 모르지 않는다. 법이 중요한 것을 모르지 않는다. 그러나 법으로부터 범죄가 시작됨을 자주 간과하는 듯하다. 지금의 〈알쓸범잡〉은 '이런 범죄가 있었어요'라고 외칠 뿐 '이렇게 해야 해요'라고 조언하지는 않는다. 법학박사 정재민의 말처럼 범죄는 절대 사라지지 않을 것이다. 사람이 모여 사는 이상, 서로 다른 삶을 살아가는 이상. 그러므로 우리는 늘 범죄와의 전쟁을 치르기 위해 준비되어 있어야 한다. 범죄를 단죄하는 것은 도덕적·윤리적 판단이 아니라 법이다. 범죄가 우리 주변의 이야기라면, 그래서 대처해야 한다면, 범죄와 함께 법을 같이 알아가야 하지 않을까. 범죄와 관련된 잡학의 일부로 법을 치부하는 〈알쓸범잡〉의 방식이, 시즌 통틀어 최초로 '쓸데 있다'는 사전의 밀도가 아쉬울 따름이다.

세상에는 완벽한 부모는 없고
노력하는 부모는 많다

이미애

1.

참 놀라웠다. 〈금쪽같은 내 새끼〉란 이 프로그램을 우연히 접하고는 이
제 중년의 둔덕에서 아이들까지 다 자란 이 시점에 이 프로그램의 내용이
내게 이렇게 와닿을 줄은 꿈에도 몰랐다. 매주 금요일 저녁만 되면 처음
에는 호기심으로 시작된 시청이 이제는 감정이입을 넘어서서 어느새 내
게는 커다란 회한이 되고 있다. 이제는 성인으로 사회생활을 하고 있는
내 아이들에게도 여전히 적용될 수 있는 부분을 충분히 제공해 주는 프로
그램이라서 더욱 집중하게 되었다. 프로그램 진행자들이 금요일 저녁을
통째로 다 편성하자는 우스갯소리를 하기도 하는데 이 말에 무조건 공감
할 정도로 왜 이제야 이런 프로그램이 나왔을까 하는 아쉬움이 들기도 했
다. 물론 이전에도 이와 유사한 프로그램이 있었다. 〈SBS의 우리 아이가

달라졌어요〉, 〈EBS의 육아학교〉, 〈EBS의 부모: 위대한 엄마〉 등 다양한 형식으로 비슷비슷한 육아 지침을 알려주는 프로그램은 쭉 있어왔다. 하지만 이 프로그램은 좀 달랐다.

2.

해결사 오은영 박사는 어린이 심리를 전공한 심리학자로 알았는데, 어린이청소년클리닉 전문의가 본업이다. 의사가 환자의 심리까지 파악해 진단하고 개선까지 시키는 것은 그리 쉽지 않은 일일 것이다. 하지만 이 프로그램이 다른 육아 프로그램과 차별화되는 것은 몇 가지 장점과 단점 때문은 아닐까.

첫 번째 장점은 이 프로그램에서는 비슷한 또래의 자녀를 키우는 보조 진행자 정형돈과 장영란이 자녀교육의 배경에 섰고, 홍현희는 미래의 부모로서 감초 역할을 하며, 진행자 신애라는 잘 키운 자녀들을 거울삼아 노련한 베테랑 육아법을 선보인다. 재미와 교육이라는 화합이 이 프로그램의 원동력인 것이다. 동병상련의 이 잘 짜인 조합은 티키타카를 뽐내며 유쾌한 분위기를 만들어낸다. 신애라의 더도 덜도 아닌 깔끔한 진행 속도나 중간중간 하는 멘트가 교과서처럼 군더더기가 없어서 좋았다. 프로그램의 중심인 오은영 박사는 촌철살인의 관찰력으로 금쪽이의 문제점을 단번에 찾아내고 처방해 주는 척척 해결사만 같다. 아동을 위한 처방이 청소년이나 청년이 된 자녀에게도 적용되는 처방전이라는 게 그저 놀라웠다.

두 번째 장점은 관찰 다큐로서 문제가 있는 아이가 부모와 같이 있을 때, 엄마나 아빠와 따로 있을 때나 혼자 또는 친구와 같이 있을 때를 세세하게 관찰해 아이의 행동을 빈틈없이 살펴보고 분석해 처방을 내려준다는 것이다. 평범한 엄마와 아빠 사이에서 태어난 아이라도, 부모의 말 한 마디, 행동 하나하나가 자식들의 문제를 키울 수 있으므로 늘 조심해야 한다는 것을 깨달았다. 저출산 시대를 살며 아이 하나를 잘 키우고 싶다는 열망을 담아 가족들이 온 관심과 사랑으로 아이를 키우다 보니, 사랑은 넘치지만 아이들의 예절은 그에 못 미친다. 보통의 우리 일상을 들여다보면 아이뿐만이 아니라 부부 간의 대화나 부모와 아이들 간의 대화를 통해 그들을 객관화해서 들여다볼 수 있는 것이다. 다른 가정의 내부와 내면을 들여다보며 내가 처한 현실에 대해 생각하는 시간을 갖는 것도 나쁘지 않았다. 늘 생활에 파묻혀 나만 이렇게 살아가는가라는 반문에, 그 프로그램의 넉넉한 다큐멘터리는 남도 나도 별로 특별나지 않게 평범하게 잘 살아가고 있다는 데 수긍하게 한다.

세 번째, 이 프로그램에 나오는 아동들은 정말 다양한 이색 병증을 보인다. 변비아동, 특정공포증, 함구증, 분리불안 등 일상생활에서 우리가 쉽게 접할 수 없는 병명이나 심리적 압박감으로 고통 속에 살아가는 아이들을 화면에 담으므로 늘 새롭고 다양한 내용이 준비된다는 것이다. 그런 아이들을 치유하고 다독여 어린이집이나 학교, 가정에서 생활을 할 때 고통받지 않고 살아갈 수 있게 도와주는 솔루션 프로그램인 것이다. 정말 매주 새로운 소재로 별세계를 경험하게 하고, 우리가 간과하고 있는 행동의 개연성을 추측하게 하고, 이해하고 수긍해 납득하게 할 뿐 아니라 서로 잘 관찰했다고 우기며 맞히기 위한 진행자들의 얄팍한 노력에도 시청자는 울고 웃는다. 다양한 소재에 신선함과 재미까지 더해 시간가는 줄 모르고 시청하게 된다는 것이다.

네 번째, 아이들의 몫이 아니라 양육 부모에게서 문제점을 찾는다는 것이다. 보고 배운 대로 표현할 수밖에 없는 도돌이표였던 부모가 이미 학습된 양육 방식으로 아이를 대하다 보니 결국 비뚤어진 교육이 되었다. 처음에는 아이의 잘못된 습관, 아이의 무례한 행동이나 언어를 탓하고 부모를 탓하며 시청하지만, 프로그램이 진행될수록 타고난 성향을 잘못 알고 대처한 부모의 잘못된 양육 자세가 결국 무지에서 비롯된 원망이었음을 깨닫게 된다. 또한 부모의 불우한 어린 시절이 클로즈업되어 아이에게 투영되어 그대로 재현되는 모습을 보며 아연실색할 정도로 가슴이 아팠다. 부모가 아이의 잘못된 점을 파악하고 올바로 키우고자 힘껏 노력해 아이와 부모 모두 개선되는 것을 보며 이건 치유 프로그램이라고 생각했다. 세상에서 결코 부모 마음대로 안되는 게 자식이고 자식 이기는 부모 없다는 속담도 있듯이 세상 제일 어려운 숙제가 자식 잘 키우는 일일 것이다. 그 일을 이 프로그램이 자처하고 나선 것이다. 무지해서, 몰라서 대처 못하는 자식의 병과 행동을 타진하고 수습하고 교육해서 함께 더 나은 자녀와 부모로서 살아가게 도와주는 멋진 프로그램이다.

보통 여타 프로그램들이 재미나 문제만 제시하고 그 이후의 대처와 변화까지는 잘 보여주지 않고 마무리하는데, 이 프로그램은 애프터서비스까지 완벽하다. 부모가 처방전을 얼마나 잘 이행하는지 차후의 모습까지 시청자가 지켜보게 하여 안심하고 그 가정의 안녕을 기원하게 하는 것도 참 좋은 예후를 제시하는 것만 같아 마음에 들었다. 사실 세상에 자기 자식만큼 귀하고 좋은 존재가 어디 있겠는가? 하지만 그런 자식이 마음이 아파 어린 시절을 잘 보내지 못하는 것을 보며, 부끄러움을 감수하고 이 프로그램에서 모든 것을 내보이는 부모의 마음도 십분 이해한다. 그 모든 걸 감수하더라도 그들에게는 자식이 더 소중하고 귀한 존재이므로, 수치심도 잊은 채 자식이 바르게 성장하기를 진정으로 바라는 것이리라. 부성애가 트렌드가 된 요즘에 예전과 같은 권위적인 부성애는 설 자리를 잃었다. 친구처럼 함께하는 아빠의 모습에서 변화의 바람을 느낀다. 한편 엄마라는 존재는 과거나 현재를 떠나 절대 왕좌라는 것을 느끼기도 했다. 그런 엄마로서의 존재감이 단 하나의 빛으로서가 아니라 자라면서도 늘 언제, 어디서나 자식에게는 변치 않는 사랑과 관심을 선물하기 때문이리라. 궁극적으로는 올바른 부모의 역할을 가르치는 프로그램이라는 것이다. 사람의 인생 주기는 열심히 공부해 좋은 대학에 가서 멋진 사람을 만나 결혼하고, 자식을 낳아 키우고, 정년퇴직하고, 느지막하게는 부부만 남아 그저 그런 재미로 살아가는 게 대부분 아닐까. 우리는 부모의 역할에 대해 제대로 교육조차 받지 못한 상황에서 부모가 되어버린다. 그래서 미숙하고 모자라고 아이를 이해하지 못하는 부모가 되는 것이다. '참 힘겹고 미숙한 훈육과 교육으로 원숙하지 못한 채 부모가 되어 아이도 힘들게 하고 자신도 힘들어지는구나' 하는 생각도 들었다. 물론 세상에 완벽한 부모가 어디 있을까마는 우리는 아이가 무엇을 원하는지 무엇 때문에 저렇게 행동을 하는지 정도는 되짚어 판단할 줄 아는 부모는 되어야 하지 않을까 싶다. 그저 나이가 되어서 아무런 준비 없이 얼떨결에 부모가 되어 어쭙잖은 부모 코스프레가 아니라 나로 인해 태어난 자식을 위해 부모로서 해줄 수 있는 최선의 역할로 아이의 꿈을 최대한 발휘하며 사회의 일익을 담당하는 멋진 사회인으로 성장하도록 키워야 하지 않을까 싶다.

물론 이 프로그램에서도 약간의 단점은 눈에 띄었다. 처방전 이후에 개선점이 마치 마법을 부린 듯 너무 현저하게 변화되어가는 모습이 다소 신뢰성이 떨어져 보일 때가 있다는 것이다. "저렇게 변한단 말이야", "아니 저럴 수가" 하면서 믿기지 않는 변화에 의구심이 종종 들 때가 많다는 것은 프로그램의 완성도가 아니라 보여주기식 구성이 아닐까 하는 아쉬움은 들었다. 또한 가끔은 비슷한 패턴의 병증을 가진 아동들을 호기심 위주로 방송하다 보니 어느새 익숙해진 처방전에 지루함을 느낄 때도 더러 있다는 것이다. 왠지 거기서 거기라는 생각이 나올 정도면 소재의 차별성을 꾀할 때가 되지 않았나 싶기도 하다. 무조건 흥미 위주의 특이한 소재가 아니라 비슷한 성향의 문제 행동에 대해 다양한 처방전이 나올 수 있음에도 천편일률적인 처방전이 매주 보는 시청자 입장에서는 신선하지 않은 것이다. 소재의 신선함뿐만 아니라 대처 방안도 다각도로 구색을 갖춰야 하지 않을까 하는 마음이 들었다. 시청자의 눈높이가 그만큼 높아졌다는 뜻도 될 것이다. 앞으로 장수 프로그램이 되려면 꼭 유념해야 할 부분이지 않을까 싶다.

3.

삼남매를 키우면서 세 아이의 다른 성향이 서열에서 비롯되었다고 생각하기도 했다. 물론 그것이 일면 작용했을 수도 있지만 그게 전부는 아니었다는 것을 이 프로그램을 매주 시청하면서 알 수 있었다. 반추의 매력도 있었는데 우리 집에서도 둘째가 유독 특별났다. 고성을 지르고 제 마음에 차지 않으면 물불 가리지 않고 식구들에게 분풀이를 해댔다. 하루도 집안이 편할 날이 없었다. 부모인 우리가 어른이랍시고 엄하게 훈육을 해도, 부드럽게 타일러도 소용이 없었다. 둘째만 잘 지내면 집안이 조용했다. 둘째는 늘 화가 나 있어 보였고 가족 구성원 모두는 그 애로 인해 보이지 않는 속앓이를 해야만 했다. 부족한 부모라 아이의 아픔을 알지 못했던 나는 늘 '왜, 왜, 왜, 왜 저럴까, 도대체 쟤는 왜 평범하지 않고 저렇게 공격적이고 난폭한 짓을 할까, 가족들이 모두 싫어하는 일만 골라 하며 식구들을 모두 힘들게 하는 것일까' 생각했다. 초등학교 고학년이 될 때부터 고등학교 졸업 때까지 둘째는 결코 평범한 아이가 아니었다. 늘 사춘기였고, 늘 반항아였고, 늘 세상에 화가 나 있었다. 감당할 수 없는 아이의 존재감에 결국 타지로 대학을 보냈다. 처음엔 적응하는 데 힘들어했지만 차츰 나아졌고 무사히 졸업까지 하고 지금은 평범한 직장인으로 살아가고 있다. 하지만 아픔은 생각보다 깊었고 지금도 가끔 자신이 왜 화가 나 있었고 왜 가족들과 다르게 표현하며 살았는지를 이야기할 때가 있다.

전혀 알 수 없었고 이해할 수 없었던 그 애의 행동 하나하나에 대해 이 프로그램에 집중하면서 조금씩 답을 찾을 수 있었다. 마치 추리소설의 범인 심리를 해석하듯 내 아이의 성향을 진단할 수 있었고 그 원인을 찾아 상황을 유추하고 추억을 소환해 보기도 했다. 자기 방문을 얼마나 심하게 닫았는지 문이 열리지 않아 등교를 못해 열쇠 가게 아저씨를 불러서 아침부터 손잡이를 부수는 공사를 하고 학교는 갔지만 결국 지각까지 할 정도였다. 감당이 되지 않는 수준이었다. 나는 그저 부모로서 아이가 취하는 말과 행동만을 보고 '이건 잘못되었다'고 '못됐다'고 바르게 가르쳐야 된다고만 생각했다. 아이가 왜 저렇게까지 하는지를 알 수가 없었다. 하지만 이 프로그램을 보면서 그때 둘째가 한 막무가내의 행위들은 남들과 다르게 예민한 그 애가 자신을 표현할 수 있는 수단이자 방법이었고, 그것이 과격한 모습으로 나타났다는 걸 미처 알아채지 못했다. 기본에서 벗어나 가족들을 공포로 몰아넣곤 하는 아이의 일련의 행동들이 협박하고자 하는 마음이 아니라 자신조차 제어할 수 없을 만큼 미숙한 표현 방식 때문이었다는 사실을 이 프로그램을 통해 알게 되었다. 또한 아이의 궁극적인 바람은 엄마의 사랑이었음을 뒤늦게 깨닫게 되기도 했다. 언니와 동생 틈에 끼어 엄마의 사랑을 받기 위해 할 수 있는 표현은 다 쏟아부었던 것을, 엄마인 나만 "괴팍한 아이"라고 그냥 무시했던 것이다. 그저 피하고 싶었다. 내가 그럴수록 아이는 더욱 수렁 속에서 헤어 나오질 못하고 더 폭력적이고 강하게 가족을 위협했던 것이다. 그 방식밖에 자신의 존재를 드러낼 방법이 없었던 것이다. 갈등의 골은 메워질 수 없을 만큼 깊어졌다. 선과 악을 기준으로 아이를 내몰았던 나의 처신이 지금에 와서 생각해 보면 부끄러웠다. 그때 아이를 좀 더 이해하려 노력하고 아이의 눈높이에서 아이를 바라보고 사랑을 표현했다면 그와 같은 엄청난 갈등은 있지 않았을 텐데 하는 안타까움은 들었다. 그래도 이 프로그램으로 인해 지난 시간을 돌이켜 볼 수 있는, 참으로 고마운 성찰의 시간을 가질 수 있었다. 사실 이 프로그램의 처방책이 얼마나 인간적이고 가장 기본적인 행위들인지 그것 또한 놀라웠다. 뭘 특별하게 힘들게 처음부터 시작하는 것이 아니라 아주 사소한 말과 행동으로 자연스럽고 쉽게 다가가고 행하는 것부터 보여줘서 더 좋았다.

4.

TV는 보통 시간을 보내기 위해, 또는 가족 공유의 놀이로, 또는 무료한 시간에 드라마나 영화에 집중하기 위해 보곤 하는데 이 프로그램의 매력은 무한했다. 가족애로 울리기도 하고 웃기기도 하고 가슴이 먹먹해지기도 한다. 도저히 어찌할 수 없는 상황에 어떻게라도 해주고 싶은데 방법을 찾지 못해 해줄 수 없는 안타까운 장면도 많았다. 함께 울고 웃게 한다는 게 이 프로그램의 가장 큰 소득이었다. 우리가 언제 이렇게 감정이입을 하며 내 가족, 내 부모, 내 자식의 일인 듯 웃고 울 수 있을까. 여기 나오는 가족들을 보면서 한 가지씩은 나도 모르게 배우는 점이 있었다. 이 부부에게는 '이런 점이 참', '서로를 존중하는 면이 도드라져 배우고 싶다', 저 부부에게는 '항상 서로를 배려하는 눈빛이 참 아름답다'는 생각이 드는 등 다양한 부분에서 배울 점이 많았다. 아이들이 어렸을 때는 제대로 보고 배우지 못한 나의 빈틈을 이 프로그램은 구석구석 멋진 말과 행동으로 보석처럼 빛나게 채워주었다.

이 프로그램의 무한한 발전을 기원하며 앞으로도 이 프로그램이 좋은 부모의 롤 모델이 되어 젊은 부부에게 부모의 역할을 교육하는 지침서가 되리라 믿어 의심치 않는다. 앞으로도 얼마나 많은 아이들이 자신의 문제 앞에서 아파할까. 이 프로그램을 통해 건강하게 성장할 수 있기를 간절히 바래본다. 세상에 이처럼 유익한 프로그램이 어디 또 있을까 싶다. 20년만 일찍 이 프로그램을 만났더라면 '나도 참 멋진 부모가 될 수 있었을 텐데' 하는 아쉬움은 늘 남는다. 가끔씩 이 프로그램을 보며 눈물지을 때는, 몰라서 둘째에게 모질게 대한 나의 훈육에 절로 부끄러워지고 가슴이 먹먹해 온다. 가끔씩 멀리서 엄마가 생각나 전화한다는 둘째에게 가만히 "미안하다"라고 중얼거려 본다. "왜 그러냐?"라고 되물으면, 그때 내가 잘못한 점을 늦었지만 조심스레 표현한다. 둘째는 아니라고 극도로 부정하지만, 자신의 마음속에 잠긴 깊은 슬픔을 끌어오는 게 아스라이 느껴진다. 부모의 모짊이 커서도 여전히 아이들의 가슴에 멍울처럼 남아 있음을 알기 때문에 더욱 그 미안한 마음이 깊어지는 것이다. 이렇게 소중한 프로그램이 과욕을 부리지 않고 지금처럼만 자신만의 세계에 갇혀 아파하는 아이들에게 진정한 치유가 되기를 바라고, 올바른 부모의 역할을 제대로 교육하는 시간이 앞으로도 쭉 계속되기를 응원해 본다.

새로운 가족을 맞이할 준비가 되었나요?

조수인

2015년 tvN에서 방영된 드라마 〈응답하라 1988〉 중 칠봉이(유연석)가 "자신의 부모님은 이혼하셨다"라는 말을 하숙집 친구들에게 하는 장면이 있다. 지방에서 갓 서울로 상경한 하숙집 친구들은 그 말을 듣고는, 하나같이 굉장히 놀라는 표정을 짓는다. 그러면서 시골에서는 "한번 결혼하면 늙어 죽을 때까지 같이 살아야 한다"며 자신의 동네에서는 "부모님이 절대 이혼이란 것은 할 수 없다"라는 대사가 나온다. 그만큼 기존 우리 사회의 통념상 '이혼'이라는 것은 있을 수 없는 일, '이혼'이라는 단어는 금기시 혹은 터부시되는 일로 여겨졌다.

특히 이혼 후의 삶, 이혼이라는 과정을 겪은 사람, 혹은 그의 가족이나 친구들, 그리고 가장 중요한 그들의 아이들. 이들을 향한 미디어의 시선은 어땠을까? 특히 미디어를 통해 언급되는 이혼은 '숨기기 바쁜 것'이었다. 범죄를 저지른 나쁜 일을 한 것은 아니지만, 또 자랑할 일도 아니라는 기존의 사회적 인식, 또 미디어와 연예인들에게 유독 혹독하게 가해지는 거룩한 잣대. 시대를 비추는 거울이 되어야 할 미디어가 현실을 숨기고 엄격한 기준을 통해 부정적 이미지를 양산하거나 동정의 시선을 보내는 등의 다소 아쉬운 모습을 보여주기도 했다.

이러한 와중에 아주 반가운 프로그램이 하나 등장했다. 바로 JTBC 〈용감한 솔로 육아 - 내가 키운다〉(이하 〈내가 키운다〉)라는 프로그램이다. 이 프로그램은 2021년 7월 방영을 시작했다. 조윤희, 채림, 김나영, 김현숙 등이 출연하는데, 다양한 이유로 혼자서 자녀를 키우는 '솔로 육아' 라이프를 프로그램을 통해 보여준다. 우리는 이 프로그램을 통해 그동안 미디어가 보여준 '이혼', '이혼 후의 생활'을 향한 시선과는 완전히 다른 모습을 엿보게 된다. 솔로육아 라이프를 통해 새로운 가족의 개념을 보여주고, 누군가의 시선이나 다른 사람의 기준이 아닌 내가 결정하고 내가 행동하는 '솔로', 용감한 '솔로 육아'의 모습을 따뜻하게 담아냈다. 새로운 가족의 형태를 그려낸 미디어의 새로운 시선을 〈내가 키운다〉를 통해 따라가 보고자 한다.

이혼 후 삶에 대한 기존의 시선

최근 몇 년간 '이혼'이라는 이슈는 또 다른 의미의 소재로 방송에 사용되곤 했는데, 바로 '예능적', '개그적' 소재가 되었다는 것이다. JTBC 간판 예능 〈아는 형님〉에서 자주 다루는 소재인 '이혼'은 '서장훈, 이상민'을 통해 분위기를 환기하거나 웃음을 유발하는 등의 소재로 사용되곤 했다. 또 SBS 〈미운 우리 새끼〉나 〈신발 벗고 돌싱포맨〉 등에서도 '탁재훈, 이상민, 임원희, 김준호' 등 돌싱들을 출연시켜 그들의 이혼 후 삶을 예능의 소재로 사용하기도 했다.

'이혼'이라는 소재가 예능적 요소로 등장하고, 작용한 것이 전적으로 부정적인 것만은 아니다. '이혼'이라는 소재가 누구에게나 일어날 수 있는 일이고, 특이하거나 대단한 일이 아니라는 것, 인생 전체를 부정할 만한 사고가 아니라는 점을 예능적 소재로 사용하여 일부 대중의 시선과 인식을 변화시킨 것도 사실이다. 하지만 안타까운 점은, 이러한 프로그램들은 '이혼'이라는 과정이 그들에게 준 결과가 굉장히 외롭고 쓸쓸했다거나 혹은 그들이 처량하고 불쌍한 사람이라는 이미지를 만들어 보여주기도 했다는 점이다. 또 '이혼' 후에는 극복 불가능한 무기력한 삶이 지속되거나, 한없이 신세 한탄을 하는 등 외로움을 부각하면서 반드시 연애를 하고, 재혼을 해야만 다시 행복해질 수 있을 것 같은 메시지를 방송을 통해 노골적으로 심어주기도 했다.

물론 그러한 부정적인 상황들이 현실에서 얼마든지 일어날 수 있는 모습일 수 있다. 하지만 자꾸 반복적이고 혹은 지속적으로 이혼한 사람들을 실패한 사람, 패배한 사람, 삶으로 복귀가 불가능한 사람 등으로 낙인찍는 프로그램은 재미도 없을뿐더러 어떠한 함의와 교훈도 찾아볼 수 없다. 우리에게는 지금, 현실적인 문제일수록 용기와 희망을 주는 프로그램이 필요하다. 그래서 이혼 후 현실에서 당장 직면할 '육아'라는 문제를 부정적이고 무기력한 시선이 아니라, 극복할 수 있게 방향을 제시하려는 긍정적인 노력을 담은 프로그램이 필요하다. 이것이 〈내가 키운다〉가 더 반가운 이유다.

용감한 솔로 육아

〈내가 키운다〉의 부제는 '용감한 솔로 육아'이다. 이혼을 다루거나, 육아를 예능의 소재로 다루었던 다양한 프로그램과의 차이점은 이혼 후 혼자서 아이를 키우는 솔로 육아족을 소재로 정했다는 것이다. 그들은 이미 '이혼'이라는 과정을 통해 한 번의 상처를 겪었고, 현실에서는 당장 아이를 키워야 하는 '육아'라는 문제에 맞닥뜨렸다. 이 프로그램은 그들의 상황을 '용감한'이라는 키워드로 밝게 그려내고 있다. 가족 해체의 이유는 다양하다. '이혼'이라는 것이 사건, 사고를 통해 일어난 일로서 마냥 숨겨야 하고, 또는 지워야 하는 과거로 받아들여졌던 것과는 달리, 본인의 선택이 될 수도 혹은 더 나은 삶을 향한 새로운 길로 받아들여질 수도 있는 시대가 되었다. 그러한 의미에서 홀로 아이를 키우는 일 역시 불쌍하고 동정받아야 할 일이 아니라, 용감하고 대단한 일, 칭찬받아 마땅한 일이라는 점을 해당 프로그램을 통해 우리는 더욱 느낄 수 있다.

육아와 경제력을 동시에

나는 〈내가 키운다〉 프로그램이 방영되기 전부터 출연자 중 한 명인 '김나영'이 운영하는 유튜브 채널 '노필터티비'를 오랫동안 구독해 왔다. 그의 두 아들인 신우와 이준의 탄생 과정부터 육아의 과정들, 김나영이 일을 하고 경제활동을 하는 모습들, 또 이사를 하고 새로운 보금자리를 마련하는 모습들을 쭉 봐왔다. 그가 참 대단하다고 느꼈고, 댓글을 통해 늘 응원했다. 김나영은 해당 프로그램에서도 일과 육아를 동시에 해내는 멋진 엄마, 멋진 솔로 육아족으로 두 명 이상 몫을 완벽하게 해내고 있다.

〈내가 키운다〉는 흔히 우리가 생각하는 아빠의 경제력, 엄마의 보살핌이 있어야만 아이를 잘 키울 수 있다는 고정관념을 완전히 깨뜨린다. 경제력까지 갖춘 일하는 엄마의 모습, 일과 육아를 동시에 해내는 가장이 된 엄마의 모습은 아이를 그저 잘 키우는 것에서만 그치지 않는다. 이러한 모습들은 앞으로 우리 사회에서 일하는 엄마, 일하는 솔로 육아족들에 대한 새로운 시선을 제공하고, 긍정적인 방향을 제시할 수 있다고 생각한다.

한 아이를 키우려면 온 마을이 필요하다

출연자 '조윤희'는 자신의 언니와 함께 살면서 딸을 키우고 있다. 온종일 아이와 시간을 보내며 즐겁고 행복하기도 하지만, 때론 지치고 쉼이 필요한 순간들이 있다는 것을 보여준다. 퇴근 후 돌아온 언니는 일명 '육아 바통터치'를 해준다. 한 시라도 눈을 뗄 수 없는 아이를 위해 잠깐 육아를 맡아주는 것이다. 또 김나영의 집에는 오랜 지인인 '양희은'이 자주 놀러 와서 아이들과 시간을 보낸다. 다른 출연자 김현숙 역시 부모님의 도움을 받아 어린 아들의 육아를 함께 한다.

보통 아이를 키우는 일은 단순히 엄마, 아빠가 함께해야만 가능한 일로 여겨져 왔다. 그러나 〈내가 키운다〉는 주변의 많은 사람이 관심과 도움을 준다면 충분히 아이를 잘 키울 수 있다는 메시지를 전해준다. 아빠가 혹은 남자가 반드시 해야만 하는 일은 이제 더는 없다. 뭐든지 할 수 있고, 뭐든지 해낼 수 있는 용감한 솔로 육아족 엄마들의 이야기는 변화의 시작이며, 우리 사회에 큰 울림을 준다.

새로운 시선 속 또 다른 새로운 시선

'이혼'은 아주 사적이고, 개인적인 일이다. 다른 어떤 누구도 당사자들의 이야기와 감정을 모두 알기 어렵다. 그래서 더 조심스럽고 어려운 일이다. 어떤 이유로 인한 선택이라고 할지라도 이혼의 과정은 복잡하며, 괴롭고 고통스러웠을 것이다. 그래서 과거 방송에서는 당사자들은 물론이고, 혼자 아이를 맡아 키우게 된 엄마들이 대체로 이혼 과정을 언급하거나, 아이의 아빠에 대해 언급하는 것을 꺼리거나 피하는 모습을 보였다.

하지만 해당 프로그램에서 출연자 '조윤희'는 자신의 '전 남편, 그러니까 아이의 아빠'에 대한 생각을 차분히 밝혔다. '이혼'은 자신이 한 것이지, 아이가 한 것이 아니라는 것이다. 자기 생각과 감정을 아이에게 강요하고 싶지 않다는 것, 그래서 아이와 아이 아빠가 원한다면 언제든지 만남을 이어갈 수 있도록 해주고 돕겠다는 것이다. 그래서 아이가 아빠를 떠올리고 언급하는 것을 절대로 방해하지 않는 모습을 보였다. 조윤희의 도움으로 아이가 아빠의 생일 케이크를 만드는 모습 또한 우리가 방송을 통해 볼 수 없었던, 기존에 생각하지 못했던 새로운 가족의 형태 안에서 생겨난 새로운 가족의 관계성을 잘 보여준다.

조윤희의 가치관과 시선이 아주 개인적이기 때문에 당장 큰 반응으로 이어지기는 현실적으로 어렵다. 또 절대로 누군가에게 이러한 가치관과 육아 방식을 강요할 수도 없다. 하지만 대중은 방송이 담아내고, 전하는 이야기에 점차 스며든다. 방송을 통해 자주 노출되고 전해진 메시지들은 긴 세월 동안 반복적으로 축적되어 변화를 이끌 수 있다. 그래서 우리는 존중해야 한다. 방송 프로그램은 새로운 형태의 가족을 향한 새로운 시선을 끊임없이 제시하고 존중할 필요가 있는 것이다.

변화는 늘 낯설다

프로그램 정보에 보면, '솔로 육아족'을 엄마로 국한하지 않는다. 엄마든, 아빠든, 혹은 다른 누구든, 어떠한 이유로든 간에 혼자서 아이를 키우는 사람이라면 모두 출연할 수 있음을 내포하고 있다. 아직까지는 출연자 모두 엄마로서 아이를 혼자 키우고 있지만, 그 주인공이 누가 되든 문제가 되지 않는다는 것이다. 그렇다면 지금 우리 주변에는 솔로 육아족을 비롯해 얼마나 다양한 형태의 가족이 살고 있을까? 우리는 그들에게 어떤 시선을 보내고 있을까?

육아 예능의 시작을 따라가 보면, 2013년 방송을 시작한 이후 지금까지 큰 사랑을 받는 KBS 〈슈퍼맨이 돌아왔다〉, 그리고 2014년 MBC에서 방송된 〈아빠! 어디가?〉 등의 프로그램이 있다. 경제활동에 국한되어 있었던 아빠들이 서툴지만, 아이들과 시간을 보내며 육아를 하는 모습은 대중에게 흥미롭게 다가서며, 많은 아빠가 육아에 동참하는 등 변화를 이끌었다. 사람들의 생활에 큰 영향을 미친, 방송의 순기능이다. 그러나 최근 자발적 미혼모로서 '젠'을 혼자 키우는 '사유리'가 〈슈퍼맨이 돌아왔다〉에 출연하는 것을 두고 많은 논란이 있었다. 하지만 일부의 우려와는 달리 열심히 아이를 키우는 사유리의 모습, 밝고 예쁜 젠의 모습을 방송으로 접한 대중은 그들을 응원하고 지지하기 시작했다.

변화는 늘 낯설다. 익숙한 것을 좋아하는 우리에게 낯선 것은 참 받아들이기 어렵다. 하지만, 변화가 없으면 진보도 없다. 방송은 미디어를 통해 대중에게 다양한 시선을 제시해야 한다. 가족이 꼭 아빠와 엄마로 구성되어야지만 옳은 것이 아니라는 것, 다양한 형태가 존재한다는 것을 끊임없이 보여주어야 한다. 그런 의미에서 〈내가 키운다〉는 기존의 방송 프로그램에서 보여준 '이혼' 과정, '이혼 후의 삶', '육아'의 모습과는 전혀 다른 새로운 이야기를 들려주었다.

솔로 육아족으로서 아이와 함께하는 모든 것이 첫 경험이고 첫 도전이었다. 부족하고 낯설 수 있지만, 그것은 그 자체로 의미가 있었다. 이혼 후 아이를 키우는 자녀를 바라보는 부모의 시각이나 마음까지도 알 수 있었다. 해당 프로그램에도 여러 가지 한계, 문제점이 있을 수 있지만, 그들이 제시한 변화는 참 반갑다. 앞으로 우리는 더 다양한 시선으로 이야기를 나누게 될 것이다. 미디어는 그러한 대중을 향해 끊임없는 질문을 던져주기 바란다.

판타지 위에 세워진 히어로

tvN 〈빈센조〉 비평: 불가능한 '선한 히어로'의 표상

황서영

동시대 한국의 드라마들은 영웅적 주인공을 표상하는 일에 어려움을 느끼고 있는 것 같다. 좀 더 정확히 말하자면, 최근의 한국 드라마는 우리가 기존에 익히 보아왔던 '도덕적으로 선하고 결백한 영웅'을 그리는 데에 실패하거나, 애당초 그러한 주인공을 표상하길 거부한다. 우리가 직간접적으로 체감하는 사회적 악(惡)은 점점 개인이 인식할 수 없을 정도로 거대하고 긴밀해지기 때문에, 단순히 선한 의지만 있는 주인공이 그러한 악을 돌파해 나가는 서사는 너무나 비현실적이다. 물론 비현실성 그 자체가 서사적으로 허용되지 않는 것은 아니지만, 상상력이 개입될 여지가 없는 비현실성은 보는 이를 무기력하게 할 뿐이다.

2021년 2~5월 방영한 tvN 드라마 〈빈센조〉(김희원 연출, 박재범 극본)는 새로운 영웅 서사를 위해 이탈리아 마피아를 텍스트 내부로 끌어들인다. 한국계 이탈리아인 빈센조는 첫 등장부터 결백하기는커녕 스스로 악을 담지한 인물로 소개된다. 빈센조가 선한 영웅의 고리타분한 틀에서 벗어나는 것은 의심의 여지가 없지만, 그와 같은 유형의 영웅을 완전히 새롭다고 할 수는 없다. 한국 드라마에서 자주 등장하는 캐릭터 는 아니지만, 여러 매체에서 이미 수많은 다크 히어로를 선보였다. 2021년 7~8월 방영한 tvN 드라마 〈악마판사〉(최정규 연출, 문유석 극본) 역시 "모두가 원하는 영웅인가, 법관의 가면을 쓴 악마인가"라는 홍보 문안을 내세우며 악을 품은 주동적 인물을 그린다. 이들처럼 양면성을 가진 주인공은 기존의 체제가 설정해 놓은 선악의 경계를 흐리며, 종국 에는 새로운 시대에 걸맞은 선과 악의 합의점을 제안한다. 〈빈센조〉는 다양한 외적 텍스트를 참조하고, 장르적 관습을 차용하여 시청자들이 상상적·허구적 유토피아를 그리게 만든다는 점에서 독특하다. 이렇게 만들어진 유토피아는 일종의 판타지, 환상이라 해도 좋을 것이다. 그렇 다면 〈빈센조〉가 불러일으키는 환상은 무엇이며, 우리는 그 환상을 통 해 어떤 미래를 도모하는가?

'마피아 변호사', 선악의 딜레마

빈센조는 다층적인 정체성을 가진 인물이다. 그 앞에 붙는 수식어는 '한 국계 이탈리안 마피아 변호사'다. 먼저 이 구절 중간에 붙은 수식어 '이탈 리안 마피아'에 주목한다면 우리는 '빈센조 까사노'에게 투사되는 이국적 판타지를 발견할 수 있다. 여기서 판타지라고 부르는 것은 단지 현실과 동떨어졌다는 사실만을 의미하지 않는다. 그보다 판타지는 현실에는 없 는 또 다른 가능성을 기대하게 만드는 가상적인 배경인 것이다. 즉 마피 아라는 설정은 한국이라는 현실에서는 해결책을 찾을 수 없기 때문에 외부에서 끌어온 환상의 요소다. 〈빈센조〉는 그러한 환상을 덧입혀 마피아 세계의 원리와 원칙, 무엇보다 폭력성을 자연스럽게 활용할 수 있었다. 한편으로 빈센조를 칭하는 첫 번째 수식어, 즉 '한국계 변호사'에 주목하면, 이국적이고 환상적인 요소에도 불구하고 빈센조는 공포스러운 외지인이 아니라 동질감과 인간미 있는 영웅적 존재로 변모할 수 있다. 빈센조를 위협적인 존재로 인식하고 처음에는 경계하던 안기석 팀장, 일명 '안 군'이 금가프라자에서 빈센조를 관찰하며 그를 신봉하게 되는 다소 코믹한 과정은, 이러한 다층적인 정체성 속에서 빈센조를 어떻게 인식해야 하는지 방향을 제시한다.

악을 악으로 대응하는 경우, 인물은 영웅의 자격을, 행위의 정당성을 의심받는다. '마피아 변호사'라는 명칭이 내포하는 선악의 딜레마는 드라마가 가장 먼저 해결해야 할 과제가 된다. 앞서 잠시 언급했듯 빈센조 까사노는 1화의 첫 에피소드부터 원한을 입는 자가 아닌 원한을 입히는 자로 자리매김한다. 농장을 불태우는 빈센조의 무심한 표정과 울부짖는 농장주의 얼굴이 대비되는 이 에피소드에서 알 수 있듯 "악은 악으로 처단한다"라는 것이 이 드라마의 캐치프레이즈다. "사람을 죽여본 적이 있냐"라는 홍차영의 물음에 빈센조는 "직접 사람을 죽여본 적이 있냐고요? 아니요, 난 변호사잖아요"라고 답하지만, 이미 드라마의 시작에서 우리는 그의 살인 장면을 보았다. 하지만 당연하게도 〈빈센조〉는 우리가 그를 용인하도록, 나아가 응원하도록 만든다.

빈센조가 반복하여 꾸는 악몽은 선혈이 낭자한 욕실 바닥, 누군가를 향해 겨눈 총구, 살인을 한 후 담배를 입에 무는 자신의 모습 등으로 구성되며 빠르게 몽타주 된다. 다분히 진부한 인상만을 남기는 이 이미지들은 인물의 잔혹성을 감각하지 못하게 한다. 이는 단지 그가 선한 인물이 아님을 보여주는 설정이다. 이 때문에 우리는 현실의 벽에 도전하는 무모하고 결백한 영웅이라는 기만적 설정을 용인하지 않아도 되는 동시에, 빈센조의 잔혹성을 날것 그대로 받아들이지 않아도 된다. 더욱이 그의 꿈은 일종의 죄의식처럼 여겨지고, 그 죄의식이라는 틈으로 용서의 가능성이 제기된다. 여기에 그가 이제 더는 담배를 피우지 않는다는 사실은 과거와의 질적인 단절을 꾀하는 작은 장치이기도 하다.

웨스턴 신화로 회귀하기

〈빈센조〉는 서부극, 즉 웨스턴의 서사 구조를 차용하고 있는데, 장르로서 웨스턴의 전형적인 서사는 대략 다음과 같다. 고독하고 외로운 주인공이 모종의 이유로 한 마을로 흘러 들어온다. 그는 처음 마을 공동체와 거리를 두지만, 부지불식간에 그들과 유대를 쌓으며 공동체의 이익을 위해 행동한다. 이윽고 모든 문제를 해결한 주인공은 석양 속으로 사라진다. 빈센조 역시 이탈리아라는 외부에서 금가프라자라는 내부에 도착하고, 금가프라자 지하의 금을 꺼내려던 당초의 목적을 뒤로하고 공동체의 문제를 해결하기에 이른다. 그리고 모든 과제를 끝낸 그는 한국을 떠난다. 영화 이론가 토마스 샤츠(Thomas Schatz)에 따르면 할리우드 웨스턴에서 문제를 해결한 주인공이 그 마을을 떠나는 이유는 "영웅의 기본적인 개성을 재확인하면서 장르의 친사회적 기능을 유지"[1]하기 위함이다. 이를 반증하듯 〈빈센조〉의 마지막은 다음과 같은 내레이션으로 장식된다.

---

1   토마스 샤츠(Thomas Schatz), 『할리우드 장르』, 한창호·허문영 옮김(2014, 컬처룩), 106쪽.

난 이틀 전까지 루치아노 패밀리 세 명을 포도밭 거름으로 줬고 몰타의 올리브 대농장들을 내 것으로 만들었다. 난 여전히 악당이며 정의 따위엔 관심조차 없다.

이것이 드라마가 결말부에서 다시 한번 강조하는 빈센조의 본래 '개성'이다. 그의 존재는 "정의는 나약하고 공허하다. 이걸로는 그 어떤 악당도 이길 수 없다"라는 말로 정당성을 얻지만, 문제가 해결되자 빈센조는 그 정당성 때문에 공동체 내부에 더는 머물 수가 없게 된다. 빈센조가 한국에 남는다면 그는 마피아라는 자신의 개성을 잃게 되고, 잠재적으로 공동체에 위협적인 존재로 전락할 것이다. 빈센조는 어디까지나 한시적인 영웅이다.

빈센조가 마피아라는 이국적인 문화와 웨스턴 장르의 관습으로 구성된 상상적 영웅이라면, 더 현실적인 영웅은 홍차영이다. 홍차영 역시 처음에는 부도덕한 일을 서슴지 않는 모습으로 그려지지만, 그녀는 아버지 홍유찬의 말처럼 변화된 세상에 걸맞은 "독하고, 강하고, 뻔뻔한" 인물이다. 거대 로펌 우상에서 돈으로 증인을 매수하고 사무실에서 코믹하게 춤을 추는 홍차영의 모습은 최명희와 시각적으로 닮았는데, 최명희가 검찰의 연고주의에 환멸과 모멸감을 느껴 파멸적인 빌런이 되는 것과 달리 홍차영은 부모 세대와의 유대감, 지켜내야 하는 가치를 인지하며 선한 방향으로 선회한다. 홍차영은 분명 〈빈센조〉가 지시하는 새로운 세대의 현실적인 영웅이지만, 그녀는 문제를 해결하는 과정에서 때때로 곤욕을 치르면서 "지금 필요한 것은 변호사가 아니라 마피아"라는 명제를 포용한다. 그녀의 능력은 무엇보다 목적을 위한 악을 받아들일 수 있다는 것이다.

안타고니스트의 상승 욕구

주동적 인물인 프로타고니스트(protagonist)가 이미 악을 담지한다면, 극의 진정한 빌런은 어떻게 구별할 수 있는가. 바벨 그룹의 회장 장준우는 부모 세대의 그늘과 억압 없이 젊은 나이에 혼자 기업을 이끈다. 빈센조와 홍차영이 부모를 잃은 고아라는 점에서 새로운 세대를 표상하는 것처럼, 장준우 역시 새로운 세대의 빌런을 표상한다. 물론 빈센조와 홍차영이 그리움과 충족되지 않은 애착으로 기성세대를 바라보는 것과 달리 장준우는 부모 세대를 직접 살해했다는 점에서 본성에 차이가 있다. 장준우와 함께 가장 막강한 빌런으로 자리매김하는 최명희 역시 가족이나 친구 등 개인으로서의 사회적 관계를 모두 내버린 채 배달음식을 시켜 먹으며 전화 한 통으로 살인을 지시하는 야만적인 인물로 그려진다.

특이한 점은 빌런이 주인공을 대하는 방식이다. 장준우는 "왜 더 일찍이 빈센조를 죽이지 않았냐"라는 동생 장한서의 물음에 "빈센조는 나를 더 강하게 만드는 스파링 파트너"라고 말한다. 빈센조보다 더 완벽하게 강해졌을 때 그를 죽이겠다는 것이다. 장준우의 말은 빈센조를 일종의 게임 상대로 인식하고 있음을 보여준다. 더 강해진다는 말의 의미는 무엇인가. 이미 거대한 재력과 권력을 가진 인물이 왜 더 위로 올라가려 애를 쓰는가? 이 맹목적인 상승 욕구는 '바벨'이라는 이름이 명백하게 지시하고 있는바, 그 야만성과 욕망만을 전면화한다.

그 사람이 실은 알고 보니 ……

그런데 장준우가 극의 초반 홍차영을 따라다니는 인턴으로 위장하여, 홍차영의 안위를 걱정하고 아픔에 공감하는 제스처를 취했다는 사실이 우리를 혼란스럽게 했다. 장준우의 행동이 반전을 위한 위선적인 가면임을 이해하지 못하는 것은 아니다. 하지만 장준우의 위장(僞裝)이 홍차영과 빈센조가 목적을 달성하기 위해 벌이는 '연극'과 '쇼'라는 방법과 유사하다는 것을 깨달았을 때, 결과만큼 과정이 중요하다는 명제가 손쉽게 스러져 버린다는 사실을 우리는 다시금 발견한다. 〈빈센조〉는 어떤 가면을 벗거나 쓰는 일 자체는 중요하지 않다고 말하는 듯하다. 누군가를 속이는 도구로서 가면은 그 자체로 선한 것도, 악한 것도 아니다. 그 가면을 어떤 목적에 쓰는지가 중요하다는 것이다.

한편, 무력한 피해자였던 금가프라자 사람들은 예상치 못한 순간에 자신의 능력을 공개하며, 이른바 '능력자'였음을 드러낸다. 당연히 그들은 아군에서 적으로, 혹은 적에서 아군으로 돌변하는 속임수나 위장의 가면을 쓴 것이 아니다. '그 사람이 알고 보니 대단한 사람이었다'는 식의 평행선의 반전일 뿐이다. 바벨그룹이 의사, 경찰, 판검사를 매수하여 거대한 마약 카르텔을 세우려 할 때, 금가프라자 사람들은 그렇게 개인의 차원에서 비범한 능력을 끌어 모은다. 무력한 서민이라는 이미지는 각각의 고유한 기술을 가진 능력자로 탈바꿈한다. 새롭게 쓰인 서민은 나름의 방식으로 자신을 보호하고자 노력하는 비범한 개인들이다. 그들이 빈센조 못지않게 비현실적이라 할지라도, 재개발과 강제철거 피해자를 표상하는 방식에 새로운 활력을 불어넣는다는 것은 틀림없다.

고구마와 사이다의 자기반영성

한국형 마약 카르텔과 그에 대항하는 마피아 변호사라는 설정은 앞서 살

퍼본 것처럼 기존의 장르적 관습과 타 문화적 텍스트를 끌어안는다. 이때 〈빈센조〉가 강화하는 것은 장르적 관습으로부터 학습된 시청자의 기대와 예상이다. 미디어에서 구현되는 서사적 전략은 부지불식간에 우리에게 기입되는데, 장르 영화를 "반복해서 보면 장르의 내러티브 패턴이 눈에 들어오며 이와 함께 관객의 '기대'라는 것이 형성된다"고 한다.[2] 시청자 스스로는 명확하게 인식하고 있지 않다고 하더라도, 복수의 작품을 통해 학습된 내러티브 패턴은 현재 진행 중인 극의 다음에 등장할 서사적 전개를 기대하고 예상하도록 하는 것이다.

〈빈센조〉는 웨스턴이라는 영화 전통의 서사적 구도를 끌어오면서도, 보다 긴 호흡을 가진 드라마의 장르적 관습을 놓치지 않는다. 당분간은 빌런에게 속수무책으로 당할 것임을 고구마를 통해 경고하거나, "이제 정말 사이다 좀 마셨으면 좋겠다"라는 식의 대사를 통해 곧 통쾌한 복수의 이야기가 시작될 것이라는 점을 알린다. 복수극 드라마가 가진 뻔한 서사적 관습을 눈감아 달라는 듯한 제스처 같기도 하다. 시청자를 향한 이러한 간접적인 발언은 극의 몰입도를 심각하게 저해하지 않으면서도 텍스트에 스스로의 허구성을 드러내는 자기반영적 성격을 부여한다. 〈위대한 개츠비〉(1974), 〈캐리〉(1976), 〈나 홀로 집에〉(1990)와 같은 다양한 영화를 오마주 하며 시청자에게 유희를 안겨준 것 역시 이와 무관하지 않다. 다른 작품에 대한 오마주는 이미지의 도상적인 닮음으로 이루어진다. 이 때문에 오마주 된 장면은 극의 서사에서 일시적으로 분리되며, 허구성과 창의성을 드러낸다. 〈빈센조〉는 유희를 잃지 않는 자기반영성을 통해 이 드라마의 유토피아적인 환상을 곧이곧대로 믿어달라는 기만적 태도를 거부한다.

2   토마스 샤츠(Thomas Schatz), 『할리우드 장르』, 31쪽.

복수와 응징의 쾌감, 다른 영웅을 상상할 수 있을까?

프로타고니스트에게 악이라는 속성을 부여하는 가장 큰 이유는 복수와 응징의 쾌감을 위해서다. 글의 서두에 언급한 것처럼 이와 같은 경향은 〈빈센조〉에서만 나타나는 것이 아니다. 〈마우스〉(최준배 연출, 최란 극본), 〈모범택시〉(박준우 연출, 오상호, 이지현 극본), 〈악마판사〉는 모두 2021년 방영한 TV 드라마로, 복수의 잔혹성을 일종의 카타르시스적 순간으로 전시한다는 공통점이 있다.[3] 〈빈센조〉의 피날레는 빌런에게 손쉬운 죽음이 아니라 "차라리 죽여달라"고 호소하게 만드는 신체적 고통을 선사하는 것이다. 마피아라는 속성은 참신한 방식으로 신체적 고문을 받다 죽어가는 빌런을 그려내도록 한다. 아무리 〈빈센조〉가 그 내용이 판타지임을 여러 레이어를 통해서 드러낸다고 해도, 복수의 잔혹성으로 쾌감을 건져 올린다는 사실은 변하지 않을 것이다. 그렇다면 우리는 이 잔혹한 복수극이 선사하는 쾌감을 거부하고 다른 대안을 상상할 수 있을 것인가? 아직은 뚜렷한 대답을 하기 어려워 보인다. 다만 〈빈센조〉가 새로운 시대에 걸맞은 영웅의 출현을 소구한다는 사실만은 자명하다. 비록 현실성이 부족한 영웅상이더라도, 〈빈센조〉는 우리에게 그 무언가 다른 가능성의 미래가 찾아와야 한다고 말하고 있다.

---

3   민경원, "'악에는 악' 법 대신 복수 … 빈센조·마우스 통쾌함 뒤 찝찝함", 《중앙일보》, 2021.4.30.

금쪽아, 네 생각은 어때?

장예지

들어가며

대한민국 부모들의 '자녀를 잘 키우고자 하는' 열정은 과열되어 있다. 하지만 열정만으로 되지 않는 게 자녀를 키우는 일이다 보니 많은 부모가 어려움을 호소한다. 여기서 방송 소재를 잡은 프로듀서는 전문가와 함께 육아 솔루션 프로그램을 기획하는데, 그것이 바로 2005년 7월 9일 SBS 〈실제상황 토요일〉의 작은 코너 방송으로 시작한 〈우리 아이가 달라졌어요〉이다. 처음에는 작은 코너로 시작했던 〈우리 아이가 달라졌어요〉는 엄청난 화제성과 인기를 끌어모으며 2006년 11월 7일 단독 프로그램으로 편성된다.

방송의 구성은 문제 행동을 하는 아이의 관찰카메라 영상이 나오고, 그 후 전문가가 아이의 문제 행동을 분석하고 솔루션을 제시한다.

그리고 솔루션을 통해 아이가 얼마나 달라졌는지, 혹은 달라지지 않았는지 그 결과를 짧게 보여준다. 대다수의 아이는 전문가의 솔루션에 이전과 확연히 달라진 모습을 보여준다. 이 방송의 주역이었던 소아청소년정신과 전문의 오은영 박사는 아이가 아닌 부모의 훈육 방식이 잘못되었음을 짚으며, 아이가 아닌 부모의 태도를 교정함으로써 아이의 문제 행동을 변화시키는 모습을 보여주었다. 이에 방송을 본 많은 사람은 프로그램의 제목이 〈우리 아이가 달라졌어요〉가 아니라 〈우리 부모가 달라졌어요〉로 바꿔야 한다고 입을 모았을 정도다. 〈우리 아이가 달라졌어요〉의 방송 전까지만 해도 아이가 잘못하면 그 아이의 기질적인 문제라 생각해 비난하고 보는 사람들이 많았는데, 방송 후 대부분의 문제는 아이가 아닌 부모에게 있다는 사실이 알려지면서 아이를 보는 시선이 유해졌다.

〈요즘 육아 금쪽같은 내 새끼〉는 문제 행동을 하는 아이가 나오고, 그 아이를 교정한다는 점에서 〈우리 아이가 달라졌어요〉의 맥을 잇는 방송이다. 또 두 프로그램은 방송의 진행 방향과 출연하는 전문가가 동일하다. 물론 다른 점도 존재한다. 이 '다른 점'은 이전 프로그램인 〈우리 아이가 달라졌어요〉와 차별성을 두는 것과 동시에 시대상을 반영한 다른 점이다. 프로그램 타이틀에 단 '요즘 육아'에 걸맞게끔 맞추려 애쓴 제작진의 노력이 보이는 지점이다. 그렇다면 과연 '요즘 육아 프로그램'은 과연 어떤 모습일까?

모두의 금쪽이

〈요즘 육아 금쪽같은 내 새끼〉의 가장 눈에 띄는 점은, 화면 자막 속 아이 이름이 들어가야 할 자리에 이름 대신 '금쪽이'가 들어간다는 것이다. 패널들 역시 아이의 이름이 아닌 '금쪽이'로 아이를 지칭한다. 다만 일상을 촬영한 관찰카메라 영상 속 음성에서는 아동의 이름을 들을 수 있다. '금쪽'은 귀한 것을 비유적으로 이르는 명사이다. 아이의 이름이 아닌 '금쪽'이라 부름으로써 시청자는 아이를 '귀한 사람'으로 받아들이게 된다. 아이를 단순히 방송에 나온 '문제 행동을 하는 아동'으로만 보는 것이 아니라 누군가의 금쪽같은 자식, '금쪽이'로 받아들이게 되는 것이다.

예로 〈우리 아이가 달라졌어요〉를 포털사이트에 검색해 보면 아동의 이름과 근황에 대한 연관 검색어가 뜬다. 마지막 방송이 2015년 11월 20일로 벌써 6년이나 지났으나 사람들은 여전히 그 아동을 기억하고 근황을 궁금해한다. 그러나 〈요즘 육아 금쪽같은 내 새끼〉를 포털사이트에 검색해 보면 연관 검색어에 아동의 이름이 나오는 경우는 적다. 대신 아동의 문제 증상, 사연을 요약한 단어가 연관 검색어로 나오게 된다. 실제로 많은 사람이 재방송이나 다시 보기를 하려 할 때, 문제 아동의 사연으로 프로그램 회 차를 찾는 것이지 아동의 이름을 검색하지 않는다는 방증이다. 아동의 이름을 억지로 소거하지 않고 자막에서만 지웠을 뿐인데도 효과는 굉장했다.

외에도 〈요즘 육아 금쪽같은 내 새끼〉는 아동을 보호하려는 최소한의 노력을 하고 있다. 방송에서는 아이의 문제 행동 교정을 최우선 목표로 삼지만, 그렇다고 해서 아이의 문제 행동, 그 일면(一面)만을 보여주지 않는다. 아이가 일상을 지내는 모습, 부모와 원만하게 지내는 모습을 두루두루 보여준다. 그리고 그 영상에 반응하는 것은 대본이 주어진 성우가 아닌 금쪽이와 같은 또래의 '금쪽같은 자식을 둔 부모' 혹은 '예비 부모' 패널들이다. 패널들은 아이를 섣불리 비판하거나 함부로 말을 얹는 대신 아이가 보이는 문제 행동 그 기저에 깔려 있을 아이의 괴로움에 대해 걱정하며 아이의 심리를 헤아리려 한다. 중간중간 오은영 박사는 아이가 비난받을 여지가 있는 장면에서는 잠시 영상을 정지하고 아이의 심리를 대변해 준다. 시청자는 텔레비전을 볼 때 패널의 반응에 영향받는 경우가 많다. 패널들의 반응과 오은영 박사의 설명을 보며 시청자도 함께 '아이가 왜 저렇게 괴로워하고 있을까'를 조금 더 깊이 생각하고 이해하려 노력하는 방향으로 나아가게 된다. 이후 아이의 속마음을 또래 아이의 목소리로 AI 스피커가 인터뷰하는 장면이 나오는데, 이때 아이들은 서투르지만 자신의 목소리로 솔직한 마음을 털어놓는다. 방송은 계속해서 아이들의 마음을 대변하고, 또 듣고자 노력한다.

이렇다 보니 방송을 보는 시청자들의 반응은 호의적이다. 예로 최근 가장 많은 화제를 불러 모았던 59회 "오 박사님, 우리 딸이 자폐인가요?"의 경우, 자신의 아이도 자폐 스펙트럼에 속하는 아이인데, 방송에서 전문가가 부모의 탓이 아니라고 말해줘서 위안을 얻었다며, 시부모가 이걸 보고 인식이 달라졌으면 한다며 맘카페에 글을 올린 사람도 있었다. 방송을 통해 전문가의 말을 듣고 위로를 받고, 공감하고, 비록 나의 사연은 아니나 비슷한 아이의 사연을 통해 사회적인 인식이 전환되기를 바란다는 것이다. 댓글 역시 보는 내내 '눈물을 감출 수 없었다'며 자폐 스펙트럼을 지닌 금쪽이와 금쪽이의 엄마를 향해 응원을 보냈다.

실제로 〈요즘 육아 금쪽같은 내 새끼〉는 많은 사람이 가진 아이를 향한 잘못된 인식 개선에 많은 영향을 미쳤다. 이렇게 긍정적인 영향만 들여다보면, 초보 부모뿐만 아니라 예비 부모, 이미 장성한 자녀를 둔 부모들, 심지어는 자녀를 양육할 계획이 없는 이에게도 아이에 대한 인식을 개선을 도우니 이 프로그램은 더할 나위 없이 소중한 프로그램처럼 보인다. 하지만 그건 어디까지나 방송을 보는 '어른들'의 입장임을 기억해야 한다.

아이를 위한 방송은 없다

〈요즘 육아 금쪽같은 내 새끼〉의 사연 신청서를 보면, 금쪽이의 동의 없이는 사연 신청 자체를 할 수 없게 되어 있다. 반드시 엄마, 아빠, 금쪽이 세 사람은 출연해야 한다고 하지만, 방송을 보다 보면 부모 중 한쪽은 적게 나오거나 모자이크 처리되어 나오기도 한다. 원하지 않는다면 최대한 익명성을 지켜주는 것이다. 그러나 주인공인 금쪽이가 모자이크 되어 나오는 경우는 단 한 차례도 없다. 당연한 일이다. 제작진의 소개에 따르면 〈요즘 육아 금쪽같은 내 새끼〉는 '육아 코칭 버라이어티'이다. 버라이어티 프로그램의 주인공이 모자이크 하고 나온다는 건 말도 안 되는 일이다. 하지만 그럼에도 끊임없이 묻게 된다. 금쪽이는 정말 나오고 싶어서 나왔을까?

〈요즘 육아 금쪽같은 내 새끼〉에는 다양한 아이들이 나온다. 그중에는 본인이 원해서 나온 금쪽이도 분명히 있다. 그러나 프로그램에 나올 수 있는 금쪽이의 연령은 유아(5~7세) 및 초등학생(8~13세)의 어린아이로 한정되어 있다. 아직 발달과정 중에 있는 미성숙한 연령이라고 할 수 있다. 그렇기에 아이에게 선택권을 준다는 말은 성립되지 않는다. 아이들은 자신들의 얼굴이 영원히 미디어에 남는다는 의미를 이해하기에 너무 어리다. 이와 같은 문제 제기는 이전부터 쭉 있었다. 이른바 사회의 이러한 '아동 소비'는 정당한가에 대한 논의이다.

프랑스의 경우, 10대 청소년이 자신의 어린 시절 사진을 소셜 네트워크 서비스에 끊임없이 올린 부모를 고소한 일이 있었다. 부모는 딸이 영유아인 시절부터 사진을 올리기 시작했는데, 그 사진 속에는 배변 실수와 같은 창피한 모습을 찍은 것도 있었다. 이에 자녀는 부모에게 사진을 삭제해 달라고 요청했으나, 부모는 "사진에 대한 권리는 나에게 있다"며 거절했고 결국 재판까지 가게 된 것이다. 프랑스 법원은 이 사건에 대해 "자녀 사진을 거리낌 없이 SNS에 공유하는 것이 초상권과 사생활을 침해하는 행위가 될 수 있다"라고 판결을 내렸다. 미국의 경우에도 유명 록밴드 '너바나'의 앨범 커버 모델이었던 아동이 서른 살이 되어 록밴드를 고소하는 일이 있었다.

하물며 정지된 모습을 담은 사진이 이러한 상황인데, 하물며 움직이는 모습을 담은 영상은 그 화살을 피해갈 수 있을까? 백번 양보해서 프로그램 내에서는 패널들과 제작진의 따뜻한 배려로 아동을 보호할 수 있다 하더라도, 밖에서는 다르다. 근래 〈요즘 육아 금쪽같은 내 새끼〉가장 큰 비판을 받았던 회 차는 55회 "위기의 부부와 가슴 아픈 딸"이다. 불안을 느끼면 자꾸 가슴을 긁는 금쪽이가 나온다. 방송된 내용 자체는 문제가 없었다. 그 누구도 외설적인 의도를 품거나, 아이를 희롱하려는 목적을 갖고 말하지 않았다. 다만 아이의 문제 행동에 집중해서 솔루션을 제시했을 뿐이다. 프로그램 내부에는 문제가 없었다는 것이다.

그러나 문제는 '클립'의 형식으로 일부분이 추출되어 나갔을 때 발생했다. 클립의 제목이 '엄마한테 내가 비밀로 해줄게~ 찌찌(?) 만져', '찌찌는 긁으면 까칠까칠해서 좋아 ……'였기 때문이다. 사실 클립의 제목 자체는 이미 방송할 때에 나왔던 말들이었다. 전자는 금쪽이의 마음을 잘 알아주는 언니가 몰래 금쪽이의 편을 들어주며 하는 말이고, 후자의 말은 금쪽이가 왜 긁느냐는 물음에 다른 의도 없이 그저 순수하게 대답한 것뿐이었다. 하지만 그 맥락과 사정을 모르는 사람들에게는 아이의 얼굴이 그대로 드러난 클립에 선정적인 제목을 달았다며 비난했다. 절대 그릇된 비난이 아니다. 방송 프로그램은 긴 호흡을 가졌지만, 클립은 짧은 호흡으로 앞뒤 맥락을 가늠하기 어려우므로 오해를 살 제목을 붙여서는 안 되는 것이었다.

이렇듯 조금만 발을 잘못 디뎌도 제작진의 의도와 달리 금쪽이는 쉽게 폭력적인 상황에 노출된다. 프로그램 내에서는 최대한의 노력으로 아동을 보호할 수 있었지만, 미디어로 방송된 이상 아동의 얼굴과 문제 행동은 와전될 가능성이 있다. 무엇보다 금쪽이의 '문제 행동'은 말 그대로 문제 행동이다. 맥락을 자르고 보았을 때는 패널들이 말하듯 아이가 잘못된 것처럼 '오해할 수' 있다. 어떤 금쪽이는 괴성을 지르고 바닥에 침을 뱉는가 하면, 어떤 금쪽이는 엄마를 때리고 엄마에게 소변을 누기까지 한다. 금쪽이의 문제 행동은 영상으로 남아 어쩌면 영원히 지워지지 않을 것이다. 성인이 된 금쪽이가 그때 가서 영상을 지우고 싶다고 해도, 이미 곳곳으로 퍼져버린 영상을 완벽하게 지우는 것은 불가능에 가깝다. 단순히 배변을 실수하는 그 나이 때 아이들이 할 법한 실수도 아닌 문제 행동을 하는 자신의 모습이 영원히 남는다는 것을, 지금의 어린 금쪽이가 완벽하게 이해하고 동의했다고 볼 수 있는 부분인가?

맺음말

〈요즘 육아 금쪽같은 내 새끼〉의 긍정적인 영향을 부정하진 않겠다. 프로그램을 통해서 아이와의 관계 개선에 큰 도움을 받은 가정이 많다. 또 방송을 보며 본인의 육아 방식, 또는 아이와 소통하는 모습을 돌아보며 간접적으로 도움을 받은 가정도 많다. 그러나 이 모든 게 아이를 위한다는 말로 '어른들' 중심으로 돌아가고 있다. 방송을 만드는 것도 '어른'이고, 방송을 보는 사람도 아이가 아닌 '어른'이다. 다만 소비되는 게 '아이'라는 이 이상한 아이러니를, 우리는 어떻게 보면 좋을까?

방송을 향한 금쪽이의 진짜 속마음은 적어도 30년 후에나 들을 수 있을 것이다. 너바나의 앨범 커버 모델이었던 갓난아이가 너바나를 고소하기까지 걸린 시간이다. 그때까지도 그는 10주년, 17주년, 20주년, 25주년 기념일을 맞아 총 네 차례 이 포즈를 재현하는 촬영을 진행했다. 그러나 "착취를 당한 것은 아닌지 모르겠다"라며 좀처럼 착잡한 마음을 감추지 못했다. 물론 이 경우는 돈을 받고 사진 모델을 한 것이니 금쪽이의 경우와 다르다. 금쪽이의 부모들은 모두 금쪽이를 사랑하고, 아이와 잘 지내고 싶은 마음으로 사연을 신청한 사람들이다. 제작진 역시 방송의 이유도 있었으나 금쪽이와 금쪽이의 가족들이 잘 지낼 수 있도록 도움을 주려 했다는 것도 명백한 사실이다. 잘 짜인 프로그램 방식을 보면 알 수 있다. 그러나 잘못 헛디디면 지뢰가 가득한 온라인 세상 속에, 사랑하는 금쪽이의 얼굴이 무방비하게 노출되고, 이렇다 할 맥락 없이 금쪽이의 문제 행동이 퍼지고 무분별하게 소비되는 것 역시 부정할 수 없다.

이와 같은 문제를 막기 위해 독일에서는 '육아 예능'을 법으로 금지하고 있다. 물론 독일에도 아동이 출연하는 드라마나 교육 프로그램은 존재한다. 그러나 이때 아동의 출연은 노동의 영역으로 넘어가 엄격한 관리를 받게 된다. 독일은 '아동노동보호에 관한 법률'을 통해 관청의 승인이 있는 예외적 경우를 제외하고는 15세 미만 아동의 노동을 기본적으로 금지하고 있다. 예를 들어 부모가 한국의 〈슈퍼맨이 돌아왔다〉 같은 육아 예능을 촬영하고자 해도 해당 법률로 인해 촬영할 수 없다.

실제로 2013년 초 독일의 RTL TV 방송사는 〈베이비붐, 세상에 태어난 것을 환영합니다〉라는 리얼리티 프로그램을 방송하려다 이 법에 막혀 실패했다. 종합 병원을 찾는 산모들의 에피소드와 출산 과정을 담은 내용으로, 2010년 영국에서 큰 인기를 얻은 프로그램을 수입하여 방송하려 했다. 영국에서는 산모와 가족의 동의만 거치면 되는 일이었지만, 독일은 달랐다. 독일 아동법은 신생아가 태어나는 순간부터 아동으로 권리를 갖는다고 본다. 부모가 동의했더라도 나중에 아이가 커서 자신의 출생 순간이 담긴 방송을 보고 수치심이나 혐오감을 느낀다면 이는 아동 인격권 침해라는 것이다. 독일 상원은 아동법을 근거로 이 프로그램 제작을 금지했다.[1]

다시 한번, 30년 후, 금쪽이의 앞에 AI 스피커가 놓이고, "금쪽아, 네 생각은 어때?"라고 묻는다면, 금쪽이는 뭐라고 대답할까? 그리고, 그때 당신은 어떻게 대답할 것인가?

<hr />

1   구본권, 『당신을 공유하시겠습니까?: 셀카 본능에서 잊혀질 권리까지, 삶의 격을 높이는 디지털 문법의 모든 것』(서울: 어크로스, 2014).

님아, 그 선(善)을 넘지 마오

tvN 〈슬기로운 의사생활 시즌 2〉의 조작된 평화와
사라진 여성의 슬기로움을 중심으로

양수진

1. 마라 맛으로 가득한 세상에서, 도피처를 찾다

현대인에게는 도망칠 곳이 절실하다. 지금 우리가 사는 세상은 2년째 치
열하게 바이러스와 싸우고 있고, TV 속 세상 또한 더 높은 곳으로 가기 위
해 펼쳐지는 그들만의 전쟁을 보여주고 있기 때문이다. 코로나19의 확산
과 장기화로 인해 사회는 점점 얼어붙고 있다. 소규모 영세 사업자들은 줄
줄이 폐업을 이어가고 있고, 생활고를 버티다 못해 극단적 선택을 하는 자
영업자까지 나온 실정이다. 얼마나 더 기다려야 정상적인 삶으로 돌아갈
수 있을지 알 수 없어 무기력증과 우울감을 느끼는 '코로나 블루'를 호소하
는 사람의 비중은 OECD 국가 중 한국이 가장 높게 나타나기도 했다.[1]

1 이지혜, "36.8% '코로나 블루' 호소 … OECD 중 한국이 최다", ≪한겨레≫, 2021.5.18,

이러한 상황에서 미디어가 수행해야 할 역할은 무엇일까? 바로 현실 도피의 기능이다. 대중문화에서 현실 도피의 기능은 수용자의 의지에 따른 능동적 선택성을 가지기 때문에 현실에 지친 대중은 미디어를 통해 잠시 고통스러운 현실을 잊고, 다시 살아갈 용기와 에너지를 재충전할 수 있다. 감염병과의 전쟁으로 인해 지친 사람들에게 TV 방송 프로그램의 위로가 필요한 것이다.

하지만 지친 대중에게 위로를 건네는 프로그램을 찾는 것은 쉽지 않다. 〈부부의 세계〉, 〈펜트하우스〉처럼 자극적인 소재를 다루고, 욕망을 폭력적으로 묘사하는 19금 드라마가 난무하기 때문이다. 막장과 잔인함으로 화제가 되는 드라마의 경우 방영 초반에는 '마라 맛'으로 불리는 강렬한 자극으로 잠시 인기를 끌 수 있지만, 도가 지나치면 대중의 정신적 피로감을 유발한다. 최근의 대중은 코로나 블루라는 현실적인 우울, 피로를 안고 있는 상황에서 미디어를 접할 때마저도 자극적 요소가 가득 담긴 TV 속 전쟁을 겪어야 하기 때문에 상당히 지친 상황일 것이다.

대중문화의 현실 도피 기능은 어디로 간 것일까. 잠시라도 '힐링'할 수는 없는 것일까? 이것이 바로 '특별한 우리들의 평범한 매일'을 메인 슬로건으로 내세운 〈슬기로운 의사생활 시즌 2〉가 가뭄의 단비일 수밖에 없는 이유다. 응답하라 시리즈부터 슬기로운 시리즈까지, 사람 냄새 나는 따뜻한 드라마의 선구자인 신원호 PD와 이우정 작가가 내놓은 〈슬기로운 의사생활〉 시리즈에는 이른바 '빌런'도 갈등도 없다. 갈등이라는 요소는 이야기에서 필수불가결한 것인데 갈등이 없는 스토리가 과

https://www.hani.co.kr/arti/economy/economy_general/995688.html(검색일: 2021.10.12).

연 재미가 있겠는가라는 우려를 할 수도 있다. 그러나 〈슬기로운 의사생활 시즌 2〉는 전쟁 같은 현실과 막장 드라마 시장에서 매회 휴머니즘을 통해 훈훈한 감동을 주며 시청자들에게 '잠시 도망쳐 휴식할 수 있는 시간'을 제공했고, 그 결과 대체 불가한 드라마라 평가받았다. 또한 전국 최고 시청률 14.08%를 기록[2]했을 정도로 상당한 인기를 끌었음은 누구도 부정할 수 없는 사실이다. 그런데 문득 이런 생각이 들었다. 과연 그들의 세계는 진정 평화롭고, 슬기로운가?

2. 사람 냄새인가, 엘리트 냄새인가?

'엘리트주의'는 신원호-이우정 사단의 고질적인 문제로 지금까지 꾸준히 비판받아 온 부분이다. 응답하라 시리즈부터 이어져 온 엘리트주의는 〈슬기로운 의사생활〉에서 가장 노골적으로 나타난다. 다섯 주인공의 설정을 살펴보면 서울대학교 의과대학 99학번 동기이다. 국내 대학 중 상위 세 개 학교를 부르는 용어인 'SKY'(서울대-고려대-연세대)에서도 맨 앞에 위치하는 서울대학교는 명실상부 국내 최고 대학으로 평가받고 있다. 그중에서도 의과대학이다. 대한민국 상위 0.1% 상류층의 입시 전쟁을 다루며 최고 시청률 23.8%를 기록할 만큼 대히트를 친 〈SKY캐슬〉이라는 드라마에서도 모든 인물이 욕망하는 왕관은 서울의대 합격증이었다. 대한민국에서 의사가 된다는 것은 부와 명예 두 마리 토끼를 모두 잡을

---

2   "시청률 순위(케이블 일간, 2021년 9월 16일)", 닐슨코리아, https://www. nielsenkorea.
co.kr/tv_terrestrial_day.asp?menu=Tit_1&sub_menu=3_1&area=00&begin_date=
20210916(검색일: 2021.11.23).

수 있는 성공한 삶의 표본이기에 수험생의 입장에서 서울대 의대에 합격하는 것보다 큰 경사는 없을 것이다. 바로 그 서울대 의대생 5인방이 〈슬기로운 의사생활〉의 주인공이다. 또한 그들은 그저 의사가 아닌, 자신의 분야에서 가히 최고의 실력을 인정받는 권위자로 등장한다. 간담췌외과 이익준(조정석 분)은 다른 병원에서 하지 못한 간이식 수술까지 하고, 김준완(정경호 분)은 42세에 흉부외과 과장직을 맡고 있다. 안정원(유연석 분)은 국내에 몇 없는 소아외과 교수이며 재벌가 율제의 삼남이다. 양석형(김대명 분)은 은둔형 외톨이 같지만 누구보다 환자 입장에 공감하며 진료하는 모습을 보이고, 신경외과 채송화(전미도 분)는 신경외과의 유일한 여성 교수로 제자들의 존경을 한 몸에 받는 무결점 캐릭터다. 기이할 정도로 완벽한 다섯 주인공, 사실 그들은 모두 극단적 엘리트주의를 관통하는 인물일 뿐이다.

다섯 주인공의 판타지 같은 능력뿐만 아니라 주변의 반응과 연출까지도 의사를 마치 '신'적인 존재로 묘사하는 것에 힘을 싣는다. 김준완과 천명태(최영우 분)는 모두 흉부외과 교수다. 외래진료를 보러 온 환자를 대할 때 김준완은 예전 엑스레이 사진부터 현재의 엑스레이 사진을 비교하고, 직접 환자에게 보여주며 현재 상태에 대해 예를 들어 알기 쉽게 설명해 준다. 김준완의 설명을 들은 환자의 보호자는 "이해가 쏙쏙 되네요"라고 답한다. 반면 천명태는 환자에게 인사조차 하지 않는다. 눈을 마주치지도 않고 모니터만 보다가 "좋네요." 한 마디만 한다. 다른 검사 결과에 대해 묻는 환자에게 "방금 다 좋다고 말씀드렸는데? 더 궁금한 거 없으시죠? 그럼 이만"이라며 거의 쫓아내듯 퉁명스럽게 대한다. 그러면서도 응급실에 국회의원이 실려 왔다는 전화를 받자마자 앞장서서 뛰쳐나간다. 응급처치를 시행하면서 환자는 고통에 찬 비명을 지르는데 천명태는 "왜 이게 안 되지?"라며 쩔쩔매기도 한다. 그런 그를 응급의학과 교수 봉광현(최영준 분)과 간호사는 어딘가 불안한 눈으로 지켜본다. 김준완과 비교했을 때 실력도 부족하고, 환자에게 불친절한 데다 오로지 자기 자신의 명예와 이득에만 집중하는 천명태의 모습은 김준완이라는 의사를 더욱 우러러보게 만든다.

모든 면에서 완벽한 그들은 소박함마저 도둑질한다. 그것은 안정원을 그리는 방식에서 찾아볼 수 있다. 안정원은 율제그룹의 삼남으로, '금수저'를 물고 태어난 재벌 자식이다. 형과 누나 모두 신부·수녀가 되기 위해 출가했기 때문에 율제병원의 실소유주라 봐도 무방하다. 각자 다른 병원에서 근무하는 친구들을 모으기 위해 원래 받던 연봉의 두 배를 제안할 수 있을 정도의 재력을 갖춘 안정원의 통장 잔고는 얼마일까? 시즌 1에 등장한 장면에 따르면 고작 삼십만 원 남짓이다. 치료비를 구하기 어려운 환자들을 지원하는 '키다리 아저씨'로서 후원을 하고 있기 때문이다. 세상에 둘도 없을 선인이다. 또한 율제 부처님이라 불릴 만큼 다정다감한 성품을 가진 안정원이 화를 내는 이유도 오로지 환자를 위해서다. 감정적으로 화를 내지도 않는다. 손주가 건강하지 않은 것이 며느리 탓이라는 시어머니에게 "친정어머니시죠?"라고 물으며 원래 태어나는 아기들 중 2~3%는 구조적 이상을 가지고 태어나는데 그것은 누구의 잘못도 아니며, 굳이 따지자면 엄마와 아빠의 유전자가 반씩 들어가 있으니 아기의 이상은 따님(사실 며느리)의 잘못이 아님을 능청스럽게 설명한다. 온화한 어투였지만 실은 환자를 위해 그 무엇보다 강력한 일침을 날린 것이다. 게다가 주말에 시간이 나면 혼자 계신 어머니가 외롭지 않도록 어머니 집에 간다. 정원의 어머니인 정로사(김해숙 분)의 오랜 친구이자 병원 이사장으로 등장하는 주종수(김갑수 분)의 아들은 미리 재산을 증여해 달라 요구해 종수에게 회의감을 느끼게 할 때 정원은 상속 재산에 관심이 없고 그저 어머니를 생각하는 따뜻한 마음만 보인다. 종수의 "정원이 같은 아들 없다"라는 대사는 정원의 천사 같은 모습을 더욱 부각시키며 판타지의 정점을 찍는다. 모든 것을 갖춘 남자가 인간적이고 소박하기까지. 시청자들이 감동하고 찬양하기에 충분하다.

그러나 우리가 잊어선 안 되는 것이 있다. 바로 그들을 둘러싼 환경이 비정상적으로 안정적이라는 것이다. 고소득 전문직에, 존경받는 성품을 갖췄다. 갈등 없이 친밀함으로만 똘똘 뭉친 20년 지기 친구와 매일을 함께한다. 일부러 모나지기도 어려운 조건이라는 것이다. 그들이 '엘리트'이기에 평화롭고 슬기로울 수 있다는 것을 알아야 한다. 〈슬기로운 의사생활 시즌 2〉에 등장하는 다섯 주인공은 '미친 판타지'라 불러도 이상하지 않은 설정으로 절대 선(善)을 대신하고 있고, 직업의 특수성에 편승한 선민사상을 표출하면서 의사를 신격화하는 역할을 하고 있다. 현실의 의사들은 대리 수술이 적발되고 있는 상황에서, 드라마 속 조작된 따뜻함과 평화로움은 시청자들의 '슬기로운 생각'을 방해하고 있다.

3. 여성의 슬기로움은 어디로 사라졌는가?

〈슬기로운 의사생활 시즌 2〉에는 다양한 여성 인물이 의료인, 그리고 환자로 등장한다. 여성 캐릭터를 다양하게 그려냈다는 측면에서 높은 평가를 받을 수도 있겠지만 사실 드라마 속 여성 캐릭터는 크게 두 종류의 여성 신화를 함축하고 있다. 첫 번째는 모성 신화, 다른 하나는 로맨스의 탈을 쓴 비정상적 연애 판타지라고 명명하겠다.

먼저 모성 신화가 두드러지게 나타난 대표적인 예시로 양석형과 도재학(정문성 분)부부의 에피소드를 이야기할 수 있다. 도재학 부부는 유방암 판정과 임신 진단을 동시에 받는다. 맨 처음 도재학의 부인은 나이도 있고 아이를 생각하지 않고 있던 상황이라며 임신 중단에 대한 뜻을 조심스럽게 내비친다. 그러자 양석형은 그런 도재학의 부인에게 아기의 사진을 보여주고, 현재 아기는 잘 자라고 있다고 설명하면서 모성애를 부여한다. 이후 도재학의 부인은 임신을 유지하는 쪽으로 마음을 바꾸게 된다. 여성의 신체적 자기결정권은 여성 본인에게 있는 것인데 남성 의사가 모성을 가르치듯 부여하는 장면 연출은 여성의 자기결정권을 무시하는 행위로 생각할 수 있다. 여기서 끝이 아니다. 양석형의 행동으로 인해 열렬한 모성애를 갖게 된 도재학의 부인은 아기를 위해 항암치료를 하지 않겠다고 선언한다. 심지어 아기만 건강하다면 자기는 죽어도 좋다고 말한다. 그러자 양석형은 "아기가 엄마 보러 나왔는데 엄마가 없으면 어떡하냐, 병원은 항암치료를 하면서 출산할지 아니면 임신을 중단할지의 선택지를 준 것이지 항암치료를 받지 않는 방법은 제시한 적이 없다"라며 도재학의 아내에게 훈계한다. 드라마는 항암치료를 포기하면서도 아기를 지키려는 어머니의 숭고한 모성애를 보여주고 싶었던 것 같지만 글쎄, 아이를 낳지 않겠다던 인물에게 갑작스럽게 부여한 모성 신화는 억지스럽기만 하다. 게다가 모성을 부여하고 훈계하는 역할의 성별은 남성이라니. 여성을 가르치는 남성이라는 구도까지 엿볼 수 있다. 해당 에피소드를 통해 드라마는 여성의 자기결정권을 무시하고 여자라면 누구나 갖는 것이 바로 모성애라는 이데올로기와 자식을 위해 희생을 감내하는 것이 '진정한 어머니'라는 신화를 교묘히 시청자에게 주입시키고 있다는 점을 알 수 있으며, 이는 충분히 비판받아 마땅하다.

덧붙이자면 이 장면에서는 아이를 지키기 위해 항암치료를 거부하는 우매한 환자에게 엄마와 아기 모두 건강할 수 있는데 왜 치료를 받지 않느냐는 일침을 날리며 환자를 반성하게 하는 의사의 모습까지 담겨 있으니, 앞서 김준완과 안정원을 통해 이야기했던 '의사 미화' 판타지에도 해당한다고 볼 수 있다.

다음으로 이야기할 신화는 로맨스의 탈을 쓴 비정상적 연애 판타지다. 〈슬기로운 의사생활 시즌 2〉의 여성 의사는 자신의 커리어에서만큼은 누구에게도 뒤처지지 않을 만큼 노력하고, 성과를 내고 있다. 다섯 주인공 중 한 명인 채송화는 신경외과 유일한 여성 교수로 서울과 강원도를 오가며 수술과 외래진료, 그리고 후배들의 논문까지 꼼꼼히 지도하는 만능 캐릭터고, 장겨울(신현빈 분)은 24시간이 모자란 일반외과의 유일무이한 레지던트 생활을 뚝심 있게 버텨내고 간담췌외과 펠로가 됐다. 산부인과 추민하(안은진 분) 역시 종종 어려움을 겪지만 열정을 가지고 꾸준히 성장하는 중이다. 그런데 이렇게 슬기롭고 진취적인 여성들이 사랑 앞에서는 판단력을 잃는다.

'골드미스'의 표본인 전문직 미혼 여성 채송화는 이익준과의 러브라인을 형성하고 있다. 현실적으로 익준과 송화의 관계에서 가장 중요한 문제는 바로 익준이 한 번 결혼을 했었다는 점이다. 이른바 '애 딸린 이혼남'이 이익준의 객관적 조건이다. 서로가 서로의 첫사랑이라는 과거의 서사로 덮어두기엔 익준의 아들인 우주의 존재가 결코 작지 않다. 그러나 송화는 우주에 대해 고민하지 않는다. 덩달아 늘 친구 가족을 따라 캠핑에 가는 우주의 존재도 드러나지 않는다. 송화와 익준의 관계를 보여줄 때 마다 캠핑을 핑계로 우주를 배제한다고 해서 우주의 존재가 사라지는 것은 아니다. 이 얼마나 "눈 가리고 아웅" 하는 식의 러브라인이란 말인가.

장겨울과 추민하는 모두 담당 교수를 먼저 짝사랑한다. 사제 간의 사랑에서 한술 더 떠 장겨울과 안정원은 11살 차이가 나고, 추민하와 양석형은 그나마 나은 6살 차이지만 양석형은 이익준처럼 '돌아온 싱글'이다. 그럼에도 불구하고 추민하는 양석형에게 끊임없이 고백한다. 양석형이 거절을 해도 굴하지 않는다. 자신보다 한참 어린 여성의 적극적인 대시를 받는 40대 남성이라니. 안정원과 양석형 모두 존경받는 인품을 갖춘 이상적인 인물들이며 평화롭고 안정적인 드라마 속에 존재하고 있기 때문에 우리는 종종 러브라인에서 비정상적 나이 차이와 현실적 조건을 망각하고 그저 설레게 된다. 하지만 미디어가 현실에 미치는 영향을 생각했을 때, 이러한 묘사가 얼마나 유해한 판타지인지 생각해 볼 필요가 있다. 드라마 〈나의 아저씨〉가 극중 남녀 주인공의 나이 차이로 뭇매를 맞던 것이 불과 몇 년 되지 않았음을 기억해야 한다. 송화에게, 겨울에게, 민하에게, 일할 때만큼의 슬기로움을 돌려주길 바란다.

4. 도망쳐서 도착한 곳에 낙원은 없다.

코로나19의 확산으로 인해 바이러스와 총성 없는 전쟁을 하고 있는 현실과 자극성·폭력성·선정성이 만연한 '마라 맛' 드라마 시대에 〈슬기로운 의사생활 시즌 2〉가 따뜻한 이야기로 대중에게 '힐링'을 선사한 것은 부정할 수 없는 사실이다. 그러나 이 드라마는 이상하리만큼 평화롭고 완벽한 세계, 흠 잡을 곳 없는 주인공 5인방을 통해 극단적 엘리트주의를 드러냄과 동시에 특정 직업을 노골적으로 신격화하고 있다. 게다가 전통적으로 여성에게 강요되어 온 모성 신화를 답습하고 있으며, 러브라인에서도 로맨스의 탈을 씌운 비정상적 연애 판타지를 함의하고 있다. 극단적 판타지는 이질감을 낳는다. 우리는 지금 드는 이질감을 그냥 넘겨서는 안 된다. 그 이유는 미디어가 콘텐츠에 내재된 이데올로기들을 교묘히 시청자에게 전달하면서 그것을 재생산하는 기능을 수행하기 때문이다. 그동안 대중은 오랜만에 맛본 드라마 속 평화로움에 안주해 선을 넘지 못하고 있었다. 이제 드라마가 제시하는 선을 넘어야 한다. 사회가 규정하는 엘리트 집단에 속하지 못하더라도 충분히 슬기롭고 행복할 수 있다. 의사는 신이 아니다. 여성은 자신의 몸에 대해 스스로 결정할 권리가 있으며, '모성 강한 엄마'의 역할에 한정되지 않는다. 여성은 현실감각 없이 나이가 많은 남성에게 끝없이 구애하는 존재가 아니다. 결국 시청자들이 도망쳐 온 〈슬기로운 의사생활 시즌 2〉는 낙원이 아니었다. 조작된 힐링에 안주해서는 안 된다. 이제 대중은 평화롭게 포장되어 슬기로움으로 둔갑한 절대 선(善)의 유토피아를 경계해야만 한다.

여주(女主)예능, 비극의 탄생

tvN 〈식스센스〉와 SBS 〈골 때리는 그녀들〉

이상호

하나의 유령이 대한민국을, 아니 전 세계를 떠돌고 있다. '정치적 올바름 (Political Correctness)'이라는 유령이. 대한민국의 모든 방송이 이 유령의 압력 아래서 고군분투하고 있다. '정치적 올바름' 그 자체를 문제 삼을 수 없을 것이다. 하지만 그것이 하나의 신화로 굳어져서 절대적 가치로 군림한다면 이야기는 전혀 달라질 것이다. 젠더 이슈(gender issue)가 대표적인 예라고 할 수 있다. '정치적 올바름'에 대한 인식이 다수 집단이 소수 집단에게 행하는 불합리에 대한 문제의식이라고 한다면, 젠더 이슈는 성별, 성적 지향에 따른 사회적 불합리에 대한 문제제기라고 이해할 수 있을 것이다. 하지만 이것이 특정 영역의 사상과 표현의 자유를 억압하는 방식으로 작동한다면 문제는 다른 차원으로 이동하게 된다. 특히 공적 기능을 담당하는 방송의 경우 외부 요소로 인해 제작 과정이 영향을 받게 된다면, 그것이 일정하게 표현의 자유를 위축시키거나 왜곡하는 방향으로 기능한다면 새로운 토론이 반드시 이뤄져야 할 것이다.

　　방송 제작 현장에서 젠더 이슈는 하나의 '금지된 땅'으로 취급되고 있으며, 논란을 만들지 않는 것이 상책인 것으로 받아들여진다. 특히 여성의 서사를 드러내는 방송 콘텐트의 경우에도 '정치적 올바름'에 과도하게 영향을 받고 있는 것으로 보인다. 남성과 여성의 성 역할을 고착화하는 방향의 태도는 피해야 한다는 취지에서, 쉽게 접근하지 못했던 남성 주류적 영역에 도전하는 콘텐트가 주로 나타나고 있다. 여성에 대한 고정적 이미지가 소환되는 것만으로 논란이 될 수 있기 때문이다. 하지만 젠더 이슈에 대한 인식으로 인해 여성 서사의 폭이 오히려 더 축소될 가능성도 존재한다. 이 글에서는 방송 제작에서 자기 검열과 통제의 기제로써 젠더 이슈가 영향을 미치고 있는 세태를 반영한 예능, 그리고 기존 성별 구도를 허무는 예능을 비교함으로써 문제의식을 구체화하고자 한다. 이를 위해 니체가 〈비극의 탄생〉[1]에서 제시했던 아폴론과 디오니소스라는 대립적 이론 틀을 활용해 SBS의 〈골 때리는 그녀들〉과 tvN의 〈식스센스〉를 비교·분석한다.

아폴론과 디오니소스의 대립

불가피하게 니체의 이론틀, 그중에 아폴론적 정신과 디오니소스적 정신의 대비점을 간략하게 소개하고자 한다. 니체는 그리스 비극 정신의 재탄생이 독일의 문화 정신을 다시 세우는 길이라고 생각했다. 그는 과거 그리스 비극이 가졌던 미덕의 소멸이 아폴론적 가상의 득세 때문이고, 디

· 1　프리드리히 니체(Friedrich Nietzsche), 『비극의 탄생』, 김남우 옮김(열린책들, 2014).

오니소스적 정신의 회복을 통해 비극을 재탄생시킬 수 있다고 봤다. 비극의 정신을 다시 살림으로써 오랜 세월 무기력하게 야만적 방식을 강요받던 독일 정신이 자신을 회복하고, 자신을 재발견할 수 있다는 것이다.

아폴론은 빛의 신이며, 국가를 지탱하는 신이다. 국가를 지탱하기 위해서는 개별 주체의 동의가 필수불가결한 만큼 개별화의 원리가 강조된다. 개별화의 원리에는 높은 수준의 학문적 성취, 논리적 합리성이 요구된다. 무엇이 옳고, 무엇이 그른지 체계적으로 설명하려는 태도다. 니체는 이러한 태도를 가장 잘 나타내는 인물로 소크라테스를 지목한다. 소크라테스의 최고 강령은 '모든 것은 이성적이어야만 한다. 그럼으로써 아름다울 수 있다', 그리고 '오로지 아는 자만이 덕을 실천한다'는 것이다. '아는 자만이 아름다움을 실현할 수 있다는 것'이 고찰의 결과이며, 이러한 고찰의 결과는 체제의 정당성을 부여한다. 니체는 이를 학문적 낙관주의라고 칭했다. 학문적 낙관주의는 세계를 재해석하여 꿈의 세계라는 아름다운 가상을 제시한다. 아폴론 정신이 제시하는 가상은 완전무결하며, 세상을 이해하고 있다는 환상을 제시하고, 삶을 살아갈 만하고 살아갈 수 있다고 말한다. 그리고 이 세계를 살아가는 개별적 주체들에게 요구한다. '너 자신을 알라!' 그리고 '지나치지 마라!'

아폴론적 정신에 균열을 가하는 파도 역할을 하는 것이 술과 도취의 신인 디오니소스적 정신이다. 디오니소스적 예술은 즐거움을 위해 의지의 최고 담지자인 영웅을 파괴한다. 여기서 영웅은 아폴론적 세계관의 정당성이 집약된 상징적 존재다. 디오니소스적 예술은 영웅으로 상징되는 현상이 파괴된다고 하더라도 우리의 삶은 계속 이어질 것이라고 말한다. 아폴론적 태도가 현실의 공포로부터 개별자를 분리시킨다면, 디오니소스적 태도는 현상의 이면에 있는 본질을 마주하게 한다. 아폴론적 태도에 위협을 가하는 디오니소스적 예술의 핵심은 음악의 존재

다. 음악은 삶의 근원, 논리적으로 설명할 수 없는 형이상학적인 무엇에
대한 인간의 공통 감각을 불러일으킨다. 음악에 도취된 인간들은 작은
자아를 버리고, 큰 생의 흐름을 인식하고 존재 그 자체를 느끼게 됨으로
써 개별적 이상을 망각하며, 인간 본질의 삶을 느끼는 통합을 체험하게
된다.[2] 정리하자면 아폴론적 태도를 가진 예술은 현실을 정당화·미화
하는 반면, 디오니소스적 태도의 예술은 현실의 본질적 심연을 들여다
보게 하고 삶을 창조·파괴하는 신적 권능의 쾌감을 선사한다.

　SBS〈골 때리는 그녀들〉은 대표적인 아폴론적 예능 프로그램이다.
프로그램은 여성 출연자들을 풋살이라는 남성적 생존 공간으로 포섭한
다. 설 특집(파일럿) 방송에서 여성들이 평소 쉽게 시도해 보지 못했던
도전으로써 의미를 부여하면서 남성 영역으로의 진입이라는 사실을 숨
기지 않는다. 여성들로 이뤄진 팀을 지휘하는 감독은 2002년 월드컵에
서 신화를 쓴 국가대표 '영웅'들이다. 풋살이라는 명확한 규칙과 논리가
존재하는 공간 안에서 여성 출연자들은 남성 영웅의 지휘를 기꺼이 따
른다. 여성 출연자들은 경기에 최선을 다함으로써 자신의 존재 의의를
증명한다. 그들의 처절한 희생과 헌신은 남성 세계에 대한 이해에 따른
것이며 그 앎을 드러냄으로써 존재의 아름다움을 증명한다. 그리고 철
저히 남성적인 세계에서 여성들도 노력만 한다면 살아남을 수 있다는
가상을 제시한다.

　반면 tvN의〈식스센스〉는 디오니소스적 태도를 가진 예능 프로그
램이라고 할 수 있다. 프로그램 내 존재하는 영웅은 개그맨 유재석이다.
유재석은 자타가 공인하는 국내 최고의 연예인 중 한 명이고, 반면 다른
출연자들은 예능 경험이 많지 않으며 다른 예술 영역에서 활동하던 여

2　민주식, 「니체의 예술철학」, ≪인문연구≫, 18(2)(1997), 181~209쪽.

성들이다. 프로그램 구성상 메인 진행자는 유재석이지만, 그 역할은 여성 출연자들에 의해 도전받게 된다. 여성 출연자들이 의도적으로 정형적 진행으로부터 이탈하는 방법은 '딴짓'이다. 여성들끼리 대화를 나누거나 돌출적인 행동을 함으로써 유재석의 진행은 중단된다. 6화 오프닝에서 이상엽이 "근데 진짜 유재석이 얘기해도 다 씹히는구나, 여기는"이라고 놀라움을 표하자 유재석은 "야, 그 맛으로 보는 거야. 이 프로그램은. 내가 씹히는 맛"이라고 답한다. 이는 〈식스센스〉가 의도적으로 형식을 파괴하고 있다는 점을 드러내는 대목이다. 영웅이 파괴됨으로써 새로운 존재의 인식 가능성이 제시된다.

문제는 아폴론적 태도를 가진 콘텐트가 자칫 제작 취지의 본의와는 관계없이 기존의 구조를 정당화하고 강화할 가능성을 내포한다는 것이다. 이러한 위험에서 벗어나려면 여성의 서사를 드러내려는 콘텐트가 사회적으로 요구되는 여성 이미지의 문맥적 구조를 망각하는 디오니소스적 태도를 포함해야 한다. 그럼으로써 그리스 비극의 미덕, "기존의 규범과 질서에 안주하는 일상적 개인이 아니라 다르게 존재할 수 있는 가능성"[3]을 기대할 수 있는 것이다. 디오니소스적 태도를 포함한 예능 프로그램은 비극에서 '음악'의 기능을 하는 요소를 내포한다. 두 예능 프로그램에는 '음악'적 효과를 강화하는 요소와 억제하는 요소, 즉 상반되는 요소가 존재하며 이들이 두 예능 프로그램의 차이를 극명하게 드러낸다.

---

3   이상엽, 「삶의 관점에서 본 비극의 의미」, ≪철학연구≫, 133(2015), 205~233쪽.

음악, 아상(我相)의 망각

니체에 따르면 언어가 아니라 음악이 삶의 근원적 경험을 가능하게 한다.[4] 음악을 통해 진정한 삶의 본질에 다가갈 수 있다는 것이다. 이것은 고대 그리스 비극의 형식적 특징에 따른 분석이다. 〈골 때리는 그녀들〉과 〈식스센스〉에 니체가 제시했던 '음악'의 기능을 완벽하게 수행하는 요소는 발견할 수 없다. 다만 유사한 기능을 하는 배경적 맥락은 짚어낼 수 있을 것이다. 바로 출연자의 등장, 행위의 명분이라고 할 수 있는 예능 프로그램 포맷의 존재다. 출연자들은 포맷이라는 음악에 맞춰 춤을 춘다. 동시에 포맷은 예능 프로그램이 시청자들에게 제시하는 고유의 세계관이며, 시청자들은 이를 간파하고 제시된 배경 맥락을 토대로 프로그램을 인식하고 해석한다.

〈골 때리는 그녀들〉은 기본적으로 여성들이 풋살이라는 스포츠를 통해 경쟁하는 것을 주된 형식으로 한다. 남성적 영역으로 진입한 여성들끼리의 경쟁이다. 정규 편성 첫 화에서 여섯 명의 감독들이 모여서 이야기를 나누는 장면이 등장한다. 그리고 그들을 소개하는 자료화면 자막에서 "2002 월드컵 전설의 4강 신화. 한국 축구의 역사를 새로 쓴 영웅들"이라며 위상을 재확인한다. 경쟁의 무대에서 감독 역할을 맡은 영웅들은 여성들의 보조자가 아니라 실질적 훈육자이자 지휘자, 그리고 아버지로서 존재한다. 풋살 경기는 명확한 규칙의 존재로 표면적 평등이 보장되는 형식적 틀이다. 동시에 개인의 개성이나 특징은 부차적인 것, 노력으로 극복해야 하는 것으로 격하시킨다. 남성적 투쟁의 공간에서 커뮤니티의 일원으로 인정받기 위해 노력은 기본이고 타인을 위한

---

4   이상엽, 「삶의 관점에서 본 비극의 의미」, ≪철학연구≫, 133(2015), 205~233쪽.

헌신과 희생이 동반돼야 한다. 인정받은 여성은 아버지인 영웅의 따뜻한 사랑을 받게 되지만, 기대를 충족하지 못할 경우 혹독한 훈육자의 질타를 피할 수 없다. 이러한 구도 속에서 '음악'의 효과를 기대하기는 어렵다. 프로그램의 주인이 돼야 할 여성들은 남성적 경쟁 구도 속에서 그 논리를 이해하려고 노력하고 적극적으로 따른다. 결국 남성의 신화, 영웅은 파괴되지 않으며 오히려 여성들이 지향해야 할 이상적 형태로 그려진다. 아폴론적 태도가 더욱 강화되는 구조라 할 수 있다.

〈골 때리는 그녀들〉이 처한 환경에서 이상은 더욱 강조된다. 바로 남성과 대비되는, 한편으로 운동 능력이라는 특징에 대해서 남성보다 열등한 여성이라는 자아 인식이다. 3화에서 명서현이 축구 선수인 남편 정대세와 비교 당했던 아들의 이야기를 하자, 한채아는 시아주버니인 차두리도 시아버지인 차범근과 비교를 당할 수밖에 없었지만 그걸 이겨냈다고 말한다. 12화에서 전미라가 양은지에게 풋살을 하고 축구 선수인 남편을 더 이해하게 되지 않았냐고 묻자, 양은지는 "별로 대단하게 생각하지 않았는데 실제로 경험해 보고 나서야 남편을 존경하게 됐다"라고 말한다. 결승전 이후 감독들과 선수들이 함께 팀을 이뤄 경기하는 시퀀스에서 이런 구조의 절정이 드러난다. 경기를 주도하는 것은 전문가인 남성이고, 상대적 약자인 여성 선수들에게 배려를 하는 것 역시 남성이다. 풋살이라는 구조는 표면적 공평을 담보하지만, 도덕적으로 문제없는 우연성으로 인해 여성의 상대적 위치는 더욱 공고화된다. 여성 출연자들은 충분한 노력과 헌신에도 불구하고 가부장적 구조의 정당성을 승인할 수밖에 없음을, 풋살 선수로서 상대적으로 나약한 객체라는 이상을 인정할 수밖에 없다.

반면 〈식스센스〉는 '음악'적 효과를 기대할 수 있는 포맷이라 할 수 있다. 프로그램은 기본적으로 출연자들의 체험을 동반한 퀴즈쇼의 형식을 취한다. 출연자들에게 제시된 세 가지 사례 가운데 진짜가 아닌 하나를 고르면 보상이 주어진다. 하지만 프로그램의 전체적 맥락에서 출연자들이 과제를 해결 여부는 별로 중요한 것처럼 보이지 않는다. 출연자들은 각각의 사례에 직접 투입돼 그것의 진위를 확인하려고 노력하는 모습을 보이기도 하고, 제작진이 제공하는 단서를 얻으려고 열심히 게임에 참여하는 모습도 보이지만, 경쟁의 의미는 그다지 크지 않은 것처럼 보인다. 출연자들은 각자가 얻은 단서를 서로 공유하고 다 함께 토론하기 때문에 경쟁 관계가 형성되지 않는다. 경쟁 관계의 의미가 약해지는 것은 '다음 주에도 계속 기회가 제공될 것'이라는 기대가 있기 때문인 것으로 보인다. 프로그램 제목에서도 알 수 있듯이 출연자들의 성취는 각자의 '감'에 기댄 우연적 결과인 만큼 그것의 의미를 과대하게 칭송할 수 없다. 주된 미션에서 상대적으로 자유로워진 출연자들은 활동할 수 있는 반경을 넓힌다. 논리적 추론에 따른 문제 해결이 아니라면 더 이상 그 문제에 에너지를 쏟을 이유는 없다. 여성 출연자들은 문제 해결보다 오히려 남성 게스트라는 '젯밥'에 더 큰 관심을 보인다. 퀴즈라는 본류에 집중하는 것이 아니라 연애, 개인사, 패션과 같이 여성이 보편적으로 가질 수 있는 관심사를 부각한다. 이러한 태도로 인해 유재석이 주도하는 프로그램의 기본 설정은 힘을 잃게 되고, 오히려 여성 출연자들의 말과 행동에 관심이 집중된다. 영웅은 파괴되지만 여성 출연자들의 말과 행동은 계속 이어진다.

우연성을 하나의 공감대로 승인함으로써 경쟁의 의미는 상실된다. 그러면서 프로그램에서 미션을 해결해야 하는 출연자로서의 이상도 함께 희미해진다. 목적의식을 잃은 자아는 자유롭게 프레임 속을 배회한다. 여성 출연자들은 서로 다른 사람의 변화를 민감하게 짚어내고, 최신 트렌드, 숄더백과 같은 공통의 관심사를 공유한다. 그러다가 여성 출연자들의 관심은 이성, 연애, 결혼과 같은 것으로 확장된다. 여성 출연자들은 매주 출연하는 남성 게스트들에게 조건반사적인 관심을 보인다. 그들은 이러한 태도를 굳이 숨기지 않으며, 적극적으로 다가가는 모습을 보인다. 이런 태도를 맞닥뜨린 남성들은 당황한다. 남성 게스트는 말 그대로 객체이며 여성 출연자들은 상황을 이끄는 주체다. 유재석과 이상엽은 이런 이색적 상황에 지속적으로 노출되며 여성들이 표출하는 디오니소스적 태도에 동화된다. 3화에서 출연자들이 각자 자기 하고 싶은 얘기만 한다는 것이 대화 주제가 됐는데, 게스트였던 남성 그룹 엑소의 멤버 카이는 "다른 때 같은 재석이 형이 정리를 할 텐데 여기에서는 다른 사람 이야기할 때 딴짓을 했다"라고 폭로하며 웃음을 자아냈다. 유재석은 매회 여성 출연자들의 행동을 관찰하며 그들의 특징을 짚어 낸다. 이상엽은 여성 출연자들의 공통 드레스 코드였던 숄더백을 준비하는 모습을 보이기도 했다. 망아(忘我)의 여성 출연자들이 형성하는 새로운 구도가 자연스럽게 안착할 수 있는 가능성을 확인할 수 있는 대목이다.

아폴론적 신화, 강박을 넘어

방송 영역에서 '정치적 올바름', 젠더 이슈는 하나의 굳건한 신화로 자리매김했다. 하지만 주장과 문제의식의 절대적 가치에도 불구하고 그것이 현실에 가 닿았을 때 나타내는 의미는 매번 상이하다. 사회학자 조형근은 단호하게 '케이스 바이 케이스'라고 말한다.[5] '정치적 올바름'에 대한

---

5   MBC, "[시사카페] "북한도 이 정도로 미치지 않았다": PC주의가 우리를 전체주의로 이끈다?", 〈김종배의 시선집중〉 (2021.6.25).

감수성은 반드시 필요하지만 그것의 옳고 그름은 단순하게 재단할 수 없다는 뜻이다. 〈골 때리는 그녀들〉은 여성의 서사를 적극적으로 드러내려 했지만 프로그램을 지배하는 아폴론적 태도로 인해 본래 목적을 달성하지 못한다. 남성과 여성을 나누는 구분을 허물겠다는 시도는 남성의 신화를 다시 호출함으로 인해 실패하고 말았다. 과도한 '정치적 올바름', 무리한 의미 부여는 오히려 역효과를 낼 수 있다. 반면 〈식스센스〉는 남성적 영웅이 존재하는 예능 프로그램에서도 여성 서사가 존속할 수 있음을 보여준다. 기존에 엄격한 규칙과 논리로 촘촘하게 짜인 구성이 아니더라도, 즉 여성들이 디오니소스의 전령이 되어 서사를 구성할 수 있음을 증명하고 있다. 따라서 방송 제작 현장에서도 '정치적 올바름'에 대한 인식이라는 이상을 망각할 필요가 있다. 젠더 이슈에서 문제가 되지 않는 방송, 더 나아가 올바른 여성상을 그리는 방송이라는 강박은 오히려 여성들의 서사, 여성들이 설 자리를 줄일 가능성이 더 크다. 아폴론이 지배하고 있는 방송 현장에 더 많은 디오니소스의 전령들이 나타나길 기대한다.

정글에서 살아남기

tvN 〈식스센스〉와 SBS 〈골 때리는 그녀들〉

이승민

서론

새롭게 쏟아져 나오는 다양한 프로그램들 사이에서 인기 있는 프로그램으로 자리를 잡기란 쉽지 않기 때문에 많은 프로그램이 파일럿 혹은 시즌제로 방송을 시작한다. 파일럿 프로그램이란 '시험 제작·방송을 통해 시청자와 광고주의 반응을 바탕으로 정규 편성을 결정하는 프로그램'으로 정의된다. 한마디로 정리하자면 반응이 있다면 살아남는 것이고 반응이 없다면 사라지는 프로그램이라는 것이다. 시즌제 역시 뒤에 숫자가 붙는다고 해서 무조건 다음 시즌으로 이어진다는 보장은 없다. 정글과도 같은 방송계에서 살아남아 꾸준히 성장하는 프로그램이 등장했다. 바로 SBS의 시사 교양 프로그램인 〈꼬리에 꼬리를 무는 그날 이야기〉(이하 〈꼬꼬무〉)이다. 〈꼬꼬무〉는 세 명의 인물(장도연·장성규·장항준)이 이야기꾼으로 등장해 사건에 대해 스스로 공부하고 느낀 바를 각자 이야기 친구에게, 가장 일상적인 공간에서 일대일로 이야기를 전달하는 프로그램이다. 어떠한 이유로 인기를 얻었으며 스페셜 코너에서 파일럿으로, 파일럿에서 시즌제로, 시즌제에서 정규 편성으로 자리를 잡을 수 있었는지 알아보고자 한다.

본론

모든 성공에는 다양한 이유가 있듯이 프로그램 역시 성공하는 데 하나의 이유만 있는 것이 아니다. 기본적으로 제작진의 노력은 물론이고 출연자를 비롯해 콘텐츠의 내용, SNS 홍보 등 여러 이유가 결합되어 프로그램을 성공으로 이끈다. 그렇다면 〈꼬꼬무〉의 성공과 인기 비결에는 어떤 것들이 있는지 간단하게 하나씩 정리해 보고자 한다.

'나'의 시점에서 들려주는 그날 이야기

스토리텔링 형식의 프로그램을 비롯한 보통의 프로그램은 존댓말로 진행되는 게 일반적이고 상식적이지만, 〈꼬꼬무〉의 가장 큰 특징으로는 반말로 이야기가 진행된다는 것이라 할 수 있다. 하나의 사건을 두고 세 명의 이야기꾼이 스스로 공부하며 느낀 바를 각자의 이야기 친구에게 '나'의 시점에서 주관적으로 이야기를 전달해 나간다. 많은 사람이 알고 있는 사건이라 할지라도 피해자의 관점으로 이야기를 재구성해서 새롭고 신선하다. 프로그램 제목과 같이 시간의 흐름에 따라 꼬리에 꼬리를 무는 듯한 전개를 통해 사건에 대해 이해하기가 쉽고 중간중간 질문을 던지는 진행으로 이야기 친구와 시청자의 추리 본능을 자극하며 점점 빠져들게 한다. 이야기를 나누는 장소 역시 촬영을 위해 만들어진 스튜디오가 아닌 카페나 와인바와 같은 일상적인 공간이고, 반말로 친구와 단둘이서 대화를 나누는 듯이 사건을 너무 무겁지도 가볍지도 않게 들려주어서 편안하게 이야기를 들을 수 있다. 스토리텔링 형식의 프로그램이 늘어가는 추세이지만 반말로 진행된다는 점이 다른 프로그램과 비교했을 때 가장 큰 차별성을 가진다고 볼 수 있다.

비전문가로부터 듣는 그날 이야기

보통 사건 중심의 스토리텔링 형식으로 진행되는 프로그램에 경우 전문 지식인이 메인 출연진으로 등장하는 게 일반적이지만, 〈꼬꼬무〉는 그렇지 않다. 이야기꾼으로 등장하는 세 명의 MC 장도연, 장성규, 장항준 모두 비전문가이다. 개그우먼, 아나운서, 감독으로 각기 다른 직업을 가진 인물들이며 본인이 공부하며 느낀 점을 존댓말이 아닌 반말로 이야기를 진행하기에 전문가와는 또 다른 느낌으로 이야기를 받아들일 수 있다. 〈꼬꼬무〉의 유혜승 PD는 "〈꼬꼬무〉는 전문가가 없는 스토리텔링 예능"이라고 강조하며, "〈꼬꼬무〉 이야기는 그냥 친구에게 들을 수 있는 편안하지만 충격적이고 재밌는 이야기다. 전문가가 이야기를 하면 내용의 일방적인 전달이 될 가능성이 높다. 우리는 자료 조사, 취재는 전문 제작진이 하지만 친구가 들려주는 편안한 이야기다"라며 차별점을 강조했다.

평소 장도연은 타고난 센스와 재치로 유쾌하고 긍정적인 이미지를, 장성규는 거침없는 입담으로 시원한 이미지를, 장항준은 본인만의 말맛으로 재미있고 부드러운 이미지를 가지고 있다. 세 명의 이야기꾼은 말을 하는 직업이므로 상황을 재연하거나 이야기를 나눌 때 표현력과 전달력이 좋은데다, 평소의 이미지와 더불어 많은 방송 활동으로 시청자들이 친숙해한다. 이런 점에서 세 명의 이야기꾼은 프로그램과 딱 어울리는 사람들이기에 성공적인 캐스팅이라고 할 수 있다.

1만 2500매의 담긴 그날 이야기

이야기의 모든 것은 자료에서 시작해 자료에서 끝이 난다. 〈꼬꼬무〉의 경우 과거의 일어난 사건을 객관적이면서도 주관적인 시점으로 보여주기 때문에 일반 프로그램보다 더 많은 자료와 증언이 필요하다. 〈꼬꼬무〉는 시즌 2 마지막 화에서 1회분 자료로 평균 A4 용지 약 1만 2500매의 분량이 들어간다는 것을 보여주었다. 사건과 같은 이야기에는 눈에 보이는 증거라는 자료가 필수적이다. 단순히 글로만 된 자료뿐만 아니라 당시의 현장을 생생하게 보여주는 영상 자료와, 당사자·주변인들의 살아 숨 쉬는 증언들까지 수집하며 방대한 자료량을 통해 프로그램에 얼마나 많은 신경을 썼는지 한눈에 알아볼 수 있다.

이렇게 많은 자료를 바탕으로 이야기가 진행됨으로써 추상적인 이미지가 아닌 시각적으로 보이는 사진과 영상을 통해 시청자는 상황을 더 이해하기 쉬워진다. 자료가 많은 만큼 시청자가 궁금해할 부분에 대해서도 충분한 답변을 받을 수 있어서 답답함 없이 사건의 흐름에 집중하게 된다. 당사자가 직접 나와 인터뷰하는 장면은 이야기꾼이 이야기를 전하는 것과는 또 다른 생생한 느낌과 함께 현실에 있는 일이라는 것을 피부로 느낄 수 있게 되어 더 깊은 공감을 하게 된다. 이야기에 뼈대가 되고 살이 되는 자료들이 내가 모르는 상황들에 대해서 더 자세히 설명해 준다는 점에서 철저한 사전 조사와 많은 자료가 프로그램에 어떤 영향을 끼치는지 볼 수 있다.

섬세하고 생생하게 보여주는 그날 이야기

본 적 없는, 보이지 않는 것들은 상상하기 힘들다. 그러나 〈꼬꼬무〉는 힘을 들여 상상할 필요가 없게 만든다. 사진이나 영상만으로는 보여주기 어려운 부분들을 많은 자료와 당사자, 주변인들의 증언을 통해 섬세하고 현실적인 모형으로 만들어서 보여준다.

예를 들어 삼풍백화점, 이태원 살인 사건의 화장실, 오대양 사건의 건물 등 사건들의 현장을 말로만 들으면 건물의 구조와 상황을 정확하게 떠올리거나 이해하기 어렵다. 떠올린다고 하더라도 현실과 이상은 다르므로 자칫하면 더 헷갈릴 수도 있다. 실제와 같은 모형을 제작해 사건과 똑같은 장면을 시뮬레이션으로 보여주어 상황을 전달함으로써 더 자세한 상황을 살피고 이해하게 만드는 데 큰 도움을 준다. 사건의 모든 이야기를 이야기꾼의 입을 통해서만 듣는 게 아니라, 전문 배우가 재연한 영상과 배경 음악 등을 함께 사용해 긴장감과 긴박함을 높인다. 당시 사용했던 총, 재판 기록, 손 편지 등 다양한 소품들도 직접 보여주면서 현장의 생생함을 더해준다. 이런 요소들이 결합되어 사건의 사실성을 보여줌으로써 현실감을 느낄 수 있게 되고 이야기에 몰입도를 높여준다. 사소한 부분이라고 여겨질 수 있는 작은 포인트들마저 섬세하게 보여주면서 사소한 부분까지도 신경을 쓴다는 점에서 다른 프로그램과의 차별성을 보여준다. 이런 디테일함의 차이 때문에 사건과 상황에 대해서도, 프로그램에 대한 신뢰도도 높아진다고 볼 수 있다.

친구와 함께 공감하는 그날 이야기

일반적인 프로그램에서는 설명하는 사람만 있거나 모두가 같은 주제를 아는 상태에서 서로 이야기를 나누는 경우가 대부분이다. 〈꼬꼬무〉에서는 이야기를 전달하는 사람과 이야기를 전달받는 사람의 비율이 반반이다. 일대일로 대화를 나누는 듯한 형식으로 진행되기 때문에 이야기 친구의 자리는 필수적이라 느낄 정도로 중요하다. 모르는 사건이거나 알고 있지만, 자세히 모르는 사건에 대해 시청자와 같이 새로운 이야기를 듣는 처지로 시청자와 비슷하게 반응하고 궁금할 만한 질문을 던진다.

이야기 친구들의 반응은 모두 제각기이지만 한 명 한 명 전부 공감 가는 반응을 보여주기 때문에 반가운 마음이 들기도 한다. 이야기를 들으며 함께 분노하고 울고 웃는 사람이 있다는 점에서 시청자들은 더 깊은 공감을 할 수 있게 된다. 가끔은 나와 다른 답변과 반응을 보인다고 하더라도 다른 사람은 어떻게 생각하는지에 대해서 들을 수도 있고 다른 사람은 그렇게도 생각할 수 있겠구나 하며 이해하고 사고의 폭이 넓어진다. 이야기 친구들은 중간중간 궁금한 점이 생기면 곧바로 질문을 던지는데, 그 질문들로 인해 나오지 않았을 수도 있는 이야기를 더 많이 듣게 되면서 지식을 더 많이 얻게 된다. 이야기 친구는 회 차마다 다른 친구들이 출연하고, 늘 같은 반응을 보이는 것이 아니라서 또 다른 느낌으로 볼 수 있다는 점에서 이야기가 질리지 않고 문득 한 번씩 즐거움을 얻는다. 정말 친구들과 이야기를 나누는 듯한 이야기 친구들의 반응을 통해 시사 교양 프로그램이 주는 정적인 느낌이 없게 만들어준다는 점에서 시청자들이 더 편안한 마음으로 프로그램을 시청한다고 볼 수 있다.

삶에 질문을 던지는 그날 이야기

"'그날' 이야기를 들은 '오늘' 당신의 생각은?" 방송 끝 무렵 사건에 관한 이야기를 마치고 나서 던지는 이 질문은 〈꼬꼬무〉의 핵심이자 정체성이라고 할 수 있을 것이다. 단순히 사건의 상황과 사실만을 전달하는 일방적인 소통이 아니라, 방송이 끝난 후에도 사건에 관한 생각할 수 있는 물음을 통해 프로그램 제목에 걸맞게 시청자들로부터 꼬리에 꼬리를 무는 생각들을 끌어낸다. 이미 지나가 버린, 그날의 이야기들을 왜 지금에 와서 들려주고 다시 상기시키고 다시 돌아보게 하는지 이유를 알아야 한다.

'역사는 반복된다', '역사를 잊은 민족에게 미래는 없다'라는 말이 있다. 과거에 있었던 일들을 보고 들으면서 그때는 맞을지 몰라도 지금은 그러면 안 된다는 것들을 느끼고, 과거의 경험을 토대로 나는 그리고 우리 사회는 앞으로 어떤 방향으로 나아가야 하는지 생각해야 한다. 질문으로 방송을 끝맺으면서 과거를 오늘의 발판으로 삼아 가슴 아픈 이야기가 다시 반복되지 않도록 잊지 말고 기억해야 한다는 것을 알려준다.

〈꼬꼬무〉는 그날의 이야기가 주는 의미를 방송이 끝나는 순간까지 깊은 울림이 담긴 메시지를 보낸다. 짧은 문장을 통해 시청자들은 과거를 돌아보고 현재를 떠올리고 미래를 생각한다. 방송을 보는 순간에만 즐거움이 남는 것이 아니라 방송이 끝난 후에도 생각할 여지를 주는 질문 덕분에 오랜 여운이 남아 사람들이 계속 찾는 프로그램이 됐다고 볼 수 있다.

손쉽게 만나는 그날 이야기

바쁜 현대 사회에서 1시간이 넘는 시간 동안 제시간을 지켜가며 TV 앞에 앉아 방송을 보기란 쉽지 않다. 바쁘게 돌아가는 사회와 모바일 기기의 발전을 통해 모바일 기기로 스트리밍 할 수 있는 OTT(over the top, 개방된 인터넷을 통하여 방송 프로그램, 영화 등 미디어 콘텐츠를 제공하는 서비스)가 성행하게 되었다. 일반적인 프로그램은 대부분 유료 OTT를 통해서만 제공하거나 유튜브에 게시하더라도 5분 이내의 클립 영상으로만 제공한다.

〈꼬꼬무〉는 무료 OTT 서비스인 유튜브를 통해 회 차당 약 20분 정도의 분량으로 방송의 핵심을 요약해 놓은 영상을 제공한다. 유료 OTT를 따로 구독하지 않아도 누구나 쉽게 사용할 수 있는 유튜브를 통해 프로그램이 자연스럽게 더 많은 사람에게 노출된다. 그 덕분에 시청자들은 〈꼬꼬무〉를 무료로 손쉽게 접근할 수 있다. 요약본이다 보니 본방송보다 짧은 분량임에도 불구하고 내용을 정확하게 전달하면서도 짧은 시간 내에 이 프로그램이 어떤 프로그램인지 보여준다. 긴 시간을 내어서 보지 않아도 그날의 이야기와 정보를 얻을 수 있으므로 시청하는 사람이 더 많아졌다고 볼 수 있다. 유튜브의 조회수, '좋아요' 수 등 다양한 기능을 통해 어떤 내용의 사건이 더 많은 관심을 얻는지도 확인할 수 있고 댓글을 통해 더욱 쉽게 시청자의 의견을 얻을 수도 있다. 〈꼬꼬무〉는 새로운 인기의 척도가 된 유튜브의 누적 조회수가 1억 6000만 회를 넘기면서 큰 인기를 증명하고 있다고 볼 수 있다.

결론

시즌 1은 첫 방송 시청률은 2.7%로 시작해 점점 올라가 마지막 방송에서는 4.7%로 마무리 지었다. 약 4개월 만에 시즌 2로 돌아온 〈꼬꼬무〉의 첫 방송 시청률은 3.4%로 시작해 이후 2회 3.8%, 3회 4.0%, 4회 5.0%, 5회 5.1%로 꾸준히 상승하며 시즌 2에서 6.7%라는 높은 시청률을 기록하며 프로그램의 성공을 알렸다. 주로 약 20~30년 전의 사건을 주제로 이야기를 하는데, 그 시대를 겪었던 부모님 세대와 그 시대가 낯선 자식 세대들이 함께 방송을 보며 이야기를 나눌 수 있어서 좋았다는 얘기가 많다. 덕분에 세대를 아우르는 프로그램이라는 평을 얻으며 남녀노소 즐겨 보는 프로그램으로 자리매김했다.

시즌제 프로그램이 어떻게 정규 프로그램으로 편성될 수 있었는지 여러 이유로 나누어 이야기해 보았는데, 인기 요인이 많은 만큼 프로그램 성공에 의문이 없다. 대단히 획기적이고 신선한 프로그램이라고 생각한다. 새롭게 시작하는 정규 편성에서는 자리를 지켜오던 장항준의 하차는 아쉬움이 남기도 하지만 그동안 이야기 친구로 출연해 활약을 보여준 장현성이 새로운 이야기꾼으로 합류하게 되면서 어떤 모습을 보여줄지 기대가 된다. 시즌제를 끝마치고 정규 편성됨으로써 앞으로가 더 기대되는 프로그램이다.

마스크는 어떻게 얼굴이 되는가

SBS 〈펜트하우스〉가 그리는 시대의 초상

허민선

마스크의 이중성

마스크. 이제는 '마스크' 하면 코로나19를 먼저 떠올리는 사람들이 많아졌다. 마스크를 쓴 사람들이 곧 대중의 얼굴이 되었다. 마스크를 포함한 얼굴들. 그러나 마스크는 얼굴의 대부분을 가린다. 마스크를 쓰고 모자를 쓰고 선글라스까지 쓰면 그가 누구인지 알아보기가 쉽지 않다. 아이러니하다. 예전에는 욕망을 터부시하는 일이 많았는데, 요즘 들어 점점 욕망을 숨기지 않고 드러내기를 선호한다. 마스크를 써서 좋아진 점을 묻는 설문에 민낯으로 돌아다녀서 편하다는 대답이 많은 것을 통계로도 보았다. 마스크로 가릴 수 없는 눈썹과 눈 주위를 포인트로 메이크업하는 사람 또한 늘고 있다. 눈썹을 어떻게 그리는지에 따라서, 아이섀도를 어떻게 하는지에 따라서 코와 입을 가리고도 사람의 인상은 변할 수 있기 때문이다. 또한 마스크에 중요한 말이나 그림을 넣어 자신의 입장을 전달하기도 한다.

이렇게 마스크 얘기로 시작을 한 이유는, 〈펜트하우스〉를 시청하는 동안 던진 질문들 때문이다. 그것은 공통적으로 욕망과 관계했다. 집에 대한 욕망, 돈에 대한 욕망, 사랑에 대한 욕망, 가족에 대한 욕망, 최고에 대한 욕망. 그 가운데 드라마의 제목인 펜트하우스의 '하우스'와 헨리 비숍(Henry Bishop)이 작곡한 오페라 가운데 한 곡인 「즐거운 나의 집(Home Sweet Home)」에서의 '홈'은 서로 환기하는 바가 닮아 있다. 펜트하우스가 속한 건물인 '헤라팰리스'에서 헤라(Hera)가 가진 의미 때문이다. 헤라는 그리스 신화에 나오는 최고의 여신이자, 가정생활의 수호신으로 알려져 있다. 겉으로 보이는 집과 안식처로서의 집, 하우스든 홈이든 가정생활을 지키는 힘은 욕망만이 아닐 것이다. 〈펜트하우스〉의 경우에는 욕망에 훨씬 많은 비중을 두고 있다. 보금자리가 있는데도 편히 쉬지 못하고 파멸하는 이유는 그들의 만족을 모르는 욕망 때문이다. 살고 있는 집이 곧 자신(자식)들의 얼굴이 된다고 여기기 때문이다. 사회 관계망 서비스 프로필에 자신의 얼굴이 아닌 자신이 살고 있는 하우스의 사진이 노출되는 일이 실제로도 존재하기 때문이다.

마스크의 용법

배우가 마스크를 움직이는 동력은 어떻게 인간의 감정과 욕망을 그 캐릭터만의 관점으로 살아보고, 바라보며 의식하느냐에 달려 있다. 〈펜트하우스〉의 얼굴들은 (음악에 맞춰 춤을 추는 동시에 옷을 벗으며 스릴을 느끼게 하는) 스트립쇼에 환호하는 군상처럼 보인다. 스트립쇼가 선정적 쾌감을 준다면 〈펜트하우스〉에서는 인간의 억눌린 욕망을 바닥까지 들여다보게 한다. 악의 옷(얼굴, 껍질)을 수시로 벗고 벗기면서, 고통을 고통으로 되갚으면서, 또 '오페라'라는 매개체를 통해서 프리마돈나가 되어 노래하는 모습(실제로는 립싱크), 성악에 대한 경쟁 심리와 이성 간의 질투는 이야기의 촉매제가 되어 반전을 거듭한다. 천서진은 학창시절 오윤희가 노래를 못하도록 목을 트로피로 그었지만, 시간이 흐른 뒤에도 성대결절과 재능 부족으로 천서진이 제대로 해낼 수 없는 고비마다 오윤희가 은밀한 마스크로 변장해 넘겼다. 손짓과 입 모양과 눈빛에 담긴 감정들이 교차되며 편집되는 동안, 싱크가 맞지 않을까 봐 조마조마했다. 진짜 얼굴을 알고 있기 때문에 생기는 짜릿함이었다. '섀도 싱어'를 통해 드러났던 이러한 설욕전처럼, 둘의 악연은 이후에도 안색을 바꾸며 계속된다.

프리마돈나의 잘 알려진 뜻은 오페라에서 주역을 맡은 여가수이지만, 자기가 아주 중요한 인물인 줄 아는 사람이라는 뜻도 있다. 다른 말로 우쭐거리는 사람, 응석받이라는 것이다. 그 뜻을 같은 헤라팰리스 주민이기도 한 이규진(봉태규 분)과 고상아(윤주희 분)에게서도 찾을 수 있다. 그들은 겉으로는 법조계 집안의 3대 독자이자 변호사이자 국회의원이고, 아나운서 출신의 재벌가 며느리다. '아트 스터디' 모임에도 나가지만 늘 자기결정권 없이 하수인이 되어 어리숙하게 왔다 갔다 한다. 엄마의 밑에서, 주단태의 밑에서, 나중에 가서는 자식에게도 대접받지 못한다.

이규진이 즐겨 입는 옷들은 특유의 로고와 디자인이 잘 노출된다. 특히 스스로를 항상 규진이라고 말하는 유아기적 사고를 갖고 있는 이규진이 주단태(엄기준 분)에게 '개무시'를 당하는 장면에서 '개 모양'의 가방(톰브라운의 닥스훈트 반려견 '헥터 브라운'에서 모티브)을 들고 나온 것은 프리마돈나의 재치 있는 용례였다. 배우의 마스크에서 주로 기대하는 것은 하나의 외모로 다양한 외면을 만드는 능력과 다양한 내면을 하나의 외모로 만드는 능력이다. 메이크업, 헤어스타일, 의상과 소품, 목소리의 톤, 대본에 포함된 지시 사항들이 디폴트값이라면, 그다음에는 마스크에는 없던 얼굴을 발굴해 내는 일일 것이다.

'마스께라'를 울려서

"횡경막에 힘을 주고, 소리는 앞으로! 마스께라를 울려서!"

오윤희(유진 분)의 딸 배로나(김현수 분)가 노래를 부르려는 순간 들리는 레슨 내용이다. 셰익스피어의 비극 로미오와 줄리엣의 배경이기도 한 도시 이탈리아의 베로나. '마스께라' 역시 이탈리아어로 '가면', '얼굴'이라는 뜻이다. 그러나 여기에서는 성악에서의 발성법을 말한다.

〈펜트하우스〉에는 청아예고 성악부가 있다. 대학 입시를 위해 다양한 오페라를 연습하는 과정, 오디션 과정, 무대 과정이 실황 중계처럼 생생하게 나온다. 모차르트의 〈마술피리〉, 〈레퀴엠〉, 〈피가로의 결혼〉, 슈베르트의 〈송어〉, 헨델의 〈리날도〉와 〈로델린다〉, 베르디의 〈라 트라비아타〉, 로시니 〈세비야의 이발사〉 같은 명곡들이 '청아'하게 흘러나오고, 그것을 눈과 귀로 즐길 수 있다는 점도 〈펜트하우스〉의 긍정적인 지점이다.

악의 스펙트럼을 가진 얼굴

〈펜트하우스〉를 쓴 김순옥 작가는 이전 작품에서도 악인(악녀)의 이미지를 극대화하는 배우를 만들었다. 〈왔다! 장보리〉의 인기 요인은 뇌리에 잊히지 않는 연민정의 강렬하고 풍부한, 선악을 넘나드는 연기 때문이었다. 그리고 그해 연민정을 연기했던 이유리 배우가 새로운 심사 기준이 된 시청자 투표로 연기대상을 탔다. 타이틀 롤은 '장보리'였지만, 이유리 배우가 자신의 배역을 장보리의 상대역만이 아닌 연민정의 확실한 분량으로 확장시켰다. 천서진 역시 연민정을 잇는다. 악인 캐릭터의 클리셰와 싸우는 연기를 보여준다. 연민정이 주로 장보리와 한복 디자인으로 시각적 대결을 펼쳤다면, 이번에는 음악이 주는 청각적 대결도 첨가되었다.

천서진은 청아재단 이사장인 아버지(정성모 분)의 죽음 직후 리스트의 초절기교 연습곡 「마제파」를 격렬하게 치며, 들끓는 분노와 광기를 오기로 잠재우는 연기를 보여주었다. 그것은 한 편의 요금으로 두 편의 영화를 보는 것만 같은 동시상영의 만족감을 주었다. 피아노를 치는 그의 머릿속에서는 아버지가 죽는 과정이 영사되고 그의 머릿속 밖에서는 그것에 자지러지는 외면이 자리하고 있다. 〈펜트하우스〉 전 시즌(1~3)을 통틀어 드라마틱한 긴장과 미장센과 연기가 두드러진 하이라이트다. 하얀 건반에 빨간 핏방울과 투명한 빗방울이 뒤섞이고, 거기에 천서진의 검은 마스카라까지 함께 흘러내리면서 색감으로도 눈에 띄는 효과가 있었다. 백조에 대비되는 흑조처럼 파닥거리는 연기가 그로테스크했다. 크레셴도로 점점 고조되는 악인의 심리를, 천서진은 그 장면 하나로 밀도 높게 보여주었다. 피아노 장면은 같은 작가의 이전 작이자 피아니스트가 주인공인 〈다섯 손가락〉과도 궤를 같이한다.

전사(戰士/前事)의 얼굴

〈펜트하우스〉에 등장하는 인물들에게는 공통된 얼굴이 있다. 싸우는 사람들이 적을 향해 달려들 때 나타나는 불안한 눈빛과 이미 일어난 일에 대한 억울한 마음이 시발점이 되어 복수의 칼을 가는, 서슬이 푸른 눈빛이다.

주단태가 천수진에 목을 매는 이유는 어린 시절 (피에 대한 트라우마를 만들게 된) 사건 때문이다. 동생과 엄마와 살던 판잣집이 재개발을 위해 불시에 포클레인의 습격으로 스러진다. 그 일이 가족의 목숨까지 앗아간다. 유일하게 살아남은 주단태에게는 그 일에 대한 원통함이 뼛속 깊이 각인된다. 이러한 전사가 없었다면 주단태의 악행들은 막무가내 공격이 되었을 것이다. 이 전사를 알게 된 이후, 그의 악행에는 새로운 주석이 달렸다. 예를 들자면 "비참할 때 행복했던 시절을 회상하는 것보다 더 큰 고통은 없는 법"이라고 했던 단테의 『신곡』 속 지옥을 잘 알고도 기꺼이 지옥불로 들어가는 사람. 그러나 그의 본명은 백준기. 이렇게 말이다.

어린이들이 매직펜으로 이목구비를 그린 비닐을 얼굴에 쓰고, 괴물이 된 것처럼 으르렁거리며 장난감 칼을 들고 돌진하면서 놀고 있는 장면을 기억한다. 인류무형문화유산이기도 한 중국의 경극은 베이징 오페라라고도 불린다. 경극의 다른 점은 노래와 춤 외에도 무예가 들어가 있다는 점인데 펜트하우스에서 천서진과 주단태가 서로 목숨을 걸고 달려들며 물어뜯는 장면은 '개싸움'이기에 우스꽝스러웠다. 강자와 강자의 대결이 아닌 강자인 척하는 남자(전 남편)와 강자인 척하는 여자(전 부인)의 부부싸움 정도로만 보였기 때문이다. 그들은 무사가 아니었기에 그들의 몸짓에는 기세가 없고, 무사도가 없다. 그 장면을 짧고 굵게

나마 예술성을 가진 액션으로 믹스매치 해서 보여줬다면 하는 아쉬움이 남는다.

어린 시절 겪었던 한 장면이 스친다. 탈을 직접 집에서 만들어오라는 학교 숙제가 있었다. 종이죽을 만들고, 종이죽으로 빚은 탈을 햇볕에다 말린 다음 한지를 다닥다닥 붙여, 내가 만든 탈을 내가 쓰게 되었다. 탈은 얼굴에 딱 맞지 않고 흔들렸다. 손으로 잡아주면서 그때 가졌던 느낌은 이 탈을 쓰고 있는 내가, 내가 아닌 것 같다는 이질감이었다. 이 글을 쓰는 동안, 그때의 감정이 재인식되었다. 배우들이 캐릭터에 맞는 마스크를 쓰지 않으면 이렇게 흔들린다. 탈과 가면과 마스크는 다 같은 말이지만 그 말에서 주는 뉘앙스가 다르다. 그러나 공통점은 탈과 가면과 마스크 모두 계급을 표현하는 도구가 되기도 한다는 것이다. 양반탈과 초랭이탈(양반의 하인이 쓰는 입이 삐뚤어지고 불만스러운 표정)처럼 코로나 시대에도 금으로 된 마스크를 쓰는 사람이 있고, 심지어 마스크를 목에 거는 스트랩이 주얼리로 분류되는 것도 보았다. '헤라팰리스'라는 같은 건물 안에서 층마다 구별되는 사람들은 서로 이웃도 공동체도 아닌 이해관계를 가진 집단이다. 그러나 언제나 예외는 있다. 목욕탕에서 때를 미는 세신사가 진짜 직업인 강마리(신은경 분)의 경우가 그렇다. 노란색 '이태리'타월이 고급스러운 인테리어 속 건조대에 모빌처럼 걸려 있지만, 그 사실은 딸 앞에서도 벗을 수 없는 얼굴이다. 그는 주로 발랄하게 튀는 네온 컬러의 아이섀도를 하고 나온다. 출렁거리는 뱃살과 피멍처럼 보이는 부항 자국을 보여주는 그가 때를 밀다가 쓰러진 사모님을 업고 구하러 가는 길이, 10년 전 회상 시퀀스에서 비슷한 맥락에서 변주되어 나올 때, 그 장면은 코미디였지만 뭉클했다.

속옷만을 입고 자신과 비슷한 체격의 사모님을 업은 채로 거리를 질주하는, 골든타임을 놓치지 않으려는 사람의 강인한 얼굴. 그 와중에도 사모님을 살려야만 내가 살고, 올라갈 수 있다는 사실을 뼈저리게 자각하고 있는 사람이 가지는 비상함이 엿보이는 얼굴을, 그는 보여준다. 그때 마리가 구했기 때문에 살아 있는 현재의 사모님은 묻는다. "어떻게 속옷 차림으로 병원까지 뛰었어?" 그리고 이어지는 "내 유방암도 잡아내고, 명의가 따로 없다니까. 대학병원 의사도 못 잡아낸 멍울을 자기가 젤 먼저 알아냈잖아"처럼 사람 여럿 살렸다는 증언들은, 그가 어떻게 헤라팰리스에 입성할 수 있었는지를 설명하는 전사이자, 그가 싸움에서 승리할 수 있었던 방책이기도 했다. 전사는 캐릭터가 코너로 몰리지 않도록 도와주는 신호등과 비슷하다. 배우들만이 아니라, 우리의 마스크 또한 얼굴이 될 수 있다.

클리셰와 클리셰 파괴 사이에서 하는 아찔한 외줄타기

tvN 〈여신강림〉

정지현

들어가며

클리셰는 '진부한 표현이나 고정관념'을 뜻하는 프랑스어로, 우리는 빈번하게 쓰이는 소재나 이야기 흐름을 가진 드라마를 보고 흔히 '클리셰 범벅 드라마'라고 한다. 클리셰는 시청자들에게 친숙함을 준다. 클리셰는 역사적으로 증명된 성공 전략이라고 볼 수 있다. 하지만 모든 내용이 클리셰 범벅으로 진행되는 것은 오히려 시청자들을 질리게 한다. 클리셰에 지쳐 새로운 것을 요구하는 시청자들도 많기 때문이다. 그렇기에 클리셰와 클리셰에서 벗어난 것의 적절한 조화는 드라마의 성공 요인이 될 수 있다.

tvN에서 2020년 12월부터 2021년 2월까지 방영한 드라마 〈여신강림〉은 전형적인 클리셰가 담긴 이야기 구조를 따르고 있지만, 그 안에서 클리셰 부수기를 더하기 위해 몇 가지 설정을 부여했다. 이 글에서는 〈여신강림〉에서 나타나는 클리셰는 무엇인지, 클리셰를 부수기 위한 설정은 무엇인지 알아보려고 한다. 또한 클리셰가 갖는 부작용과, 클리셰를 깨기 위한 설정이 결국 또 다른 신화를 낳은 것에 대해서 이야기하려고 한다.

주연 설정에서 드러난 클리셰의 부작용

〈여신강림〉은 외모 콤플렉스를 가지고 있다가 '화장'을 통해 여신이 된 주경과 남모를 상처를 간직한 수호가 만나 서로의 비밀을 공유하며 성장하는 자존감 회복 로맨틱 코미디 드라마이다. 이 드라마에서 이야기를 이끌어나가는 주연들의 설정과 서사는 말 그대로 '클리셰 범벅'이다. 눈치 없고 해맑은 여주인공과 시크하고 무뚝뚝한 남주인공, 순애보 츤데레 서브 남주인공, 그리고 남주인공을 짝사랑하는 서브 여주인공까지, 전형적인 로맨스 드라마의 주인공 캐릭터 클리셰가 보인다. 여주인공인 임주경은 생얼에 자신감이 없다. 외모 때문에 학교폭력을 당했고, 사람들의 무시를 받았다. 큰 상처를 받고 각성한 주경은 화장을 통해 '여신'으로 변신한다. 하지만 여전히 생얼 콤플렉스가 있는 주경은 친구들에게 생얼을 들키지 않고자 고군분투한다. 남주인공 이수호는 주경의 본모습을 사랑한다. 그리고 주경은 점차 자신의 외모에 대해 자신감을 갖게 된다. '외모 콤플렉스가 있는 여주인공이 상처를 받은 후 각성해, 사회적으로 정의된 아름다움에 맞춰 예뻐지기 위해 노력하고, 남주인공은 여주인공의 본모습까지 사랑한다. 여주인공은 외모 콤플렉스를 극복하기 위해 다이어트, 성형, 화장으로 변신을 시도하는 반면, 남주인공은 타고난 미남이며, 많은 이들의 선망을 받는다.' 여느 영화나 드라마에서 쉽게 볼 수 있는, 역사적으로 형성된 남자 주인공과 여자 주인공의 신화이다. 이런 신화는 여성에게 사회적으로 정의되는 아름다움을 강요한다. 〈여신강림〉 역시, 잘생기고 전교 1등이고 집안도 부유하며 성격은 차가운 남자 주인공과 못생기고 공부도 못하고 평범한 집안에서 자란 눈치 없고 해맑은 여자 주인공의 로맨스를 다루고 있다. 왜 항상 여성 등장인물만 자신의 외모 콤플렉스를 극복하기 위해 변신을 시도해야 할까? 그리고 왜 항상 다 가진 잘난 남자 주인공에 비해 여자 주인공은 가난하고 성적도 안 좋으며, 외모 콤플렉스까지 있는 것일까? 더 나은 조건에서 살아온 남자 주인공은 항상 차갑고 무뚝뚝한 데 비해 여자 주인공은 눈치 없고 해맑기까지 하다. 물론 이런 설정 신화는 우리에게 너무나 친숙하고, 또 지금까지 이 신화를 따른 많은 드라마가 성공했다. 하지만 이런 설정은 사회가 여성에게 요구하는 '이상적인 여성'의 조건들에 대한 신화를 시청자들에게 자연스럽게 노출한다. 〈여신강림〉은 주인공들의 캐릭터와 서사를 통해 이런 신화를 그대로 재생산한다. 어린 청소년층이 주요 독자였던 〈여신강림〉의 원작 웹툰에 이어서, 드라마 역시 10대 청소년들이 많이 시청했다. 성에 대한 개념을 쌓아갈 나이인 청소년들에게 이런 신화는 성 이미지에 대한 고정관념을 심어줄 수 있다.

깨지 못한 외모지상주의 신화

〈여신강림〉이 전하고자 했던 주제는 '외모보다 내면이 중요하다'이다. 하지만 외모지상주의 이데올로기를 깨려던 의도와 다르게, 〈여신강림〉은 오히려 외모지상주의 신화를 재생산하고 고착화했다. 주경은 친구들에게 생얼을 들키게 되고, 결국엔 자신의 본모습에도 자존감을 회복하게 된다. 그러나 드라마를 보다 보면, 외면의 중요성이 계속 강조되는 것을 느낄 수 있다. 결국 '외모'가 학교폭력이 원인이 된다는 것을 계속해서 보여준다. '외모' 때문에 따돌림을 당해 상처를 받은 주경은 새로운 친구들에게 생얼을 들키지 않기 위해 고군분투하지만, 결국 들키게 되고 학교 아이들의 냉담한 시선을 받는다. 아이들뿐 아니라 이웃 아주머니들도 주경이 외모를 보고 농담하듯 비하한다. 학교폭력은 어느 정도 현실감이 있다고 할 수 있지만 과장되었다는 느낌은 지울 수 없다. 더욱이, 종종 주경의 외모가 비하당하는 것을 코믹스럽고 가볍게 표현해 시청자들도 함께 웃을 수 있도록 유도하는 것은 시청자들이 자연스럽게 외모지상주의를 받아들이게 한다.

〈여신강림〉 속 여주인공이 따돌림을 당하던 시절, 화장을 시도하지 않은 것은 아니다. 하지만 주경의 첫 변신 시도는 무참히 실패했다. 얼굴은 하얗게, 입술을 빨갛게, 아이라인은 두껍게 화장을 한 주경이 교실에 들어서자, 돌아오는 것은 더 심한 조롱과 폭력이었다. 화장에도 규칙이 있다는 것을 보여주고, 한편으로는 사회가 만들어낸 화장 규칙을 강요하고 있는 모습이다. 아마 드라마를 보던 시청자들도 주경의 화장에 황당했을 것이다. 이미 우리는 화장 규칙에 길들여졌고, 이 이데올로기에 갇혀 드라마 속 여주인공을 바라보기 때문이다. 〈여신강림〉은 그저 추상적인 예쁨에 그치지 않고, 사회가 여성, 특히 청소년기 여학생들에게 구체적으로 제한한 화장법에 대한 이데올로기까지 재생산한다.

드라마에서는 외모를 권력으로 만든다. 이데올로기로 정해진 아름다움에 맞는 여성에게 권력을 주고, 반대로 그 기준에 미치지 못하는 여성의 권력은 빼앗는다. 화장으로 아름다움을 갖게 된 주경은 학교에서 여신 대접을 받는다. 예뻐지니까 많은 친구들이 먼저 다가오고, 친구들은 호감을 표현한다. 하지만, 주경이 중학교 시절 생얼의 모습으로 학교폭력을 당하는 영상이 퍼지자 그 대접은 순식간에 없어진다. 외모를 이유로 괴롭힘을 당하는 극 중 인물은 주경만이 아니다. '못생기면 왕따당한다'는 것을 반복해서 보여주면서, 의도했던 바와는 달리 외모를 이유로 폭력을 가하는 것에 당위성을 부여한다. 주경은 자존감을 되찾았지만, 이에 비해 시청자들은 '사회적으로 정해진 아름다움에 맞추어야 사람들의 사랑과 관심을 받을 수 있고, 그렇지 않으면 폭력을 당할 수 있다'는 이데올로기를 지우지 못했다. 극 중에서는 SNS를 통해 고등학교 여신을 선발하는 대회가 개최되고, 주경이 이 대회에서 '좋아요'를 가장 많이 받아 1위를 한다. 1위를 한 주경은 친구들의 심히 과장된 축하를 받기도 한다. 주경이 SNS 업로드를 하면 외모를 찬양하는 댓글들이 주르륵 달리는 장면도 종종 나온다. 대중의 호응을 기준으로 얼굴에 순위를 매기고, 외모를 찬양받는 장면은, 내면의 중요성을 보여주고자 한 〈여신강림〉의 의도와는 너무나 빗나가 있다. 외모가 잘나야 사회적 지위를 얻을 수 있다고 말하는 것으로 보이기 때문이다.

〈여신강림〉은 '예쁜 인싸'에 대한 이데올로기를 만들어 재생산했다. 예쁜 인싸가 되는 조건과 예쁜 인싸가 되면 좋다는 것을 계속해서 보여준다. 주경은 여신이 된 후 친구들에게 자신의 본모습을 완전히 감추고 지낸다. 또, 생얼만이 아니라 자신의 본래 취미까지 드러내지 않는다. 주경은 새로 사귄 친구들과 다양한 이야기를 하지만, 자신의 본래 취미인 호러 만화나 호러에 관해서는 이야기하지 않는다. '여신 인싸'는 그런 것을 좋아하면 안 된다는 듯이 말이다. 취미에까지 기준을 제한하는 이데올로기를 주입하고 있는 것이다. 예쁜 인싸가 되려면 이렇게 힘들지만, 그만큼 얻는 것이 많다는 것을 보여주는 〈여신강림〉은 외모지상주의 신화를 깨지 못하고, 오히려 외모지상주의를 미화했다.

신화로 신화 깨기

〈여신강림〉에서는 주연들의 캐릭터와 서사가 클리셰 범벅인 것을 중화하기 위해 조연들의 캐릭터와 서사에서는 클리셰를 부수려 한 노력이 보인다. 특히 서브 커플인 준우와 희경의 캐릭터에서 이 노력이 돋보인다. 희경은 굉장히 쿨하고 터프하고 솔직담백하다. 연인 관계에서 주도적이고 항상 능동적인 모습을 보인다. 이에 반해 준우는 굉장히 감성적이고 소심하며 눈물이 많다. 연인 관계에서 남성은 능동적이고, 여성은 수동적이라는 신화를 깬 것이다. 이런 신화 깨기는 확실히 새롭고 재미있었다. 하지만 신화를 깨면서 또 다른 신화를 재생산했다. 희경은 전형적인 걸크러시 신화를 따르는 캐릭터다. 기존의 여성 이미지에서 탈피하기 위해 선택된 희경의 특기는 차 정비였다. 선물로 드릴을 받기도 한다. 준우는 문학 선생님이며 문학작품을 읽으며 감성에 쉽게 젖는 설정의 인물이다. 기존 남녀 캐릭터를 뒤집었다고 할 수 있다. 하지만 정말 뒤집기만 이루어졌다. 왜 꼭 이데올로기에서 벗어나기 위해 그 이데올로기가 정하는 남녀 캐릭터의 특성과 완전히 반대로 설정해야 하는 것일까? 이런 과장된 설정이 오히려 비현실적으로 다가와, 고정된 남녀 성 역할을 다시 한번 상기시키고, 동시에 남녀 성 역할에 대한 클리셰를 부수기 위해 설정되는 캐릭터에 대한 또 다른 클리셰를 양성한다.

조연은 아니지만, 서브 여주 수진의 센 캐릭터도 클리셰를 부순다. 여주인공의 친구로서 수진이 정의 구현을 하는 장면이 자주 나온다. 남성 인물들에게 수동적이지 않으며, 당당하게 할 말을 하고 물러서지 않는다. 하지만 수진 역시 신화로 신화를 깨는 인물이다. 여주인공을 막 대하는 남학생들에게 수진이 발차기를 하면서 멋지게 물리치는 장면이 있다. 하지만 현실에 비해 남자 캐릭터들이 과할 만큼 약하게 설정되었다는 느낌을 지울 수가 없다. 여성 캐릭터가 멋지게 남성 악당을 물리치는 장면에서, 남성 악당들이 우스꽝스럽고 나약하게 묘사되는 경우가 많다. 제대로 맞서 싸우기보다는 여성에게 한 방 맞고 바로 나가떨어져 웃음을 준다. 역시나 이런 과도한 설정은 비현실적으로 느껴지며, 멋진 여성 캐릭터의 장면에 대한 신화를 만든다. 또한 이런 장면에서 수진은 여주인공 주경을 구하기 위해 나타난 인물로, 종종 주경을 구해주던 남주인공들과 다를 바 없이 백마 탄 왕자님 역할을 한다. 결국 백마 탄 왕자님의 성별만 바뀌었을 뿐, 위기에 처한 여주인공을 다른 주인공들이 멋지게 나타나 구해준다는 클리셰는 더욱 강해졌다. 여주인공의 수동적인 모습이 더 부각되어 나타나게 된 것이다.

맺으며: 클리셰, 어떻게 사용하고 어떻게 부술 것인가

〈여신강림〉을 '클리셰'라는 주제에 따라 바라본 결과, 〈여신강림〉은 주연 캐릭터들의 설정과 서사에서 클리셰를 따르고 있으며, 이 클리셰는 '성 이미지 고착화'라는 부작용을 갖고 있었다. 또한 〈여신강림〉은 '외모지상주의'라는 사회의 이데올로기를 부수고자 했지만 '예쁜 인싸'에 대한 이데올로기를 만들며 결국 외모지상주의를 더욱 강화하고 고착화했다. 서브 커플이나 주인공 친구를 통해 클리셰 부수기를 시도했지만 이 또한 '신화로 신화 깨기'임이 드러나기도 했다.

　　클리셰의 사용이 언제나 나쁜 것은 아니다. 하지만 클리셰로 인해 '성 이미지 고착화'와 같이 사회의 이데올로기가 재생산되는 것에는 주의할 필요가 있다. 신화나 클리셰를 부수고자 하는 시도에도 주의가 필요하다. 〈여신강림〉의 제작 의도는 외모지상주의를 타파하는 것이었다. 이에 대해 주인공들에게는 성공적인 변화가 있었지만, 시청자들은 사회가 정의하는 '미의 잣대'를 더 엄격히 받아들이게 되었다. 물론 외모가 권력이고, 외모가 사회에서 평가의 기준이 되는 것은 현실이다. 하지만 외모지상주의를 타파하고 내면의 중요성을 강조하고자 한 드라마가 외모가 권력임을 현실에 비해 과도하게 과장하여, 심지어 희화화하여 다루고 있는 것은 모순적으로 보일 수 있다. 신화와 이데올로기를 재생산하는 클리셰를 부수기 위해서는 다양하고 새로운 시도들이 필요하다. 〈여신강림〉에서도 이러한 시도가 나타났다. 〈여신강림〉은 기존의 성 역할과 성 이미지에 대한 이데올로기와 클리셰를 부수고자 다양한 설정을 하여 재미를 주었다. 하지만 성 역할 클리셰를 부수기 위해 할 수 있는 캐릭터 설정의 한계가 드러났다. 〈여신강림〉은 클리셰와 클리셰 부수기 사이에서 아찔한 외줄타기를 했다. 두 가지를 적절히 조화했으나, 결국 클리셰의 부작용과 클리셰 부수기가 가진 부작용을 보이게 되었다. 이런 〈여신강림〉은 드라마에서 클리셰를 어떻게 사용하고 어떻게 부술지에 대한 고민이 필요하다는 것을 시사한다. 앞으로 방영될 많은 드라마에서 클리셰에 대한 충분한 고민과 새로운 시도를 볼 수 있기를 기대한다.

대신 해석해 드립니다

과몰입을 부르는 이야기의 힘

김혜연

머리말: 이야기에 홀린 대중

'당혹사', '알쓸범잡', '표리부동' …….

'이야기'에 홀린 대중의 등장이다.

최근 사건을 소개하는 프로그램들이 연이어 화제 되며 '범죄 예능'이 방송가의 트렌드로 자리매김하는 모습들이 보인다. 그중 단연 돋보이는 것은 SBS의 범죄 시사 교양, 〈꼬리의 꼬리를 무는 그날 이야기〉다. 작년 6월, SBS는 수십 년간의 간판 프로그램이었던 〈그것이 알고 싶다〉의 동생 격인 범죄 시사작, 〈꼬리에 꼬리를 무는 그날 이야기〉(이하 〈꼬꼬무〉)를 3주간 SBS스페셜 파일럿 프로그램으로 방송했다. 이 작은 파일럿 프로그램은 매회를 성공에 성공으로 매듭지으며 시즌 1과 시즌 2를 연이어 승승장구로 이끌었다. 시청률 고공행진에 정규 프로그램 편성, 도대체 어떤 요소가 시청자들의 구미를 끌어당긴 걸까?

프로그램의 인기 비결은 잘 알고 있다고 생각했던 사건을 다른 구성으로 선보이면서 오는 신선함, 그리고 속도감 있는 편집이다. 또 출연진의 친근한 스토리텔링이 시청자들을 집중하게 만들어 몰입도를 높인다. 유튜브에 올라가는 클립 영상 또한 대중의 유입을 높였다.

시즌 2의 마지막화로 방영되었던 〈꼬꼬무 시즌 2〉 에필로그 영상에서, 제작진은 그 비법을 '내러티브'를 이용한 '스토리텔링' 포맷이라고 언급한다.

그러나 이러한 포맷 또한 일장일단이 있다. 〈꼬꼬무〉의 남다른 강점이었지만, 큰 약점이 되기도 했다.

꼬리에 꼬리를 무는 그날 이야기

범죄를 뉴스, 신문과 같은 매스미디어를 통해 철저히 무겁게 다뤄지던 과거와 달리, 최근에는 화제성을 중심으로 한 범죄 예능의 잦은 등장이 보인다.

얼마 전 시즌 2를 종영한 〈꼬꼬무〉도 그중 하나다. 지난해 2%대로 시작한 시즌 1은 호평 속에서 평균 4%대 준수한 시청률을 거두며 〈그것이 알고 싶다〉와 함께 SBS 교양국의 히트 상품으로 떠올랐다. 그리고 지난 3월 말 찾아온 시즌 2 또한 높아진 기대에 어울리게 5%대 시청률을 기록하는 등 보다 큰 관심을 받고 있다. 도대체 이렇게까지 많은 호응을 얻게 된 이유가 무엇일까. 비결은 소재, 리액션, 시점, 스토리텔링이다.

첫째로, 시즌 1은 많은 사람들이 알 만한 사회적 이슈들을 소재로 다루었지만, 시즌 2는 스토리의 범위를 확장하여 근현대사 이야기로 파고들었다. 아이템 선정에도 공을 들인다. 제작진은 해방 이후 현대사의 주요 사건을 날짜별로 리스트업해 두고, 이 가운데 요즘 사람들이 흥미를 가질 만한 이야기인가, 지금 우리에게 어떤 의미가 있는가를 기준으로 아이템을 고른다. 애초 〈꼬꼬무〉의 시작은 스토리텔러를 통해 현대사를 조명하는 '현대사 프로젝트'였다. 정통 시사 교양의 존재 이유와 가치를 지키면서도 동시에 요즘 콘텐츠 시장의 트렌드를 따라잡으려는 노력이 〈꼬꼬무〉를 낳았다(잡지에 실린 제작자 인터뷰 중에서). 이런 이야기들은 40~50대 중장년층에게는 다시금 기억을 상기시키며 새롭게 다가오게 하고, 동시에 10~20대에게는 대충 들어봤던 이야기를 더 자세히 알게 하고 깊이 생각할 수 있는 기회를 제공하여 공감대를 형성시킨다.

둘째로, 청자의 리액션이다. 보통 이러한 해설, 시사 프로그램들의 청자는 말 그대로 '시청자'이다. 시청자들은 서로 보이지 않는 각각의 관객인 것이다. 그러나 〈꼬꼬무〉의 청자는 이중으로 설정되어 있다. 매회 출연하는 진행자들과 실제로 친밀한 스타 게스트들이 '보이는 청자'이고, 그것을 보는 우리, 즉 청자가 둘인 것이다. 김성수 평론가는 스타 게스트 출연 구성을 보고는 "화자와 청자의 관계에 신뢰가 이미 쌓인 상태이기에 이야기에 설득력을 불어넣는다"면서 "또 청자들의 일차적인 리액션이 시청자들의 반응과 공감을 끌어내는 좋은 장치로 작동한다"라고 설명했다. 〈꼬꼬무〉는 이러한 독특한 구성의 효과를 톡톡히 본 프로그램이다. 이뿐만 아니라 서술자와 재현 영상만 송출하여 제3자 입장에만 머무르는 〈신기한 TV 서프라이즈〉와 달리 〈꼬꼬무〉는 게스트의 반응으로 하여금 시청자들이 실화에 공감을 더하도록 만든다는 점에서 주목된다.

셋째로, 〈꼬꼬무〉의 이야기는 특이한 시점에서부터 시작하는 경향이 있다. 이야기의 실타래를 사건의 요약이나 해설로 풀어가는 것이 아니라 개인화하여 손을 잡고 이야기 속으로 들어간다. YH무역 사건의 김경숙 열사, 8·15 저격 사건에선 함께 희생된 여고생, 여대생 공기총 청부살인 사건에서는 딸의 죽음에 대한 진실을 찾기 위해 고군분투했던 아버지, 정원섭 씨를 비롯해 공권력으로 인해 누명을 쓴 사건의 희생자 등 개인의 입장에서 사건 전체를 바라보면서 입체적으로 느끼고 체감하게 된다. 더하여 사건 당사자의 인터뷰 영상, 당시의 자료, 증거물 등 적극적으로 소품을 활용하여 직접 살펴보도록 만듦으로써 몰입감 또한 높이는 효과를 준다.

스토리텔링: '내러티브식 연출'

이러한 비결들 중에서도, 단연코 가장 큰 공로는 내러티브식 연출에 있다. 이 프로그램은 시사 교양 프로그램이지만, 범죄 관련 프로그램 중 가장 예능의 성격이 강한 프로다. '장 트리오'라고 불리는 출연진 셋이 같은 이야기를 초대된 동료 연예인에게 들려주는 방송으로, 범죄의 심층적인 분석보다는 이야기를 서정적으로 전달하며 시청자들의 감성을 울리는 것이 특징이다. 이러한 내러티브식 연출 방향은 분명 대중의 호응을 유도할 수 있었던 유용한 장치였지만, 〈꼬꼬무〉를 비판 대상의 표적으로 만들기도 한 주원인이기도 했다.

내러티브식 구성은 이야기 속 한 인물의 시각에 맞춰 진행된다. 드라마의 전개 방식과 닮은 이 구성은 등장인물의 초점에 과다하게 몰입할 우려가 있고, 이는 어떤 인물의 초점에 맞춰지는가에 따라 악용될 수 있다. 이뿐만 아니라 동반되는 논란으로, '해설'이기보다 '대신 해석'을 해주는 형식으로 나아갈 가능성 또한 제기된다. 이는 연출자의 주관이 과다하게 들어갈 가능성이 높아져 편파 방송 문제 제기 같은 우려의 목소리를 사고 있다.

범죄자 미화: 키다리 아저씨가 된 사형수?

"죄책감이 커서 줄이려고 하는 건데 바보 같아. 이렇게까지 후회할 사람이면 왜 그 순간에 컨트롤이 안됐을까? 안타까우면서 바보 같고 이런 행동들이 딱하다고 안 느껴져"(〈꼬리에 꼬리를 무는 그날 이야기〉, 2020년 11월 12일 방영분, 출연자 김동현의 발언).

　지난 11월 12일, 〈꼬꼬무〉에서는 1980년대 벌어진 서진 룸살롱 사건을 사형수 고금석의 초점으로 다루어 방영했다. 방영분에서는 1980년대 서울 강남에서 일어난 조폭들의 칼부림 사건으로 4명을 살해하여 사형수가 된 '조폭' 고금석의 이야기가 소개되었다. 당시 어느 때와 같이 방송을 시청하던 〈꼬꼬무〉의 애청자들은 이야기의 진행 방식에 이상한 의문이 들었다고 밝힌다. 살인 사건을 해설하기보다는 고금석의 위인전을 보는 느낌이었다는 것이다. 사형수를 성인인 마냥 포장하는 삼중스님의 인터뷰와, 사형수로 재소하던 고금석에게 고마워하는 섬마을 아이들의 편지가 교차되는 장면이 나오자, 출연진은 울컥하면서 눈물을 흘렸다. 방송의 부차적인 설명이 범죄자의 서사를 이끌어내며 어느새 범죄 이야기보다는 한 인간의 인생 이야기가 되어버렸다는 사실을 느낄 수 있었다.

　〈꼬꼬무〉는 내러티브식 구성에는 영상 이미지와 출연진의 연기,

이야기 속 상황에 따라 게스트의 반응과 무대 효과가 동반되어 송출된다. 이 구조의 가장 큰 기대 효과는 시청자들의 이해를 돕고 흥미를 유발하는 것이다. 실제로 영상 이미지는 그 영상의 서사 구조 관계 속에서 관람자의 눈앞에 있는 미디어 화면에서 변화하며 나타나면서, 화면 구도에 의한 직감력과 경험의 문제와의 관계와 함께 새로운 세계를 보여주는 공간이 되고, 그 화면을 보는 사람에게 실재와 같은 또 다른 경험 세계를 제공할 수 있다. 그리고 영상 이미지를 통한 목표를 성공적으로 달성한다면 공간적 제약을 극복하고 보다 정확하고 풍부한 이미지를 전할 수 있을 것이다. 그러나 '현실'과 '현실의 표상'의 차이는 치명적인 문제다.[1] "영상 이미지는 단지 보이는 것이 아니라 우리의 의식 속으로 자연스레 스며들어 사고와 행동양식을 규정"하기 때문이다. 따라서 어떠한 의도로(어떤 방식으로) 보이는지가 수용자의 인지적 관점에서 가장 염두에 두어야 할 점이다.[2] 그러나 그날 방영된 〈꼬리에 꼬리를 무는 그날 이야기〉에서는 시청률의 고공행진 속에서 화제성만을 뒤쫓느라 이 점들을 검토하지 못한 것 같은 제작진의 모습이 보였다.

방영 후, 애정만 가득하던 시청자 게시판에는 분노가 들끓었다. 시청자들은 거부감을 표하며 크게 반발했다. 분노의 주된 이유는 모두가 같았다.

고금석이 사건의 '피해자'였던가?

서진회관 살인 사건 속에서는 피해자와 피의자가 뚜렷하게 존재한다. 그리고 이를 설명하는 해설자인 〈꼬꼬무〉는 이야기 밖의 제3의 인

1   강현옥, 「영상 이미지의 시각적 구조와 몰입에 관한 연구」, 《조형미디어학》, 11(3) (2008), 3~12쪽.
2   주창윤, 『영상 이미지의 구조』(나남출판, 2005), 126~127쪽.

물이 틀림없다. 그럼에도 불구하고 제작진은 조폭 영화 속 칼부림 장면의 시초라고도 불리는 '서진회관 살인 사건' 속 피의자인 고금석을, 어느새 안타까운 섬마을 아이들에게 매번 선물을 보내주는 멋진 키다리 아저씨로 포장하고 있었다. 여론을 조성하고 중요한 사회문제를 선택·해석하는 미디어의 영향력을 고려할 때, 이는 인간성뿐만 아니라 사회적 책임성 측면으로 또한 맹렬하게 비판받아야 마땅하다.

해설의 방향성: 재해석 혹은 재해설

〈꼬꼬무〉의 유혜승 PD는 한 인터뷰에서 "이건 결국 사람, 인생에 대한 이야기거든요"라고 말했다. 또, 〈꼬꼬무〉의 기획 의도를 "크게 각광받지 않았던 사람의 시선에 중점을 두려고 한다. 사람들 기억 속에는 없을 거지만, 숨겨진 사람들의 이야기"라며 "그날을 기억하는 여러 시선이 있지 않나. 객관적인 팩트들을 보지만, 각 사람들이 기억하는 게 다른 경우도 많다. 그런 지점들을 살리려고 노력을 하는 편"이라고 밝히기도 한다.

그러나 어떤 한 사건을 바라보는 데에 여러 관점이 있다고 한대도, 분명 어느 사건을 공개적으로 보일 때에는 피해자가 존재함을 인지하고 이에 무게감을 갖고 기획을 해야만 한다.

또한 프로그램을 기획하게 된 배경을 이야기하면서 "오늘날 이 이야기를 다시 기억해야 하는지에 대한 확신이 있기 때문에 사건을 다루는 것"이라고 언급하는데, 물론 기억의 가치를 위해 이러한 사건들을 해설하는 의도는 좋은 방향이라고 평가할 수 있다.

그러나 〈꼬꼬무〉는 또한 재해석의 여지가 있어왔다. 어느 관점으로, 어떻게 다루냐가 그 재해석의 옳고 그름을 결정하는 것이다. 그 옳고 그름에 따라 '해석'이 되느냐, 관점을 주입시키는 수단의 '재해설'이 되느냐가 달라지는 것이다.

글을 마무리하며: 해설에서 벗어나 각자의 해석으로

범죄를 다루는 TV 프로그램은 전문가의 출연과 더불어 광범위한 사건 공론화를 일으키는, 우위적 사고를 주입시키는 콘텐츠가 될 수 있다. 따라서 자신들의 전문성과 영향력을 바탕으로 보수적인 시각을 대중에게 심는 수단이 될 가능성도 없지 않다.

〈알쓸범잡〉 같은 경우는 유튜브 콘텐츠로서, 댓글 창을 열어놓고 대중과의 쉽고 빠른 소통이 가능하다는 점, 전문가들을 데려와 객관적이고 학문적인 시각으로 범죄를 바라보고 범죄자들에게 엄격한 잣대를 갖고 해설하기 때문에 좋은 영향력을 끼칠 수 있는 방향성을 제시하고 있다.

시사 교양의 시초인 〈그것이 알고 싶다〉와 최근 부상하고 있는 SBS의 간판 시사 교양 프로그램 〈꼬꼬무〉 또한 앞선 뉴미디어 콘텐츠보다 비교적 폐쇄적인 방송사만의 부정적인 특성을 걷어내고, 대본을 구성할 때 객관성과 소통성을 체계적으로 구성해야 하지 않을까?

오는 10월에 〈꼬꼬무〉는 그동안의 시즌제를 마무리하고, 정규프로그램으로 편성되어 돌아온다. 이를 기다리는 시청자들의 기대가 큰 만큼, 보다 더 성숙한 기획과 연출로 재정비한 모습으로 다시 볼 수 있길 바란다.

나 혼자 사는 세상은 아니잖아요?

김혜성

들어가며

무려 2013년부터 방영이 시작되어 현재 2021년까지 방영하고 있는 프로 그램이 있다. 바로 〈나 혼자 산다〉이다. 어느새 8년 넘게 방영되고 있는 이 프로그램은 MBC의 장수 프로그램의 대열에 합류했다. 물밀듯 쏟아지 는 콘텐츠 시장에서 파일럿 프로그램 〈남자가 혼자 살 때〉로 시작하여 당당히 자리 잡고 그 덩치를 키웠으니 가히 칭찬할 만하다. '한국인이 가 장 좋아하는 TV 프로그램'(한국갤럽 조사)에서 1위 자리를 수개월째 놓치 지 않기도 했다. 〈나 혼자 산다〉는 한참 관찰 예능이 떠오르던 때를 놓치 지 않고 시류를 탔다. 이와 더불어 1인 가구라는 떠오르는 사회 변화의 양상까지 짚어냈으니 대중의 관심을 끌 수밖에 없는 아이템이었다. 통계 청의 「2020 통계로 보는 1인 가구」 자료에 따르면 1인 가구는 약 664만

3000명으로, 전체 가구의 31.7%를 차지한다. 전년도보다 무려 8.1% 늘어난 비율인데, 이것만으로도 프로그램의 사회성을 대변해 준다. 2013년부터 변화하는 가구 형태에 귀추를 주목하여 우리 사회상을 뚜렷하게 반영해 낸 프로그램임은 틀림없다.

심지어는 관찰형 예능을 흥하게 만든 원조 격이라고 해도 무방할 정도로 흥행에 성공했다. 〈나 혼자 산다〉를 이후로 동일 방송사의 〈전지적 참견 시점〉, tvN의 〈온 앤 오프〉, SBS의 〈동상이몽〉, 〈미운 우리 새끼〉, KBS2의 〈사장님 귀는 당나귀 귀〉 등의 일상 관찰 예능이 앞다투어 나왔으니 말이다. 관찰형 예능의 부흥기를 연 장본인인 것이다. 나열된 프로그램 중에는 〈나 혼자 산다〉의 로고만 바꿨다 싶을 정도로 '아 모티프 삼았네'가 여실히 느껴지는 프로그램도 있다. 이렇게 타 방송사 프로그램의 기획에까지 영향을 미칠 정도로 큰 성공을 거뒀다고 할 수 있는 프로그램이 〈나 혼자 산다〉인 것이다.

나 혼자 누워도 느껴지는 두툼한 솜이불 아래 '완두콩'

그런데 꽃길만을 달리던 성공 기관차 〈나 혼자 산다〉는 어느새 시퍼런 녹이 슨 아슬아슬한 하락 가도를 걷고 있다. 올해 8월에는 방영 이후 근 5년 만에 5%대 최저 시청률을 기록해서 프로그램의 위기를 주시한 기사도 다수 있었다. 〈나 혼자 산다〉를 애청하는 시청자 입장으로 프로그램에 관한 기사를 보면 눈길이 간다. 언론과 대중이 방송에 대한 평을 만드는 것은 당연한 이치이다. 언론의 평이 곧 대중의 평으로 이어지는 경우도 다반사인 만큼 기사는 중요하다. 그리고 안타깝게도 최근 해당 프로그램을 향한 기사에는 '부정적 관점'이 더 많은 지분을 차지했다. 기사 제목부터 프로그램을 향한 시선이 영 고깝지 않음을 알 수 있다.

대중은, 시청자는, 수용자는 똑똑해졌다. 다양한 콘텐츠를 흡수하고 수용하고 비판할 수 있는 능력치가 폭발적으로 성장했다. 요새는 언론보다 발 빠르게 문제점을 파악하고 동일 콘텐츠 소비자들과 공유하며 흔히 말하듯 '손절'한다. 이는 곧 대중의 입맛을 맞추기 더 까다로워졌음을 의미한다. 까다로워진 시청자는 자신을 실망시킨 콘텐츠를 이전보다 더 쉽고 더 빠르게 외면한다. 대체재는 많기 때문이다. 나조차도 그렇다. 프로그램의 흐름을 좇아가기 바쁜 일개 시청자이던 내가 아니다. 아무리 애착이 깊은 프로그램이더라도 구시대적이고 불편함이 느껴진다면 가차 없이 손절한다. 설령 그 불편함이 공주의 두툼한 솜이불 아래 완두콩만 하더라도 말이다.

'뻔뻔'한 1인 가구의 허심탄회하지 '못'한 스토리

그렇다면 그 완두콩은 도대체 무엇일까. 사실 완두콩이 하나가 아니다. 우선 시청자로서 가장 애탄을 일으키는 점은 당당하게 출발한 시작이 점점 뻔뻔해진다는 것이다. 프로그램 소개에서도 내세우고 있듯이 〈나 혼자 산다〉는 1인 가구의 당당하고 솔직하며 허심탄회한 1인 라이프를 응원한다는 취지에서 기획된 프로그램이다. 세상의 1인 가구와 함께 혼자가 가지는 외로움의 깊이와 혼자가 가지는 여유의 깊이를 나누는 얼마나 위안이 되는 프로그램인가. 그러나 실상은 그렇지 않다. 연예인 1인 가구의 삶은 시청자의 1인 가구 삶에 공감 10%와 괴리감 90%를 가져왔다. 괴리감은 곧 박탈감으로 변질됐다. 초창기 육중완, 데프콘, 김광규 등이 출연하며 공감을 자아내던 연예인 1인 가구의 허심탄회함은 온데간데없어졌다. 그 빈자리를 고정 출연진 박나래의 위장전입 논란과 고정 출연진의 '무지갯빛' 부동산이 채울 뿐이다. 대중의 각광을 받다 못해 추종을 받는 연예인의 벌이와 집이 좋은 것은 당연지사다. 그러나 방송에서 이미 모두가 알고 있는 사실을 "혜븐 같은 거실", "브루클린 스튜디오를 연상시키는 넓은 거실", "눈 뜨자마자 보이는 짜릿한 한강 뷰" 등의 자막과 영상을 통해 강조하고 부각해야 할 필요성이 있었을까. 자취 월세방 하나 계약하기 힘들었던 1인 가구 시청자로서는 프로그램을 시청하며 입을 떡 벌리고 주먹을 넣고 있을 수밖에 없었다. 어느 기사에서는 이를 '나 혼자 산다'가 아니라 '나 혼자 잘 산다'라며 비판했다. 시청자는 대중의 각광을 받는 연예인의 삶에서 공감을 얻고 싶은 것이지 괴리를 얻고 싶은 것이 아니다. 집 자랑 프로그램을 보겠다면 차라리 감동이라도 있던 〈러브하우스〉나 보겠다는 다소 가시 돋친 말을 전하고 싶다.

허심탄회의 반대말을 하나로 정의할 수는 없겠지만 군이 해보자면 '가식'이라고 생각한다. 가식은 곧 포장하는 일이다. 어느 순간부터 〈나 혼자 산다〉는 포장 이사 전문업체가 됐다. 무엇을 포장하는가, 바로 연예인의 일상을 포장한다. 그들의 진실한 삶의 모습이 아니라 포장된 삶을 보여준다. 특히 논란이 된 연예인 '승리'가 그렇다. 버닝썬 사태 이후 그가 프로그램에서 보여준 '위대한 승츠비'의 모습은 헛웃음을 자아냈다. 당연히 해당 회 차의 승리 촬영 분은 논란 이전에 촬영됐다. 그럼에도 불구하고 비난의 화살은 승리와 〈나 혼자 산다〉가 함께 맞았다. 방송사의 처지에서는 정말 억울하기 짝이 없을 일이지만 시청자 1의 입장에서는 함께 맞을 만한 이유가 있다는 생각이 든다. 이른바 이미지로 먹고산다고 말하는 '연예인' 관찰 예능인만큼 프로그램과 연예인 사이에 그동안 고수해 온 이미지를 지키기 위한 모종의 타협이 오가는 것은 당연하다. 여기서 중요한 것은 어디까지나 타협이 진실을 가려서는 안 된다는 것이다. 승리는 '사업'을 했지만 '대단한 사업가'는 전혀 아니었다. 방송이 승리를 '대단한 사업가 = 승츠비'로 만들었다. 과장과 만들어진 거짓 대본 속에서 승리는 영화 속에나 나올 법한 완벽한 사업가로 거듭났다. 예능 프로그램의 필수 요소인 과장을 하지 말라는 것이 아니다. 적어도 거짓을 만들어내지 말라는 부탁이자 호소이다. 과장에도 선이 있다. 과장이 덧대어지면 거짓이다. 논란 이전이라도 나는 승리의 대단한 사업 현황보다는 승리가 밥 먹을 때 설거지 가짓수 줄이려고 밥그릇을 적게 쓰는지가 더 궁금했을 것이다. 정말이지 시청자는 허심탄회를 원한다.

관찰형 예능에서 출연진의 지나친 결속? 이건 '속박'

〈나 혼자 산다〉의 흥행의 도화선 같은 역할은 무지개 회원이다. 무지개 회원 체계를 갖춘 이후 고정 출연진의 티키타카가 이어지며 시청자들을 광대를 쉴 틈 없이 올려댔다. 합이 잘 맞는 출연진으로 스핀오프 프로그램인 〈여자들의 은밀한 파티〉(여은파)까지 만들어냈으니 말이다. 그러나 그 찰떡궁합은 끈끈해도 너무 끈끈했다. 그러나 어느 순간 〈나 혼자 산다〉는 '우리끼리 산다'가 되어버렸다. 1인 가구의 외로움 때문인지 몰라도 무지개 회원은 급속도로 가까워지며 결속을 다졌다. 이 결속은 무지개 회원들이 만들어내는 새로운 에피소드로 이어졌다. 처음엔 새로웠으나 갈수록 피로감이 높아졌다. 내가 느낀 피로를 다수의 시청자가 느끼고 있었다. 시청자 게시판은 물론이거니와 기사, 다양한 커뮤니티의 댓글에서도 이 지점을 지적하고 있었다. 고정 출연진의 친목이 도대체 관찰형 예능에서 왜 필요한 것이냐는 말이다.

수많은 관찰 예능 중에서 1인 가구를 소재로 1인 가구의 일상과 외로움을 대변한 것은 〈나 혼자 산다〉의 묘수였다. 묘수가 악수(惡手)가 됐다. 1인 가구 연예인의 과도한 친목은 적당함을 모르고 외로움 또한 대변하지 못한다. 이전에 하차했던 고정 출연자 전현무의 복귀를 아니 꼽게 보며 프로그램의 회귀가 최선의 변화구인지 물었던 일각의 시선 또한 이와 일맥상통한다. 애초에 시청자는 고정 출연진의 단단한 결속에 속박을 느꼈기 때문이다. 시청자는 답답함을 벗어던지고 싶은데 그 결속을 더 단단히 하는 제작진이 야속하다. 전현무의 회귀가 잘못됐다는 것이 아니다. PD 교체, 시청률 하락, 출연진 논란 등의 위기에서 위태로운 제작진이 과거의 광명을 뒤적이는 것은 본능이다. 다만 시청자의 피로를 진정으로 고려하고 있냐는 말이다. 출연자의 논란도 만만치 않다. 기안84 몰래카메라 사건은 일부 시청자의 트라우마를 건드려 민원 폭탄을 가져왔다. 당시 멤버 불화 및 기안84 왕따설까지 번지며 논란이 커졌었다. 이 밖에도 만화가가 직업인 기안84의 만화 속 여혐 논란과 방송 태도, 박나래의 성희롱 논란 등의 원인에는 출연진의 친목 속 해이해진 방송 태도가 한몫을 차지하고 있다.

잔인한 말같이 들리겠지만 제작진은 출연자들의 논란을 고스란히 안고 가면서도 동시에 최전방에는 출연자를 내세워 방패로 삼고 있다. 이미 형성된 집단의 결속에 불을 붙이며 판을 깔아주고 있다. 화제가 되는 그림을 조합해 눈에 너무 많이 익어버린 출연자를 전방에 내세운다. 편집으로 시청자들과 경계선을 사이에 두고 아슬아슬한 줄타기를 하는 셈이다. 선을 넘으면 사과하고 운 좋게 넘지 않으면 시청률을 얻을 것이다. 언뜻 보면 잃을 게 없어 보이지만 이렇게 얻은 시청률은 표피적이고 한시적이다. 결국 시청자의 피로도가 완두콩 때문에 극에 달하면 아무리 좋은 매트리스라 하더라도 버리고야 말 것이다. 이제는 일명 '시청자

손절의 시대'다. 무지개 회원이 잿빛 시청률을 가져오기 전에 선 넘지 않는 적절한 결속을 출연진에게 경고해야 한다. 이는 시청자뿐 아니라 프로그램이 스스로에 당한 속박 같아 보이기도 한다. 어쩌면 아예 참신한 무명 신인을 줄 위에 올리는 것도 방법일 수 있겠다. 당연히 시청자가 출연진 섭외까지 관여할 바는 아니다. 그것은 수신자와 수용자의 경계가 흐릿하다고 하는 쌍방 수신의 시대에서도 수용자의 영역은 아니라고 생각한다. 다만, 이 안에 내포된 논란에 대한 '진심을 담은 시정 조치'를 필요로 하는 애청자의 마음을 알아주기를 바랄 뿐이다.

나 혼자 살지만, 나 혼자 사는 세상은 아니잖아요?

아직은 애청자라는 푹신한 이불을 깔고 있지만 언제 완두콩이 거슬려서 떠나갈지 모른다. 비단 나의 얘기만이 아니다. 밖에서 보기에 〈나 혼자 산다〉는 현재 MBC 예능에서 PD를 포함한 제작진의 고충이 가장 많은 프로그램으로 보일 정도로 논란이 잦다. 화제성에 집중하다 보니 오로지 화젯거리만을 찾게 되었다. 프로그램의 변질은 여기서부터 시작됐다고 생각한다. 매 화 시청률로 평가받는 방송 제작자들의 심정도 이해가 된다. 하지만 '논란 프로그램'이라는 오명까지 쓰게 된 마당에, 이제는 돌파구를 던져야 할 시점이 되었다. 순한 맛이 되더라도 논란은 최소화하고 원형을 찾아야 한다.

　2021년 9월 기준 수도권 가구 기준 11.7%라는 최고 시청률을 기록한 〈나 혼자 산다〉는 그 원형을 찾아가고 있는 것 같다. 도쿄 올림픽에서 눈부신 활약을 펼쳤던 국가대표 4인(김연경·김수지·김희진·양효진) 일명 '국대즈'가 나온 회였다. 여자 배구 국가대표이자 '식빵 언니'라고 불리는 김연경의 저력 때문인지 프로그램 자체의 회복세인지는 모르지만 나는 둘 다라고 믿고 있다. 해당 회에서 국가대표 선수들의 진솔한 속 얘기와 잔잔한 일상을 담아냈다. 당시 심정을 공유하는 국대즈의 모습은 그야말로 허심탄회하다. 눈물을 보이다가도 언제 그랬냐는 듯 맛있는 것을 나눠 먹고 웃어 보인다. 털털한 농담 속에 결속이 엿보인다. 이렇듯 굳이 내세우지 않아도 보이는 것이 진정한 결속이다. 무지개 회원들의 결속과 사뭇 비교된다. 연예인의 삶이 일반인과 얼마나 다른지를 부각하는 게 아니라 얼마나 비슷한지를 보여줘야 한다. "나 오늘 좀 힘들어. 너도 힘들었지?", "나는 이거 먹는데. 너는 뭐 먹어?" 같은, 담백하고 위안이 되는 말을 건넬 줄 아는 그런 시청자의 프로그램으로 변화할 것을 제언한다. 나 혼자 살긴 하지만 결코 나 혼자 살아가는 세상은 아니니까 말이다.

오디션 프로그램의 가벼운 질주

정유리

1. '우리'의 선택, '그들'의 미래

1934년 경성에서 '조선 명가수 선발 대회'가 열렸다. 대중은 '조선 명가수 선발 대회'에 열광했다. 일제강점기라는 시대적 비극 때문에 빈약할 수밖에 없었던 문화를 전복시키기 위한 시도는 무척 흥미로웠다. 대중과 심사위원들의 지지를 받은 당선자들은 가수가 되었다. 그리고 식민지 백성들의 한을 노래로 달래주었다. '조선 명가수 선발 대회'는 '위로'와 '대중문화 부흥'이라는 목적을 달성했다. 성공적인 국민 오디션의 시작이라는 역사가 된 것이다.

오디션의 사전적 의미는 가수, 배우 등의 연예인을 선발하는 실기 시험이다. 방송국은 공개 오디션 프로그램을 제작하기 시작했다. '대국민이 참여하는 오디션'이라는 명분은 화제성과 시청률을 어느 정도 보장할 수 있기 때문이다. 하지만 기시감이 있는 오디션 프로그램들이 계속 편성되고 참가자의 행적 등 논란이 일어나면서 동등한 기회 제공, 꿈의 실현이라는 오디션의 순기능이 퇴색되어 가고 있다. 오디션의 미학적 실효성이 의심을 받는 것이다. 대국민이면서 시청자인 '우리'에게 '그들'의 미래를 '선택'하는 막중한 임무를 맡기면서 왜 방송국은, 제작진은 판을 제대로 짜지 않는다는 말인가. 소비 사회의 가장 중요한 요소인 기호 가치는 제대로 부여하지 않은 채 시청자들의 욕망만 부추기는 모양새이다.

2. 트로트 오디션에 대한 지나친 고집

2020년 방송된 오디션 프로그램은 KBS2 〈트롯 전국 체전〉, MBC 〈트로트의 민족〉, MBN 〈보이스트롯〉, TV 〈조선 미스트롯 2〉, Mnet 〈캡틴〉 등이 있다. 2021년 방송된(2021년 8월 기준) 오디션 프로그램은 KBS2 〈우리가 사랑한 그 노래 새 가수〉, MBN 〈조선판스타〉, Mnet 〈걸스플래닛 999〉 등이 있다. 2020년과 2021년에 걸쳐 방송된 오디션 프로그램 중 트로트 오디션 프로그램이 절반을 차지하고 있다.

2019년 TV 조선의 〈내일은 미스트롯〉이 자체 최고 시청률을 경신하자 방송국들이 트로트 오디션 프로그램을 제작했다. 트로트 오디션은 대부분 10부작 내외로, 경연 과정은 물론 내용까지 비슷한데, 예선 통과 후 전문가의 심사로 다음 단계 진출자를 정하고 결선에서는 전문가의 점수와 국민 투표 수를 합치거나 국민 투표 수만으로 순위를 정했다(가끔 실력과는 별개로 수적인 우위만을 따지는 방식에 배신감을 느끼기도 한다).

오디션은 우승자를 가리기 위해 토너먼트 형식이거나 하위권을 기록한 참가자를 탈락시켜야 하는 구조다. 그러나 트로트라는 비슷한 소재를 다루면서 비슷한 구조를 벗어나지 못하는 오디션 프로그램은 시청자들에게 피로감을 줄 수밖에 없다. 클리세의 반복을 넘어 마치 자기 증식처럼 보이기까지 하니 말이다. 상사[1]의 관점으로 각 오디션 프로그램의 잠재성을 발견하려고 이해하려고 해도 도무지 불가능한 상태인 것이다. 유일한 차이를 보이는 참가자들만의 특색 있는 서사로 잠깐의 이목을 끌 수는 있겠지만 오디션 프로그램의 극적 재미와 반등하는 시청률까지 확보되는 것은 아니다. 방송은 필연성보다 우연성의 영향이 더 큰 매체이기 때문이다.

2020년과 2021년 공중파 채널에서 방송된 트로트 오디션의 최고 시청률만 살펴봤을 때 MBC 〈트로트의 민족〉 15.8%, KBS2 〈트롯 전국체전〉 19.0%, 조선TV 〈내일은 미스트롯 2〉 32.9%를 기록했다. 아직까지 우리나라의 트로트 열풍이 식지 않았고 자본의 힘은 유효했다. 하지만 트로트를 좋아하는 고정 시청자들이 중복된 경우일 수 있고, 높은 시청률이 프로그램의 완성도까지 담보하지는 않는다. 또, 참가자들의 학교 폭력 논란 등 제작진의 철저하지 못했던 검증은 또 다른 문제를 발생시켰다. 안일한 준비로 인해 프로그램 운영은 차질을 빚었고 학교 폭력의 피해자들은 가해자를 TV로 마주하면서 고통을 겪을 수밖에 없었다.

TV 조선은 트로트 오디션을 남녀 각 시즌제로 진행을 하고 있다. 공중파와 종편, 케이블까지 트로트 오디션을 편성하지 않을 것이라고 장담할 수 없다. 트로트가 공중파 채널 음악 방송에서 1위를 차지하는

---

1   미셸 푸코(Michel Foucault), 『이것은 파이프가 아니다』, 김현 옮김(고려대학교 출판부, 2010).

등 음원 시장에서 막강한 영향력을 미치고 있기 때문이다. 또 트로트 가수들은 활발한 방송 출연과 광고 촬영을 하고 있다. 오디션 출신이라는 꼬리표는 방송국에 더 없이 좋은 홍보 수단이다. 그러나 시청자들은 지루함을 감내하지 않는 냉정한 존재이다. 우리에게는 형식이든, 내용이든 변화를 주는 새롭고도 기발한 트로트 오디션 프로그램이 필요하다.

3. 변화와 실패

한 번 더 기회가 필요한 무명 가수들이 대중 앞에 설 수 있도록 도움을 주는 리부팅 오디션 프로그램 JTBC의 〈싱어게인〉은 시즌제를 확정했다. 참가자 전원을 무명 가수를 대상으로 한 오디션은 그 자체만으로도 유의미했다. 음악을 사랑하고 음악적 재능 역시 지니고 있지만 한정된 기회 때문에 꿈을 잠시 접어둘 수밖에 없었던 무명 가수는 그 이름만으로도 시청자들의 감정을 움직이기 충분했다. 또 변주된 기성 음악은 물론 개성이 강한 본인만의 음악을 감상할 수 있었던 〈싱어게인〉은 오디션 프로그램이면서 독자적인 음악 프로그램이기도 했다. 〈싱어게인〉은 최고 시청률 10.1%를 기록했고 우승자는 비드라마 부분 출연자 화제성 1위에 오르기도 했다. 그리고 JTBC는 〈싱어게인〉을 통해 '갓 유명가수'로 명명된 상위권 참가자들이 출연하는 프로그램 〈유명가수전〉도 제작했다. 단순히 수상에 그치는 일회적 오디션 프로그램으로 끝나는 것이 아니라 음악에, 시청자들과의 만남에 연속성을 부여한 것이다.

Mnet은 가수의 꿈을 지닌 10대의 자녀를 둔 부모들이 심사위원을 만나 자녀들의 가능성을 평가받는 포맷의 오디션 프로그램 〈캡틴〉을 제작·방영했다. 그런데 〈캡틴〉은 10대 대상 오디션 프로그램 중 가장

초라한 시청률인 0%대를 기록했다. 시청자들의 관심이 거의 없었다고 봐도 무방할 것이다. 부모의 과도한 개입과 부모와 자녀의 갈등은 오디션 프로그램의 10대 참가자들을 수동적·소극적 주체로 전락시켰다. 〈걸스플래닛999: 소녀대전〉 역시 사정은 다르지 않다. 걸그룹 데뷔를 위해 한·중·일에서 99명의 소녀들이 참가했지만 자사 오디션 프로그램 〈캡틴〉과 마찬가지로 0%대 시청률을 기록하고 있다. 〈걸스플래닛999: 소녀대전〉은 프로듀스 시리즈의 구성과 다르지 않고 한·중·일 국가 간의 갈등을 애초에 봉인하기 위한 지나친 노력이 재미 요소까지 삭제해 버렸다. KBS2에서 중장년층 시청자를 타깃으로 한 〈우리가 사랑한 그 노래, 새 가수〉는 최고 시청률 4.8%를 기록했다. 1970~1990년대 명곡을 2021년 감성으로 탄생시킨다는 시도는 새로웠으나 시청자의 마음을 움직이지는 못했다. 복고 감성은 복고 감성대로 의미가 있는데 말이다. 세대와 시대 통합이라는 목표가 너무 거창했다. 새 가수를 발굴하는 데 성공은 했으나 스타를 탄생시키지는 못했다.

하지만 오디션 프로그램의 변화는 거듭되어야 할 것이다. 변화는 성공보다 더 많은 실패를 수반하지만 한편으로는 발전할 수 있는 토대가 되기도 하기 때문이다. 오디션 프로그램의 변화는 오디션 영역을 확장 시킬 것이다. 비정형성은 창의성을 동반하기 때문이다. 그렇게 방송과 예술, 방송과 문화의 새로운 결합을 완성할 것이다.

4. 공정성은 실재하는가

오디션 프로그램은 무엇보다도 심사에 대한 공정성이 중요하다. 하지만 악마의 편집, 부정 투표 등 정당한 대결과 평가라는 오디션의 정체성을 잃고 조작 방송이 되어 버리는 끔찍한 상황이 벌어지기도 했다.

오디션 프로그램은 심사위원 선정 기준에 대한 설명을 하지 않는다. 심사위원들은 대부분 대중문화 산업 종사자로서 어느 정도 인지도를 가지고 있기 때문이다. 하지만 지금까지 심사위원의 전문성에 대해 거론할 만한 상황이 부재했다고 단언할 수는 없다. 누구나 납득할 수 있는 심사위원 선정이 필요하다.

심사를 하는 심사위원들의 판단은 주관적일 수밖에 없다. 하지만 자신의 취향을 지나치게 존중하는 심사는 곤란하다. 객관적이고 냉철한 심사평과 점수는 시청자들의 신뢰도를 높일 것이다. 특정 참가자에게 편향된 심사는 참가자의 의욕을 꺾고 오디션의 공정성을 의심받을 수 있기 때문이다.

대국민 투표를 결과에 반영하는 오디션 프로그램은 참가자들의 방송 분량에 대한 고민이 필요하다. 방송 분량은 시청자들의 투표에 절대적인 영향을 미치기 때문이다. 시청자들이 공감을 할 수 있거나 흥미를 가질 수 있는 참가자의 스토리텔링은 중요하다. 시청의 충성도뿐만 아니라 화제성까지 불러일으킬 수 있기 때문이다. 하지만 공정성이 전제되어야 하는 오디션인 만큼 참가자들의 균형 있는 방송 분량은 재고되어야 한다.

오디션 프로그램에서도 선악의 구도를 종종 발견할 수 있다. 물론 참가자들의 성향이 대립하는 상황일 수도 있다. 갈등을 가감 없이 보여주는 솔직한 방송일 수도 있고 말이다. 하지만 자의든 타의든 악역 역할을 한 참가자들은 시청자들의 선택을 받지 못하고 탈락을 한다. 이뿐만 아니라 사이버 공간에서 악플 등의 테러를 당하기도 한다. 그들은 제작진이 오디션 과정의 중요한 부분을 생략하거나 의도적으로 편집을 했다면서 억울함을 호소한다. 이른바 악마의 편집으로 발생한 최악의 결과는 절대 되돌릴 수 없다. 제작진은 공정한 편집에 보다 더 주의를 기울여야 한다. 제작진의 윤리적인 판단과 행동이 필요한 것이다.

　Mnet의 〈프로듀스 시리즈〉 PD와 CP는 투표 조작을 통한 사기 혐의로 구속되었고 현재도 재판이 진행 중이다. 방송국이라는 거대 권력을 오디션 참가자에게 휘두른 결과이다. 방송국은 오디션 참가자와 수직적 관계라는 착각을 빨리 벗어나야 한다. 오디션은 방송국의 권위와 개인이 대결을 하는 것이 아니기 때문이다. 공정성이 사라진 오디션은 방송의 정통성은 물론 경쟁의 가치를 퇴색시킬 뿐만 아니라 사회를 해체할 수도 있는, 불안한 혹은 불편한 가능성을 내재하고 있기 때문이다.

　공정성의 문제를 해결할 수 있는 가장 간단하면서도 정확한 방법은 심사 및 투표 결과를 완전하게 공개하는 것이다. 사정에 따라 심사 및 투표 결과를 완전하게 공개하는 것이 불가능할 수도 있겠지만 국민과 함께 하는 오디션 프로그램인 만큼 기밀은 최소화되어야 할 것이다.

5. 문화의 무한한 확장을 위하여

오디션 프로그램은 한 인간의 성장 과정을 고스란히 보여준다. 시청자는 꿈을 이루기 위해 실력을 키우고 내적으로 단단해지는 참가자의 모습을 통해 자기 개발의 필요성과 중요성, 극복의 의지, 최선의 자세 등을 배울 수 있다. 오디션 프로그램은 우리의 세계를 확장하는 수단이 될 수 있는 것이다.

　오디션 프로그램은 지금 다양성을 추구하고 있다. 노래와 춤의 고착화 상태를 벗어나 이미 뮤지컬, 연기, 디자인까지 범위를 넓혔다. 2021년 10월 현재 종편 채널에서는 국악 오디션이 진행되고 있다. 기존의 오디션 방식과 크게 다르지 않지만 국악의 가치를 알리고 대중화하기 위한 노력을 분명 높이 평가할 수 있다. 기존 프레임과 다르게 전통과 진정성을 담은 오디션 프로그램이 탄생한 것이다.

방송은 아직 미지의 세계로 인식되는 다양한 예술 분야를 알릴 의무가 있다. 또, 성별과 계층 따위를 뛰어넘는, 가끔은 경계를 지워내는 오디션이 필요하다. 고전적 재현이야 얼마든지 파괴 가능한 것이기 때문이다. 누군가의 인생을 뒤흔들 기회를 제공하는 일은 그 얼마나 멋진가. 그러기 위해서는 오디션 프로그램은 가벼운 질주를 멈추고 '도전', '상상의 실현', '타자의 주체화' 등 그 의의는 지속하면서 계속 진화해야 할 것이다. 물론 공정성과 객관성이 기반이 된다는 전제하에 말이다.

나의 친애하는 그녀들

오신혜

독점은 권력을 낳는다. 정보든 문화든 여가든, 무엇이 되었든 특정한 계층이 독점하고 다른 모든 이들이 소외되면 그 자체가 권력이 된다. 봉건시대 높으신 분들은 그 사실을 잘 알았기 때문에 문자와 문화를 독점했다.

세종대왕의 깊은 애민 정신이 독점으로 이룩한 권력에 균열을 만들었다. 백성들은 문자를 깨우칠 수 있게 되었고, 이른바 활자로 이루어진 예술 작품을 향유할 수 있게 되었다.

그건 신분제를 무너뜨리고 사회 기반을 흔드는 강력한 바람이었다. 현대의 바람은 텔레비전에서 불었다. 방송의 가장 강력한 힘은 고관대작의 으리으리한 기와집에도, 백성들의 소담한 초가집에도 공평하게 나온다는 것이었다. 방송이라는 매체는 사람들의 삶을 크게 변화시켰다. 많은 것을 공평하게 누릴 수 있게 해준 것이다.

그 덕분에 사람들은 갖가지 문화를 공유할 수 있게 되었다. 비용 때문에 특정 계급만 누리던 것들의 경계가 모호해진 것이다. 사람들은 방송을 통해 서로의 간격을 줄일 수 있었다. 그건 방송이 세상을 더 좋은 방향으로 이끌어간다는 증거였다.

힘없는 사람들의 억울한 사연을 접할 때면 우리는 흔히 방송국에 제보해 보라는 말을 한다. 그래서 나는 방송을 사랑한다. 방송에는 그런 힘이 있기 때문이다. 높은 곳이든 낮은 곳이든 공평하게 흐르는 그 힘을 사랑한다.

유례없는 전염병으로 바깥 생활이 여의치 않아지면서 방송에 기대하는 것이 더욱 많아졌다. 복작복작 모인 가족들이 가장 손쉽고 평등하게 즐거움을 얻을 수 있는 것이 텔레비전 아니겠는가.

그런데 시간이 갈수록 마음이 상한다. 회 차마다 화제를 낳고 시청률도 잘 나온다는 MBC의 〈나 혼자 산다〉 때문이다. 프로그램이 처음 시작할 때는 독신 가정과 1인 가정이 늘어나는 세태를 반영해 혼자 사는 유명인들의 일상을 관찰 카메라로 담겠다는 취지를 갖고 있었다.

드라마나 영화에서만 접하던 연예인들의 일상이라니. 그들이 어떤 곳에서 잠이 드는지, 아침으로는 무엇을 먹는지 볼 수 있다는 것이 참신하고 재밌었다. 우리와 다를 것 없는 그들의 하루가 정겹기도 하고 내 하루를 돌아볼 수 있는 계기도 되어주었다.

프로그램이 인기를 얻고 점점 화제를 얻으면서, 오히려 즐겁고 기쁘던 마음이 조금씩 사라졌다. 같이 외출할 사람이 없어 친구들에게 연락을 돌리거나, 모자를 뒤집어쓰고 마트에 장을 보러 가던 연예인들의 모습이 달라지기 시작했다.

작품 개봉을 앞두고 나온 연예인들의 화려한 집이나 자동차가 소개되는 일이 잦아졌다. 보통의 '1인 가정'의 모습과는 전혀 다른 해외에서의 화보 촬영, 명품을 사고파는 연예인들의 벼룩시장, 다수의 모임이 민감한 시기에 연예인들의 여행 등이 방영되었다.

누구에게나 공평하게 나오는 방송이 누군가의 마음에 위화감을 조성한다는 사실이 못내 슬프게 느껴졌다. 특정한 사람들이 독점한 인기와 재화를 우두커니 구경하는 신세는 유쾌하지 않았다. 방송을 보는 내내 나는 내가 사는 세상이 갑작스레 전근대 시대로 돌아간 것 같은 착각이 들었다.

그렇게 상한 마음으로 만난 방송이 SBS의 〈골 때리는 그녀들〉이다. 처음에는 명절 특집 파일럿 방송이었는데 반응이 좋아 정규 편성이 되었다. 축구공을 만져본 적도 없는 각 분야별 여자 연예인들이 팀을 이루고 토너먼트 형식으로 축구 경기를 한다는 설정은 신선하고 흥미진진했다.

축구에 대해 잘 몰라도 구기 종목의 실력이 빨리 늘지 않는다는 것 정도는 알고 있었다. 특히나 발로 공을 다루어야 하는 축구는 긴 훈련 시간이 필요한 법이다. 모여서 구기 종목을 즐기는 것이 익숙한 남자들이 아니라 공이 낯선 여자들의 도전은 처절하고 눈물겨웠다.

집에서 아기를 키우던 엄마들도, 디자이너가 요구하는 외적인 모습을 만들기 위해 혹독한 관리를 하는 모델들도, 이미지를 고수해야 하는 배우들도 코가 깨지든 얼굴이 찢어지든 두려워하지 않고 공을 향해 달려들었다. 엄지발톱이 빠지거나 허벅지 근육이 파열되는 부상에도 골 때리는 그녀들은 골 넣기를 멈추지 않았다.

간절했기 때문이다. 그녀들은 입을 모아 말했다. '함께 운동하는 것'이 이렇게 즐거운 것인 줄 미처 몰랐다고. 혼자 하는 운동은 힘들기만 했는데 바깥 공기를 마시며 서로 몸을 부딪치고, 공을 향해 질주하는 것이 행복하다고 했다.

이제까지와는 전혀 다른 삶에 직면한 그녀들의 도전은 시청자들의 마음을 뒤흔들었다. 조기 축구회에 여자들의 입단 문의가 쇄도하고, 부녀회를 중심으로 축구 모임이 만들어지기 시작했다.

나 역시 내가 할 수 있는 운동 중에 '축구'가 들어갈 것이라고는 한 번도 생각하지 못했는데, 그 고정관념과 편견이 한순간에 깨져버렸다. 그러고 나니 다음 세대가 눈에 들어왔다.

나는 가르치던 학생 중 여학생들만 따로 불러 모았다. 15명 정도 되었다. 축구를 해보거나 축구공을 제대로 차본 적이 있느냐는 내 질문에 모두가 도리질을 했다. 내가 어릴 때와 같았다. 그것이 사회적인 이유든 문화적인 이유든 '여자'의 '축구'는 아직 낯설고 요원한 신세계였다.

아이들에게 〈골 때리는 그녀들〉을 보여주고 기본적인 축구 규칙을 가르쳐주었다. 야구와 농구도 똑같이 알려주었다. 구기 종목을 모르고 살아도 괜찮다. 좋아하지 않아도 괜찮다. 그러나 그것이 어쩔 수 없이 주어진 것이 아니라 능동적인 선택이려면 우선은 공평하게 기회를 가져야 한다는 생각이 들었기 때문이다.

아이들은 여자들이 축구를 하는 모습을 유심히 바라보았다. 그동안 남학생들이 축구를 하는 모습을 봐도 자신들하고는 전혀 상관없는 일처럼 건성으로 대했던 아이들은 그녀들의 빛나는 얼굴과 간절한 몸짓에 매료되었다.

가수 신효범은 〈골 때리는 그녀들〉을 촬영하면서 공이 아름다울 수 있다는 것을 깨달았다고 했다. 아이들은 방송을 보면서 여자들이 축구 하는 모습도 멋있을 수 있다는 것을, 그것이 아름다운 도전이 된다는 것을 깨달았다.

전염병으로 활동이 제한되면서 몸이 많은 굳은 우리는 방역 수칙을 철저히 지키며 소규모로 모여 공을 차기 시작했다. 물론 엉망진창이었다. 패스가 여러 번 이어지기까지 야속하게 데굴데굴 굴러가는 공을 쫓아다녀야 했다.

그래도 포기하지 않았다. 시간이 지날수록 익숙해지고, 공이 몸에 익는다는 것을 방송을 통해 배웠기 때문이다. 점점 발 안쪽으로 공을 정확하게 차는 아이들이 늘어났다. 아직 축구라 부를 만하지는 않았지만 제법 공차기는 할 수 있게 되었다.

그때부터는 가까운 곳에 여성 축구부가 있는지 알아보았다. 마침 근거리의 공원에서 훈련하는 기혼 여성 축구부가 있었다. 그녀들은 우리를 우정으로 받아주었다. 전력에 도움이 되는 신입은 아니지만 여자 축구 인구가 조금이라도 늘어났으면 하는 마음인 것 같았다.

그녀들에게 기본적인 훈련법을 배우는 동안 우리도 방송과 똑같은 과정을 거쳤다. 전혀 쓰지 않던 근육들이 비명을 질렀고, 서투른 동작 때문에 부상에 시달렸다. 그래도 좋았다. 함께 운동하는 것에는 몸을 움직이는 것 이상의 의미가 있었다.

나의 친애하는 골 때리는 그녀들은 모두에게 축구에 대해 알 기회를 제공했다. 그 방송은 남자든 여자든 나이가 많은 사람이든 젊은 사람이든 모두가 도전할 수 있다는 것을 몸소 보여주었다.

그 도전 자체도 값진 것이었지만 그녀들은 불굴의 정신력과 끈기로 결과를 만들어냈다. 축구공을 제대로 찰 줄 몰라 발톱이 빠지고 발가락이 부러지던 사람들이 점점 인사이드 킥을 구사하더니 중거리 슛까지 힘 있게 날리기 시작했다.

축구를 점점 이해하면서부터는 전술도 구사하고, 이른바 세트피스에 티키타카를 통한 패스까지 구현해 내는데, 나도 모르게 감탄이 터져 나왔다. 축구가 뭔지도 모르던 사람들이 간절함과 성실함으로 그 자리까지 오른 것이 자랑스러웠다.

데이비드 베컴은 "나는 일부 사람들의 편견을 바꾸고 싶다"라고 말했다. 골 때리는 그녀들은 그 말을 몸으로 이루어냈다. 그녀들이 넣는 한 골 한 골이 지켜보는 시청자들의 생각을 바꾸고, 생활을 바꾸었다.

그 일련의 과정은 내가 사랑했던 방송의 힘 그 자체였다. 누구에게나 공평하게, 그리고 무엇보다 빠르게 세상을 더 좋게 만드는 그 힘을 친애하는 그녀들이 보여준 것이다.

각자의 방송 스케줄을 소화하면서도 대기실에서 틈틈이 슛 연습을 하며 축구공을 다루기 위해 고군분투하는 모습을 여러 번 돌려보았다. 아이를 데려다주고 데리고 오는 짧은 틈에도 발등으로 축구공을 차면서 걷던 엄마의 모습이 계속 떠올랐다.

그녀들은 축구를 통해 살아갈 힘을 얻고 있었다. 우리도 그랬다. 축구를 하면서 전염병으로 우울했던 마음도 많이 좋아졌다. 우리의 축구 실력이 달라지듯 도저히 끝나지 않을 것 같은 이 절망도 결국은 희망으로 변하리라는 믿음이 생겼다.

그러는 동안 〈골 때리는 그녀들〉의 토너먼트가 끝나고 우승팀이 결정되었다. 가장 나이가 많은 선수들이 포함된 FC 불나방이었다. 감독인 전 국가대표 축구 선수 이천수는 좋은 성적을 올렸던 거스 히딩크 감독의 이름을 따온 이딩크라는 별명을 얻었다.

다음 주면 〈골 때리는 그녀들 시즌 2〉가 시작된다. 몸 사리지 않고 불 속으로 뛰어드는 나방처럼 나의 친애하는 그녀들의 도전은 현재진행형이다. 그녀들의 날갯짓은 전파를 타고 날아와 우리가 사는 세상을 더 아름답게 하리라. 나의 친애하는 그녀들의 방송은 발전을 낳을 것이다. 세상을 더 좋은 곳으로 변화시킬 것이다.

반복되는 국산 힐링이 지겹습니다

손종욱

문제: "다음 키워드를 모두 포함하는 예능 프로그램의 이름을 말하시오."
아름다운 풍경이 비치는 자연, 예능에서 보기 어려운 톱스타 사
단, 일반인들을 위해 움직이는 출연진.
정답: 〈강식당〉, 〈국경 없는 포차〉, 〈바라던 바다〉, 〈비긴어게인〉, 〈어
쩌다 사장〉, 〈우도주막〉, 〈윤식당〉, 〈윤스테이〉, 〈커피프렌즈〉,
〈스페인 하숙〉, 〈현지에서 먹힐까〉, 〈효리네 민박〉

　　인류는 언제나 긍정을 추구한다. 고된 삶, 암담한 현실 속에서도 즐
거움을 원한다는 사실은 이미 700여 년 전 저술된 책 『데카메론』에서
도 찾을 수 있다. 오늘날도 마찬가지, 내 주식을 제외한 모든 지표가 오
르는 시대 속 방송사들은 다투듯이 치유 예능을 만들고 있다. 그러던
2017년 나영석 PD는 새로운 힐링 예능 〈윤식당〉 시리즈를 연출했다.

나PD의 〈윤식당〉은 지금까지 없던 새로운 장르의 예능이었고, 공전절후의 최고 시청률 19.4%를 찍으며 성공했다.

이후 〈윤식당〉식 예능은 대만 카스텔라 체인점마냥 급속도로 생겨나기 시작한다. 치유를 위해 아름다운 자연 풍경을 보여주고, 시청자들이 좋아하는 톱스타들을 보여주기도 한다. 아, 너무 화려한 사람들만 보면 박탈감을 느낄 수도 있으니 시청자들과 비슷한 일반인들도 출연한다. 다음 세 가지 원칙만 지킨다면 여러분들도 쉽게 힐링 예능을 만들 수 있다. 위에 언급한 예능들은 모두 〈윤식당〉 종영 이후 현재까지 5년간 만들어진 것이다. 각 예능은 비슷한 틀을 조금씩 변주하며 살아남았다. 〈현지에서 먹힐까〉의 경우 샘킴, 이연복, 홍석천 같은 전문 요리사를 섭외해 요리의 전문성을 살렸다. 〈비긴어게인〉은 유명 가수들과 함께하는 버스킹이라는 콘셉트를 활용해 음악적 감성을 극대화했다. 〈강식당〉은 기존 인기 예능인 〈신서유기〉의 스핀오프 격으로 만들어, 기존에 존재하는 케미를 바탕으로 기존 방송들과 다른 느낌을 줄 수 있었다. 하지만 〈바라던 바다〉와 〈우도주막〉에선 그 어떤 새로운 것도 찾을 수 없었다. 둘은 기존 예능에서 반복된 식상한 상황과 내용만 송출하며 시청자들의 눈길을 끊었다. 시청률 1.5%로 시작한 〈바라던 바다〉는 스타 출연진에도 불구하고 0.9%로 종영했다. 2.6%로 시작한 〈우도주막〉은 1.1%까지 추락했다. 무엇이 초호화 캐스팅의 〈바라던 바다〉와 〈우도주막〉을 무너뜨렸을까.

그래서 왜 지속 가능성이 필요한데?

〈바라던 바다〉의 시작은 참신하다. 출연진이 프로그램 관계자들에게 직접 프로그램의 기획 의도와 내용 그리고 의의까지 PPT로 발표한다. 관계자를 넘어 시청자들에게까지 프로그램의 의도를 진지하게 소개한다는 점에서 진심 어리게 다가온다. 이지아는 발표와 함께 '지속 가능성'이라는 키워드를 강조한다. 플라스틱 사용을 없애고 자연과 함께하는 지속 가능한 바를 만들겠다고 말한다. 비교적 식상한 소재인 음식과 음악을 뒷받침할 소재로 '자연'이란 키워드를 가져온 느낌이다. 이어지는 Q&A에선 왜 지속 가능성을 키워드로 잡았냐는 질문이 들어온다. 온유는 환경 문제가 대두되는 상황에서 지속 가능성이 중요하기에 선택했다고 답한다.

> "요즘은 환경 문제가 많이 대두되고 있기 때문에 저희는 지속 가능성이 굉장히 중요하다고 생각해서, 앞으로 어떤 물건을 써도 다시 재활용을 할 수 있고 재활용한 걸 또 재활용할 수 있는 만큼 생산 기법이나 유통 같은 걸 다 포함해야 된다고 생각했습니다. 그래서 지속 가능성이라는 앞으로의 환경을 덜 해칠 수 있는 그런 걸 생각해 본 것 같습니다."

머리가 갸우뚱해지는 답변이다. '환경 문제가 이슈니까 지속 가능성을 다뤄보자'라는 논리는 너무 단순하다. 30초 남짓의 모두가 아는 뻔한 답변이다. 자신감 있는 말투지만 내용은 단순하다. 최근 유행하는 '인턴기자'의 스케치를 보는 듯하다. 시청자 입장에서 지속 가능성에 공감할 명분으로는 부족하다. 또, 포항을 촬영지로 선택했다고 말하며 포스코 관련 환경 이슈를 언급하지 않는다는 점에서 환경을 생각하고 있는 것인지에 대한 근원적 물음까지 생긴다. 환경 이슈는 음악 예능의 곁다리로 밖에 느껴지지 않는다. '지속 가능성'에 대한 어이없는 답변과 함께 〈바라던 바다〉를 바라보는 진지한 시선이 모두 사라진다. '지속 가능성'이란 의도가 흐지부지되니 코너의 정체성도 모호해진다. 한국 음식이나 음악을 해외에 알린다는 의도도 없다. 그저 음악을 즐기고 음식을 먹으며 바다를 즐길 뿐이다. 그렇다면 〈바라던 바다〉는 왜 존재하는가? 시청자들은 〈바라던 바다〉를 왜 시청해야 하는가?

정체성 없는 예능을 왜 봐야 하는가?

그렇다 보니 〈바라던 바다〉를 정의할 확실한 콘셉트가 없어진다. 〈바라던 바다〉의 내용은 세 가지로 정리된다. 신선한 식재료로 만든 음식, 스페셜 게스트와 함께하는 음악 바, 깨끗한 바다를 만들기 위한 친환경 운동이다. 세 콘텐츠는 제대로 조화되지 않는다. 음식을 만드는 〈바라던 바다〉, 노래하는 〈바라던 바다〉, 환경을 지키는 〈바라던 바다〉를 세 가지 프로그램으로 나눠 방송해도 될 만큼 응집성이 보이지 않는다. 초반부 산딸기 브라우니를 만들며 아웅다웅 다투던 출연진을 보여주던 〈바라던 바다〉는 어느새 파도와 함께할 음악을 들려주고 있다. 정신을 차리니 이동욱과 김고은이 다이빙을 하고 있다. 아름다운 바다 자연을 보여주나 싶더니 다시 가수들이 나서 노래를 부르며 1화가 끝난다. 콘텐츠가 너무 분산되어 이도 저도 아닌 것처럼 느껴진다. 시청자로서는 이게 무슨 프로그램인가 싶다. 윤종신, 이수현 등 가수들의 달달한 노래를 보러 온 사람들, 이지아, 이동욱 등 유명 배우들의 일상적인 요리 모습과 케미를 보고 싶은 사람들, 아름다운 해양 생태계 지키기 프로그램을 보러 온 사람들까지 모두 당황한다.

어색한 출연진, 시청자들은 더 어색해

출연진의 케미도 제대로 어울리지 않는다. 케미가 어울리지 않는다고 해서 불화나 왕따가 있었다는 말이 아니다. 출연진 간의 행동이 자연스럽지 않고, 방송을 위해 모여 움직인다는 느낌이 강하다. 음식을 서로에게 묻히며 장난치는 모습은 제작진이 시킨 것처럼 어색하다. 출연진이 일상에서 친분을 유지해 온 사이가 아닌 불러서 모인 출연진이기에 그렇다. 앞서 예시로 나왔던 프로그램들의 출연진에겐 케미가 있었고, 케미는 방송의 핵심 요소였다. 출연진이 순간적으로 상황극을 하거나 서로의 캐릭터성을 살려 방송에 어울리는 재미를 줄 수 있었다. 가령 〈강식당〉의 경우 예능 〈신서유기〉의 출연진이 그대로 등장했기에 캐릭터성을 곧잘 살린 재미를 줄 수 있었다. 강호동과 이수근이 원재료비 문제로 다투는 장면에선 권위적인 강호동의 캐릭터와 살림꾼인 이수근의 이미지가 제대로 어우러졌다.

〈윤식당〉은 프로그램의 출연자인 윤여정, 이서진, 신구 등이 이미 PD인 나영석과 프로그램을 진행한 적이 있었던 만큼 익숙한 분위기를 만들어 그 자체만으로 케미를 만들었다. 〈스페인 하숙〉의 유해진, 차승원과 〈어쩌다 사장〉의 조인성, 차태현은 사적으로도 친한 사이였다. 〈효리네 민박〉은 이미 부부다. 이처럼 〈윤식당〉식 프로그램들은 대다수 출연진이 케미를 만들 수 있는 배경을 제공했다. 그런데 〈바라던 바다〉는? 고정 출연진만 8명에 달하고 게스트까지 존재한다. PD나 출연진 간 친분으로 케미를 보여줄 요소도 없다. 거기에 스케줄 문제로 김고은, 이지아, 윤종신 등 출연진이 릴레이로 자리를 비운다. 3화에서 이동욱이 김고은에게 한 "3박 4일 동안 얼굴 본 게 5시간밖에 안 돼"라는 말에는 뼈가 있다. 이런 상황에서 무슨 자연스러움이 만들어질 수 있는

가? 게다가 해당 프로그램은 12부작이다. 이러니 출연진에게 '든든한 매니저', '달콤살벌 헤드셰프', '비타민 막내'와 같은 캐릭터를 만들어 이름을 붙여도 공감하기 힘들다. 이지아는 요리를 하는 이지아일 뿐, 달콤살벌 헤드셰프로 느껴지지 않는다. 애당초 시청자들이 캐릭터에 몰입할 시간조차 제대로 제공하지 못하고 있었다.

프로그램도 음식 만들기, 스쿠버다이빙, 노래로 이어지는 패턴을 벗어나지 못한다. 비슷한 일상이 반복되다 보니 쉽게 질린다. 일반인들의 사연과 함께 주어지는 새로운 서사로 단조로움을 벗어나려는 듯한 시도가 있지만 분량이 너무 짧다. 밤마다 각기 다른 사연을 가진 10팀의 손님을 초청하지만 그뿐이다. 사연은 단순히 읊는 수준에 그치고 손님들은 병풍일 뿐이다. 메인은 출연진이지만, 앞서 말했듯이 출연진의 케미는 재미가 없다. 결국 시청자들은 발을 돌린다.

〈바라던 바다〉는 너무 모호해서, 〈우도주막〉은 너무 확고해서

비슷한 시기에 방영해 비슷하게 무너진 〈우도주막〉은 〈바라던 바다〉와 정반대다. 제주도를 찾아온 신혼부부들에게 연예인들이 일하는 식당과 숙소를 제공한다는 내용이다. 코로나19 때문에 국내로 신혼여행을 떠난 신혼부부들에게 확실한 추억을 전해준다는 의도. 콘셉트가 확실하고 기획 의도 또한 좋다. 문제는 기존 예능들과 비교했을 때 너무 많이 똑같다는 점이다. 식당의 위치가 해외 식당에서 제주도로, 손님들이 외국인에서 신혼부부로 바뀌었다는 걸 빼면 〈윤식당〉 시리즈와 판박이다. 김희선을 주모로 삼아 모든 요리를 이끌게 한다는 점은 윤여정을 사장으로 삼아 운영하는 것과 똑같다. 문세윤의 '만능 일꾼' 캐릭터를 보면 이서진과 박서준이 생각난다. 출연진은 요리 담당, 서빙 등으로 역할을 나눠 일사불란하게 일한다. 요리할 시간이 되면 요리하고, 일반인들의 사연을 듣고, 장도 가끔 보면서 운영에 대해 고민한다. 콘셉트는 확고하지만 모두 어디서 본 느낌이 든다.

프로그램의 패턴을 그대로 베껴온 것까진 괜찮다. 내용을 조금이라도 변주한다면 다른 예능이 될 수 있다. 하지만 〈우도주막〉은 그렇지 못했다. 출연진은 항상 보여주던 모습을 보여준다. 김희선은 언제나 청초하고 우아한 모습을, 탁재훈은 깐족거리며 웃음을 주고, 유태오는 무뚝뚝하게 할 일을 한다. 출연자들이 평소 방송에서 보여주던 모습을 반복해서 보여준다. 기존 방송에 나오던 모습과 다른 점이 없다. 시청자들이 원하는 반전 매력은 없었다. 〈우도주막〉이 〈윤식당〉의 포맷을 똑같이 가져온 무난한 예능이 된 건 〈우도주막〉의 PD 이우형이 〈윤식당〉을 연출한 나영석 PD의 사단이라는 영향이 커 보인다.

힐링을 방해하는 노골적인 PPL

손님들에게 대접하기 위한 열무김치를 세팅하는 김희선. 김희선이 든 열무김치엔 '비비고'의 상표가 적나라하게 드러난다. 멀리서 보이는 것만으론 부족했는지 줌인 한 카메라 속엔 연두색 bibigo가 5초간 비친다. 탁재훈은 여기에 "열무김치에 같이 먹으면 맛있지"라는 대사를 날려준다. 제주도의 아름다운 바닷속 환경을 지키기 위해 떠나는 출연진. 그들은 볼보 자동차의 플래그십 제품인 SUV XC90을 타고 있다. 카메라 속 볼보의 상표가 한눈에 보인다. 전면부만 보여줘선 구매 욕구를 자극하기 힘든지 옆면, 후면까지 세세하게 보여주는 카메라. 두 장면은 광고가 아니라 각 각 〈우도주막〉과 〈바라던 바다〉의 장면 중 하나다.

요즘 같은 시대에 PPL을 한다고 비난받는 건 너무하긴 하지만, 최 소한 '힐링'과 '자연'을 주제로 한 예능이라면 지양하는 게 맞지 않을까. 일상에서의 탈출, 새로운 자연을 강조하는 프로그램이라면 속세와는 거 리를 둬야 시청자들의 몰입에 도움을 줄 수 있을 것 같다. "반복되는 일 상, 똑딱거리는 시계 초침이 조금은 느리게 흘러가는 곳. 신비하고 아름 다운 바다에서 매일 다른 메뉴로 찾아오는 특별한 [Bar]가 문을 엽니다" 라는 기획 의도가 무색해 보인다.

갈무리: 시청자들의 눈은 높아졌다

2021년 초 〈윤스테이〉로 돌아온 〈윤식당〉 시리즈는 5화에서 11.578% 의 높은 시청률을 찍으며 저력을 보여줬다. 하지만 최고 시청률을 찍은 직후 그 수치는 점차 하락하며 최종 화 6.613%의 최저 시청률로 내려앉 았다. 매번 같은 외국인, 같은 구성원, 같은 포맷의 평범한 예능에 시청자 들이 질리는 모습은 시청률에 그대로 반영되었다. 원조도 이 정도인데 체인점은 어떨까. 〈바라던 바다〉와 〈우도주막〉이 시청자들에게 외면받 을 수밖에 없던 이유다. 두 프로그램은 안일했다. 코로나19라는 상황 속 에서 여행을 가지 못하는 시청자들에게 그저 아름다운 풍경과 연예인을 보여주면 성공할 거란 생각에 빠진 듯하다.

SBS, MBC, KBS에서만 예능을 만들던 공중파 시대는 끝났다. 종합 편성채널, 웹 예능, OTT까지 수많은 경쟁자가 날뛰는 시대에 시청자들 은 무난한 힐링 예능에 눈길을 주지 않는다. 새로운 예능이 필요하다.

코로나19 이전 〈윤식당〉식 예능들은 해외에서 진행하며 기존 예능과 다른 신선함을 안겼지만, 이젠 해외로 나갈 수 없다. 위에 언급한 세 〈윤식당〉식 예능들은 모두 국내에서 촬영됐고, 똑같음에 안주하며 결국 낮은 시청률로 종영됐다. 모든 것을 다루려다 무너진 〈바라던 바다〉, 기존 예능과 똑같이 만든 〈우도주막〉 모두 힐링 프로그램의 반면교사다. 다양한 플랫폼, 다양한 예능과 함께 시청자들의 눈은 하늘을 찌르고 있다. 새로운 예능이 필요하다. 힐링 예능의 촬영지가 국내로 제한된 상황에서 다시 한번 〈윤식당〉의 첫 화를 떠올릴 수 있는 파격적이고 신박한 아이디어가 나오길 바란다.

사느냐 죽느냐 이것이 문제로다

**부동산 공화국의 민낯을 보여주는 드라마들: SBS 〈펜트하우스〉,
JTBC 〈괴물〉, KBS2 〈대박부동산〉, OCN 〈경이로운 소문〉**

이유경

1. 들어가며

오늘날 대한민국의 가장 뜨거운 감자는 부동산이라고 해도 과언이 아니
다. 치솟은 집값으로 인해 사회적 불평등이 심화되는 가운데 '영끌'(영혼
까지 끌어모으다)이나 '빚투'(빚내서 투자) 등 신조어가 보여주듯이, 부동산
투기가 사회적 문제로 대두되고 있으며 2022년 대선의 이슈로는 대장동
개발 사건이 신문 지상에 오르내리고 있다. 이러한 사회적 현상을 반영
하듯, 2020년 한 해 대한민국 드라마에는 부동산 열풍이 고스란히 재현
되었다. 2020년 10월부터 시작해 2021년 9월까지 3개의 시즌으로 종료
된 SBS의 〈펜트하우스〉부터, OCN의 〈경이로운 소문〉(2020.11.28~2021.
1.4), JTBC 〈괴물〉(2021.2.19~4.10), KBS 〈대박부동산〉(2021.4.14~6.9)
에 이르기까지 드라마의 핵심적인 갈등으로 등장하는 소재가 바로 부동

산 투기에 관한 내용이다. 무엇보다 이들 드라마에서 공통적으로 부동산을 향한 욕망이 누군가의 목숨, 즉 죽음을 담보로 하고 있다는 점에서 문제적이라고 할 수 있다.

2. '네가 죽어야 내가 사는' 부동산 치킨 게임: SBS 〈펜트하우스〉

〈펜트하우스〉는 한 아이의 죽음으로 시작된다. 고급스러운 드레스를 차려입은 심수련이 엘리베이터를 타고 올라가는 순간 떨어지는 민설아를 목격하는 드라마의 첫 장면은 사실 〈펜트하우스〉의 핵심이라 할 수 있다. 엄마가 상승하려고 할 때 아이는 떨어져 죽는다. 드라마 속 부모의 욕망이 역설적으로 자녀를 병들게 하거나 심지어 죽게 한다는 점에서 〈펜트하우스〉의 교훈이 있다. 이미 2018년에 JTBC 〈SKY 캐슬〉이 보여준 바 있는 명문대학 진학을 위해 사교육 전쟁을 벌이는 스카이캐슬 속 부모들의 욕망, 즉 교육과 부동산을 향한 욕망의 결합은 〈펜트하우스〉에서도 반복된다. 다른 점이 있다면 첫째, 〈펜트하우스〉에서는 부동산 투기가 한층 강화되었으며, 둘째, 〈펜트하우스〉에는 이수임이 지닌 것과 같은 건강한 욕망이 부재하다는 점이다.

〈펜트하우스〉의 중요한 얼개 중 하나는 심수련의 아이 찾기라고 할 수 있다. 심수련이 아이를 잃어버리게 된 이유는 주단태의 계략과 오윤희의 민설아 살해로 인한 것이다. 자신의 아이, 배로나를 청아예술고 등학교에 보내기 위해 민설아를 살해한 오윤희의 직업은 아이러니하게도 부동산 컨설턴트이다. 심수련의 남편을 죽이고 심수련의 아이를 바꿔치기 한 주단태의 경우 부동산 기업인 제이킹홀딩스를 운영하고 있으며, 자신의 이름을 딴 '주단태빌리지'를 건설하기 위해 계략을 꾸몄던 것으로 밝혀진다. 즉, 심수련이 아이를 잃어버려야 했던 이유는 부동산과 밀접하게 관련되어 있다. 배로나의 성공을 위해 펜트하우스에 살고 싶어 했던 오윤희와 부동산 사업의 확장을 꿈꿨던 주단태의 욕망은 사람의 목숨을 담보로 하고 있다는 점에서 건강하지 않을 뿐만 아니라, 투기적 욕망이라는 사실이 드러난다.

애널리스트인 장득수는 투기와 투자를 구별하는 일이 어렵다고 하면서, "내가 하면 투자고, 남이 하면 투기"이며 "성공해서 돈을 벌면 투자고, 실패해서 돈을 잃으면 투기"라고 주장한 바 있다.[1] 자본주의 사회에서 부동산을 소유하고자 하는 욕망을 비판하기란 쉽지 않다. 그러나 심수련의 시선 앞에서 오윤희와 주단태의 욕망은 철저히 이기적이고 투기적인 욕망이라는 사실이 드러나며, 오윤희와 심수련뿐만 아니라 대부분의 인물들이 죽음을 맞이하고, 급기야는 헤라팰리스가 폭발하면서 이들의 욕망은 실현되지 못한다. 또한 드라마는 천서진의 비뚤어진 경쟁 심리에도 불구하고 자신의 삶을 건강하게 유지하고 있던 오윤희를 오염시키고 제거함으로써 건강한 속물의 자리를 제거해 버린다는 점에서, 한국 사회에서 투기가 아닌 투자가 가능한가를 질문하게 만든다. 헤라팰리스가 무너지고 오윤희, 심수련, 천서진이라는 어머니가 아이들의 삶에서 사라진 순간, 역설적으로 아이들에게 새로운 삶의 가능성이 생겨난다는 드라마의 결말은 시사점을 남긴다. 드라마는 '네가 죽어야 내가 산다(買)'는 목숨을 담보로 한 부동산 치킨게임을 그리면서, 동시에 부모와 자녀 세대의 욕망도 마찬가지로 치킨게임처럼 그려낸다. 세속적 욕망을 주입시키는 부모가 죽어야만 아이가 사는 세계, 즉 '네가 죽

---

1   장득수, 『투자의 유혹』(흐름출판, 2006), 21쪽.

어야 내가 산다(生)'를 가족관계에도 적용함으로써, 드라마는 부동산 공화국을 풍자하는 동시에 모든 욕망의 가능성을 소멸시키고 폭발시킨다는 점에서 시청자에게 과제를 남긴다.

3. 토지인가, 묘지인가: JTBC 〈괴물〉

〈괴물〉은 만안 지역에서 발생한 살인 사건을 중심으로 범인을 찾아나서는 미스터리 추리극이지만, 일반적인 추리물과 달리 연쇄 살인마 검거를 목표로 하지 않는다. 먼저 '누가 죽었는가'라는 질문으로 시작하여 '왜 진상이 발견되지 않았는가'로 질문을 전환하면서 드라마 〈괴물〉의 미덕이 드러난다. 만양 지역에서 사라진 여성들이 드라마의 주인공인 이동식 경사의 친구이자 한 동네 주민이었던 강진묵에 의해 살해되었다는 사실이 밝혀지는데, 그들이 묻혀 있었던 곳이 시청자들에게 또 다른 충격을 준다. 그동안 이동식 경사가 그토록 찾아다녔던 여동생 이유연이나 만양정육점 사장 유제이의 어머니인 한정임, 나아가 강진묵의 딸 강민정도 모두 자신이 살던 집에 묻혔기 때문이다. 그토록 오랫동안 찾아 헤맸던 가족이 죽어서 그들의 정원, 마당, 집 안의 벽에 파묻혀 있었다는 설정은 곧 이들의 '집'이 곧 이들의 '묘지'였다는 깨달음으로 이어진다. 집이 곧 죽음의 장소로 드러나는 것이다.

　게다가 드라마 속 문주 드림타운 개발 지역 또한 강진묵이 시체를 묻어놓은 비밀 장소였다는 사실이 밝혀지면서 거대한 묘지로 탈바꿈한다. 드라마 속 '토지'는 누군가의 '드림타운'이기 전에 '묘지'로 나타나고 있는 것이다. 그와 더불어 드라마는 '이창진'이라는 인물을 통해서 개발에의 욕망이 누군가의 죽음을 담보로 하고 있었다는 점을 보여준다. 문주 드림타운 개발 대책위원회 위원장이라는 직함 아래, 이창진은 자신의 회사인 JL건설을 위해서, 그리고 문주 드림타운 개발 계획을 성공시키기 위해서 권력가들의 해결사로 나선다. 그 덕분에 연쇄살인마 강진묵에 의해 쫓기던 이유연이 한기환 경찰청 차장의 차량에 한 번 치이고 이동식 경사의 친구인 박정제의 차량에 한 번 더 치여 이중으로 사고를 당했다는 진실이 은폐되었던 것. 더구나 이러한 진실을 밝히려다가 강진묵과 만양파출소장인 남상배마저 이창진에 의해 죽임을 당하면서 만양지역은 거대한 죽음의 그림자로 뒤덮인다.

사람들이 죽어가는 만양 지역에서 드라마의 주인공들도 서서히 괴물이 되어간다. 그래서 〈괴물〉은 니체의 잠언을 떠올리게 하는 드라마이다. "괴물과 싸우는 사람은 자신이 이 과정에서 괴물이 되지 않도록 조심해야 한다. 만일 오랫동안 심연을 들여다보고 있으면, 심연도 네 안으로 들어가 너를 들여다본다".[2] 법질서를 수호해야 하는 경찰인 이동식이 법을 어기고, 아들인 한주원은 아버지인 한기환에게 총구를 들이민다. 그리하여 만양은 결국 괴물들을 잡기 위해서 스스로 괴물이 되기를 자처하는 사람들의 땅으로 전락한다. 토지 개발이라는 명목으로 사람의 목숨마저 거래하고, 진실도 교환의 대상으로 바꿔버리는 땅, 그리하여 사람마저 괴물로 만들어버리는 그 땅은 과연 꿈의 장소이자 삶의 터전으로서 토지인지, 죽음의 장소로서 묘지인지를 드라마는 묻고 있다.

2   프리드리히 니체(Friedrich Nietzsche), 『선악의 저편·도덕의 계보』, 김정현 옮김(책세상, 2019).

4. 영혼을 거래하는 부동산: KBS 〈대박부동산〉

KBS 〈대박부동산〉은 제목에서 알 수 있듯이 부동산이라는 소재를 전면에 내세우고 있다. 드라마 속 '대박 부동산'은 부동산에 깃든 귀신을 몰아낸 후 매물을 거래하는 새로운 형태의 부동산 사업을 보여준다. 주인공인 퇴마사 홍지아의 퇴마는 영매의 몸에 귀신이 들어오게 한 후, 영매를 특별한 비녀로 찔러 귀신이 사라지게 만드는 방식이다. 퇴마를 통해서 구천을 떠도는 영혼들을 한을 풀어주고 하늘로 보내는 행위는 때로는 퇴마사가 목숨을 걸어야 할 만큼 위험하지만 한편으로는 희생적이고 이타적인 행위처럼 보인다. 그러나 이 퇴마 행위가 최종적으로 부동산 판매 및 거래를 목적으로 한다는 점에서, 누군가의 영혼이 부동산 거래의 교환 수단으로 등장한다는 점에서 문제적이다.

게다가 귀신을 몸에 품어야만 하는 영매가 죽을 수도 있기 때문에 문제는 심화된다. 퇴마사는 몸이 없는 영혼을 사라지게 하기 위해서는 영혼을 몸에 품을 수 있는 영매를 필요로 한다. 대부분의 경우 귀신에 빙의한 영매는 비녀로 찔린다 해도 살아남지만, 유일하게 달걀귀라는 귀신을 퇴마하기 위해서는 빙의된 영매를 죽여야만 한다. 실제로 어린 오인범의 몸에 빙의한 달걀귀를 죽이기 위해 퇴마를 자처했던 홍지아의 어머니, 홍미진은 달걀귀에 빙의되어 결국 딸의 손에 죽고 만다. 퇴마사 혹은 영매의 목숨을 담보로 한다는 점에서, 드라마 속의 부동산 거래는 목숨을 담보로 한 위험한 거래다.

한편 이 달걀귀라는 귀신이 부동산 개발 사업의 희생자라는 설정은 눈여겨볼 만하다. 영매가 된 오인범은 어릴 적에 삼촌 오성식을 잃었는데, 자살로 생을 마감한 줄 알았던 삼촌이 사실은 건설 사업을 쉽게 진행하려던 도학건설 회장 도학성의 계략에 휘말려 판자촌에 불을 질렀다는 사실을 알게 된다. 오성식도 이 사건으로 인해 귀신이 되어버렸으며, 그때 방화 사건으로 목숨을 잃은 사람들도 달걀귀로 변해버렸던 것이다. 이러한 도학성 회장의 부동산에 대한 욕망은 또 한 번 달걀귀를 부른다. 도학성 회장은 방화 사건의 진실과 비자금 거래라는 자신의 치부를 드러내지 않기 위해서 한 빌딩에 폭발 사건을 일으키고, 이 사고로 인해 또 다른 달걀귀가 생겨난다. 다른 사람을 희생시키지 않기 위해 자발적으로 달걀귀에 빙의되어 자신을 찌르는 홍지아의 모습은 아이러니하게도 타인의 부동산을 위해 자신을 희생하는 모습으로 다가온다. 이처럼 드라마 〈대박부동산〉은 사람의 영혼과 목숨마저 위협하는 부동산에 대한 거래의 일면을 다루고 있다.

5. '영끌'하는 육체, 세 들어 사는 영혼: OCN 〈경이로운 소문〉

OCN의 〈경이로운 소문〉은 악귀를 물리치는 '카운터'들과 그 카운터의 몸을 빌리는 저승의 파트너인 '융인'의 이야기라고 할 수 있다. 이 드라마는 중진시를 배경으로 하는데, 건설회사인 태신그룹으로 인해 중진시의 지하수가 오염되고 사람들이 병들어 간다. 그러나 태신그룹을 비호하는 중진시 시장 신명휘로 인해서 이러한 비리가 좀처럼 밝혀지지 않다가, 카운터들의 활약으로 인해서 신명휘와 태신그룹의 비리가 만천하에 드러나게 된다. 이와 더불어 이 과정에서 비리를 폭로하려던 소문의 아버지가 희생되었고 전직 경찰이었던 가모탁이 사고를 당했다는 사실도 밝혀진다. 즉, 〈경이로운 소문〉은 중진시의 개발 사업을 둘러싼 음모를 밝히면서 앞서 소개한 드라마들과 마찬가지로 부동산을 향한 욕망을 정조준 한다.

흥미로운 점은 이 드라마 속 악귀들이 숙주인 인간의 몸을 빌려 악행을 저지르는 것과 마찬가지로 융인도 카운터의 몸을 빌려야 한다는 것이다. 융인인 위겐은 자신의 파트너인 카운터를 잃어버렸을 때 소문의 몸에 양해를 구하지 않고 들어간다. 이 장면은 굉장히 상징적인데, 악귀들과 마찬가지로 융인들도 인간의 육체라는 하나의 공간을 점거해야 하는 것이다. 이 과정에서 카운터들은 목숨을 조건으로 자신의 몸을 융인에게 내어준다. 자신의 목숨을 연장하는 대가로 악인들과 목숨을 걸고 싸워야 하는 처지인 것이다. 즉, 융인은 악귀가 그러하듯 목숨을 담보로 카운터들의 육체를 빌려 사는 '세입자'의 모습을 하고 있다. 게다가 악귀와 유인 중 누가 들어오느냐에 따라 숙주와 카운터로 갈린다는 점에서, 사실상 이 세입자는 인간의 몸을 지배한다. 드라마는 카운터라는 인간의 '몸'도 부동산 거래처럼 교환의 대상으로 만들고 있는 것이다.

게다가 카운터들이 악귀와 싸울 때 힘을 증폭시키기 위해서는 땅이 열려야만 한다는 설정도 눈여겨볼 필요가 있다. 이 땅이 열리는 기간이 가변적이고 일시적이기 때문에 카운터들은 땅을 여는 방법을 습득해야 하는데, 이 땅에서 싸울 때 힘의 우위에 설 수 있다는 이러한 설정은 '소유'를 기본으로 하는 자본주의 정신을 그대로 답습한다. 〈경이로운 소문〉은 고질적인 대한민국의 부동산 건설을 둘러싼 비리와 유착을 경고하는 동시에 아이러니하게도 인간의 육체마저 부동산처럼 거래되는 교환 현상을 그려내고 있는 것이다.

6. 나가며

2020년 한 해에 방영된 드라마가 보여준 부동산 매매의 문제는 생과 사의 문제로 변주된다. '부동산을 사느냐 마느냐'의 문제는 마치 햄릿의 그 유명한 대사처럼 "사느냐 죽느냐, 이것이 문제로다"[3]로 귀결되고 있는 것이다. 따라서 드라마 속 부동산은 더 이상 불로소득이라고 부르기 어렵다. 〈펜트하우스〉, 〈괴물〉, 〈대박부동산〉, 〈경이로운 소문〉이 보여주듯이, 대한민국의 부동산은 목숨값이자 죽음을 담보로 거래되는 재산으로 등장한다. 그렇다면 대한민국에서 이제 땅은 〈괴물〉이 보여주었듯이 토지가 아니라 묘지가 되어버린 것은 아닐까. 지금 대한민국 드라마는 당신이 거래하고 있는 부동산이 누군가의 희생과 죽음일 수 있다고 경고하고 있다.

---

3   윌리엄 셰익스피어(William Shakespeare), 『햄릿』, 한우리 옮김(서울: 더클래식, 2014), 96쪽.

막장의, 막장에 의한, 막장을 위한 드라마?

SBS 〈펜트하우스〉에 대하여

김유정

스타메이커인가 트러블메이커인가, 막장의 절정 〈펜트하우스 2〉

다양한 OTT서비스 및 콘텐츠의 등장으로 TV드라마는 저조한 시청률과 적자를 기록하고 있다. 이런 TV드라마 시장의 침체 속 SBS에서 방영된 김순옥 작가의 〈펜트하우스〉는 작년 시즌 1을 성공적으로 종영하고 올해 초 시즌 2로 돌아와 최고 시청률 29.2%를 기록했다. 드라마의 인기와 더불어 드라마 속 배우들은 대중에게 눈도장을 찍으며 많은 관심과 인기를 얻기도 했다. 이렇게 〈펜트하우스〉는 여타의 드라마 시리즈와 달리 엄청난 인기를 끌며 막장 드라마의 흥행 신화를 기록했다. 미디어는 현실을 반영한다는 말에 알맞게 〈펜트하우스 2〉는 현재 사회적 이슈인 부동산과 교육 비리 등을 소재로 하고 있다. 또한 이 드라마는 자극적 전개로 화제가 되었고 동시에 인기를 얻었다. 드라마의 인기 요인이기도 한 자극적인 전개는 높은 시청률과 화제성을 가져왔지만 스토리에 빈번히 폭행, 살인 등 도덕성이 결여된 범법 장면을 담아 해당 드라마에 대한 민원이 끊임없이 제기되었다.

〈펜트하우스 2〉의 자극성은 일명 '막장 드라마'로 불리던 이전의 작품들을 뛰어넘는다. 막장 드라마의 소재인 출생의 비밀, 불륜, 비리, 도박은 물론이고 청소년 집단 폭행 및 학교폭력, 살인, 가정폭력 등의 수위에 한계를 두지 않아 결국 심의를 거쳐 시청 등급을 조정하는 일이 발생하기도 했다. 〈펜트하우스〉를 토대로 자극적이고 도덕성이 결여된 일명 '매운맛' 막장 드라마가 얼마나 더 자극적이고 수위를 조절하지 않을지 우려될 정도이다. 이러한 배경으로 필자는 인기와 논란, 우려를 동시에 받고 있는 〈펜트하우스 2〉를 비평해 볼 것이다. 또한 이를 통해 드라마가 전달하고자 한 바와 시사점을 찾아보고자 한다.

우리 모두는 혐오의 대상입니다, 혐오하세요

사회규범 비평론에 의하면 방송은 기본적으로 환경 감시, 상호연결, 문화 전달, 오락의 사회적 기능을 해야 하며, 이 기능을 제대로 못할 경우 갈등이 발생한다. 그렇다면 〈펜트하우스 2〉는 방송의 사회적 기능을 제대로 한 것일까? 〈펜트하우스 2〉는 오락의 기능, 재미만을 염두하고 있다. 프로그램이 오락 기능에만 집중했을 때 발생하는 역기능인 과한 설정과 폭력성이 이 드라마에서 매우 잘 드러난다. 〈펜트하우스 2〉는 기본적으로 '혐오'를 바탕으로 하고 있다. 배로나의 머리에 트로피를 꽂아 살인을 저지른 주단태는 후에 "배로나는 쓸모 있는 아이였어. 때맞춰 죽어주는 바람에 심수련과 천서진 재산을 먹을 수 있었으니까"라고 말한다. 이러한 장면은 시청자의 분노를 유발함과 동시에 불쾌함을 선사한다. 너무 과한 자극이 재미를 넘어 불쾌함만 남기게 된 것이다.

이렇게 자극적인 스토리를 위해 〈펜트하우스 2〉에는 폭력과 살인, 혐오가 빈번히 등장한다. 특히 시즌이 진행되며 '가난 혐오'에 대한 범위를 좁히고 있다. 시즌 1이 사회 전체의 갈등이었다면, 시즌 2는 부자들의 집합지인 헤라팰리스 안에서 혐오의 대상을 좁힌다. 가난하고 명예가 없다면 괴롭힘이나 죽임을 당해도 괜찮다는 듯 드라마는 끊임없이 혐오를 보여준다. 이런 혐오는 돈과 권력을 가진 집단에 대한 TV 밖 시청자들의 증오심을 유발한다. 현실에서도 서로를 혐오하고 편을 나누게 만든다. 하지만 시청자는 욕을 하고 불편한 감정을 느끼면서도 계속해서 〈펜트하우스 2〉를 시청한다. 드라마의 빠른 전개를 흡수하는 것만으로도 벅차 드라마를 비판할 여유가 없기 때문이다. 또한 드라마의 가난 혐오, 집단 혐오에 대해 욕을 하며 현실 사회의 빈부격차와 불평등에 대한 분노를 해소하기도 한다. 그러나 현실에서는 〈펜트하우스 2〉처럼 모두가 서로에 대한 극적 혐오, 살인, 폭행으로 분노를 해소하지 않는다. 이런 행위는 명백히 윤리에 어긋난다. 그럼에도 불구하고 〈펜트하우스 2〉는 반복적인 혐오와 비윤리성을 보여주며 시청자가 이러한 현상에 익숙해지도록 만든다. 드라마가 만들어낸 사회를 시청자가 현실로 인식하게 하는 것이다.

그렇지 않아도 혐오가 만연한 세상이다. 군이 드라마의 기본 정서를 혐오로 설정해 시청자의 혐오를 조장할 필요가 있을까 싶다. 드라마는 픽션이다. 그럼에도 상식 수준에서 동의되지 않는 드라마는 사회에 부정적 영향을 미친다. TV 프로그램은 방송법을 기준으로 준수해야 할 선이 존재한다. 〈펜트하우스〉 시리즈는 막장 드라마의 절정으로 여겨진다. 〈펜트하우스 2〉가 인기리에 방영을 마친 만큼, 앞으로 얼마나 더 자극적이고 불쾌한 드라마가 나올지 예상조차 어렵다. 〈펜트하우스 2〉를 보면 시청자의 권익을 중시하는 방송법 규정은 안중에도 없다. 사회의 결속력 증가와 사회적 합의를 이끌어야 하는 방송의 기능을 완전히 상실했다. 방송 프로그램을 제작함에 있어 시청자를 고려해야 함에도 불구하고 방송 제작진이 가져야 할 책임 의식은 어디에도 보이지 않는다. 드라마가 전달하는 혐오의 수용 여부는 오로지 시청자의 책임이 되어버렸다. 후에 방송이 사회에 야기할 부정적 영향보다는 당장의 화제성과 인기를 채우는 데 급급해 보인다. 과연 이 드라마가 시청자에게 전달하고자 하는 궁극적 메시지는 무엇일까? '우리 모두는 혐오의 대상입니다. 서로를 혐오하는 것이 살아남을 방법입니다. 혐오하세요'가 시청자에게 전달하려는 메시지인 것인지 의문만 남는다.

막장의, 막장에 의한, 막장을 위한 드라마

'댈러스 보기의 즐거움(Watching Dallas)'에 따르면 시청자는 드라마에서 정서적 리얼리즘을 느낀다. 정서적 리얼리즘이란 비현실적인 내용에 감정이입을 하며 이를 현실적이라고 수용하는 것이다. 〈펜트하우스 2〉 역시 마찬가지이다. '모성애'라는 장치를 통해 정당화할 수 없는 일에도 시청자가 공감을 하고 잘못된 모성애까지도 일부 수용하게 만든다. 모성애를 앞세워 '자식을 위해서라면 무엇이든지 해야 한다'를 반복적으로 언급하며 잘못된 행동을 모성애의 이름으로 수용하게 만든다. 이렇게 과도한 모성애의 이데올로기가 사회에 전달되면 자칫 드라마 속의 일이 현실이 될 수 있다. 교육열이 강한 현재 대한민국 사회이기에 모성애에 대한 잘못된 이데올로기는 현실화될 위험이 크다.

그뿐만 아니라 〈펜트하우스 2〉는 여성이 남성보다 약하기 때문에 폭력의 대상이 될 수 있음을 반복해서 드러낸다. 극 중 주단태는 가정부 양미옥, 두 번째 아내 천서진에게 폭력을 행한다. 피고용인인 양미옥은 물론 청아재단 이사장의 위치에 있는 천서진 역시 남성의 힘에는 저항할 수 없다는 것을 자연스럽게 드러낸다. 물리적 힘에 굴복한 천서진은 주단태의 취향에 맞게 옷을 입고 성관계를 해야 하며 집안일을 떠맡게 된다. 배로나는 저항 한번 하지 못하고 주단태에 의해 머리에 트로피가 꽂힌다. 그 외에도 양복을 입은 남성들에 의해 여성들이 끌려가거나 납치를 당하고 폭행을 당하는 등의 장면이 다수 등장한다. 이렇게 〈펜트하우스 2〉는 '남성이 여성보다 강하다'라는 '물리적 힘이 가지는 권력'의 이데올로기를 담는다. 더 나아가 남성의 물리적인 힘은 여성의 모든 것을 통제할 수 있다는 구시대적 사고를 심어주기도 한다.

드라마에 등장하는 청아예고의 모습은 여느 드라마에도 등장하는 '수저계급론'을 떠올리게 한다. 특히나 부모의 경제력을 요구하는 성악에 있어서 수저계급론은 더욱 명확하게 드러난다. 청아예고는 아이들의 사회라고 볼 수 있는 공간이다. 실력과는 별개로 돈, 명예, 권력이 있는 부모의 아이들이 가장 우위에 선다. 부모의 부나 명예가 꺾이는 순간 청아예고에서는 괴롭힘의 대상으로 전락해 버린다. 시즌 1의 민설아는 출중한 실력을 지녔음에도 불구하고 돈과 부모가 없었다. 결국 민설아는 자신의 딸을 청아예고에 보내려는 오윤희에 의해 살해된다. 그러나 오윤희의 딸 배로나도 청아예고 생활이 쉬운 것은 아니다. 배로나는 민설아에게는 없는 엄마가 있지만 청아예고 학생들과 같은 돈과 권력은 없다. 좋은 실력을 지녔음에도 비리 교사 때문에 점수는 엉망이고 다른 학생들에게 괴롭힘을 당한다. 드라마 속에서 그려진 청아예고의 학교

폭력이나 비리 교사의 모습은 사회를 비판하려는 의도가 있지만 오히려 시청자로 하여금 해당 이데올로기를 실제 사회에서도 당연한 것으로 인식하도록 할 수 있다. 이러한 행위가 잘못됐다는 인식과는 별개로, '가진 자나 지배계급은 비리를 저지르기도 하고, 약자를 괴롭힐 수도 있다'라는 인식을 심어주는 것이다. 그럼에도 불구하고 배로나는 출중한 실력으로 청아예고의 핵심인 청아예술제에서 대상 트로피를 쟁취한다. 머리에 트로피가 꽂히는 비극을 맞지만, 헤라팰리스 사람들이 그토록 원하던 대상 트로피를 차지한다는 점에서 일종의 권선징악과 성공 신화라는 클리셰(cliché)를 따르고 있는 듯하다. 그러나 막상 배로나가 트로피를 수상하는 과정을 보면 노력을 통한 성공 신화보다는 수저계급론의 이데올로기가 돋보인다. 권선징악, 성공 신화의 클리셰는 시청자가 현대사회의 불공정함에 대해 반발하고, 그들의 욕망을 해소하는 역할을 한다. 하지만 〈펜트하우스 2〉의 배로나는 헤라팰리스 아이들처럼 비싼 과외 등을 받는다. 이러한 점에서 배로나의 대상이 온전히 노력과 실력으로만 탄생했다고 보기 어렵다. 결국 드라마 초반에 시청자가 응원했던 배로나의 대상 수상은 '돈이 없으면 성공하기 어렵구나 ⋯⋯'라는 씁쓸함만 남긴다.

이뿐만 아니라, 〈펜트하우스 2〉는 가해자를 미화한다는 의혹을 받고 있다. 시즌 1에서 민설아와 다른 학생들을 괴롭히고 폭력을 가하던 주석훈은 시즌 2에서 배로나와 엄마 심수련의 복수를 돕고, 아빠 주단태의 폭력으로부터 동생 주석경을 지키는 로맨틱하고 착한 인물로 탈바꿈한다. 선한 행동을 한다고 이전의 죄가 사라지는 것은 아니다. 누군가를 괴롭히는 행위는 정당화될 수 없다. 심지어 학교폭력은 누군가의 인생에 트라우마를 남기는 범죄이다. 그럼에도 〈펜트하우스 2〉는 순간의 선한 행동으로 학교폭력 가해자인 주석훈의 이미지를 온전히 탈바꿈해 버린다. 이는 시청자에게 학교폭력 가해자의 미화라는 불편함과 동시에 착한 일을 하면 과거의 잘못을 만회할 수 있다는 잘못된 인식을 심어주기도 한다. 또한 나쁜 짓을 했던 주인공이 착해진다는 전개 역시 기존 드라마와 별 다를 것 없이 뻔하다. 이미 드라마가 전달한 주석훈의 다정함, 착함이라는 이미지 덕에 시청자 사이에서도 이미 죄를 씻었다는 반응과 그렇다고 학교폭력에 대한 죄가 사라지는 것은 아니라는 평가로 나뉘며 논쟁의 대상이 되고 있다.

이렇게 〈펜트하우스〉는 기존의 드라마가 가지는 클리셰와 더불어 구시대적인 이데올로기를 담고 있다. 기존의 신화를 깬 드라마들이 나오는 것에 비해 아쉬운 설정이다. 그렇기 때문에 드라마에서 기존 신화를 깼다는 어떤 신선함도 찾아보기 어렵다. 시청자가 방송 중에는 집중해서 보지만 보고 나면 남는 것이 없다는 느낌을 받았던 것 또한 이러한 이유에서일 것이다. 그럼에도 많은 자본을 투자해 연출한 시각적 화려함과 크고 작은 사건들의 휘몰아치듯 빠른 전개, 빈번한 살인 등 자극적인 스토리는 진부함을 느낄 새도 없이 시청자로 하여금 다양한 신화를 수용하게 한다. 뻔하고 진부한 사회 지배 이데올로기가 가득하지만 자극적인 전개로 모두 덮어버린 것이다. 자극적인 전개가 없다면 시청자에게 외면의 대상이 되지 않았을까? 이렇게 〈펜트하우스 2〉는 막장이라는 요소를 빼면 구시대적 이데올로기와 논란만이 남는다.

'드라마는 드라마로만 봐야한다'라는 말이 있듯이, 드라마는 픽션이다. 그럼에도 불구하고 방송을 통해 전달하는 이데올로기는 시청자에게 받아들여지고 실천으로 이어진다. 특히 드라마는 시청자가 감정을 이입하고 공유하게 만든다. 이러한 맥락에서 해당 작품의 제작진이 드라마에 담은 이데올로기로 시청자에게 전달하고자 하는 메시지는 과연 무엇인지 의문이 든다. 필자가 이 드라마를 막장의, 막장에 의한, 막장을 위한 드라마라고 판단한 이유이기도 하다. 앞으로 나올 드라마들이 〈펜트하우스〉의 영향으로 드라마의 사명은 잃고 껍데기에만 집중하게 될까봐 경각심이 든다.

혐오를 통해 정의를 기대하도록? 잃어버린 지상파다움

앞서 말했듯이 〈펜트하우스 2〉는 기본적으로 혐오를 깔고 있다. 이 때문에 시청자는 불편함을 느낀다. 그럼에도 불구하고 시청자가 이를 계속해서 시청하는 이유는 '사이다' 같은 마지막 순간, '정의' 구현이 발생할 순간을 기다리기 때문이다. 드라마가 구시대적 이데올로기에 자극적인 전개로 말이 안 되는 광경을 만들어낼수록 시청자는 이에 감정이입하며 분노와 충격에 휩싸인다. 분노와 충격의 수준이 강해지는 만큼 이에 대한 응징, 인과응보에 대한 기대 또한 높아진다. 그러나 시청자가 기대하는 정의 구현은 혐오에서 시작되었다는 점을 인지하지 못한다. 〈펜트하우스 2〉는 권선징악의 신화를 전달하는 듯 보이지만 사실 '혐오'에 대해 무디게 만든다. 현대사회는 불공정의 해소를 바란다. 〈펜트하우스〉는 이러한 시청자를 잘 파악하여 그들의 욕망을 해소해 주는 것처럼 보이지만 더 많은 시청자가 '혐오'를 조성하게 만든다. 혐오와 정의를 한 곳에 두고 정의를 기대한다는 것은 모순이다.

무엇보다 〈펜트하우스 2〉는 지상파 드라마이다. 모든 국민이 보는 지상파 채널에 혐오와 더불어 다양하고 비윤리적인 범법 행위가 들어간 드라마가 방영된다는 것이 놀랍다. 완전히 지상파다움을 잃어버린 것이다. 그렇다고 해서 막연히 제작진만 탓할 수는 없다. 방송도 시청률을 중심으로 좌우되는 문화산업이기 때문이다. 그럼에도 불구하고 '이런 드라마를 제작해야만 했을까?'라는 의문은 사라지지 않는다. 지상파 외에 다양한 채널에서 다양한 소재를 다루면서도 완성도가 높은 드라마가 많이 제작되고 있다. 이런 이유로 지상파 드라마가 설 곳이 없어진 것도 사실이다. 그러나 〈펜트하우스 2〉와 같은 막장이 장르가 되는 드라마는 지상파 드라마의 생존 전략이 되지 못할 것이다. 오히려 지상파의 위상을 낮추고 쇠락으로 향하는 지름길이 될 것이라고 감히 판단한다. 당장은 〈펜트하우스〉 시리즈로 저조했던 지상파 드라마의 시청률을 만회할 수 있다. 충격적인 전개가 당장은 신선하게 느껴질 수 있으나 점차 막장 드라마가 제공하는 피로감에 시청자는 지칠 것이다. 허술한 스토리와 상식적인 선을 넘는 장면들은 곧 드라마 속 출생의 비밀을 보는 것처럼 진부함만 남길 것이다. 막장의 요소가 드라마에 신선함을 주는 소재가 될 수 없다는 의미이다. 이 때문에 〈펜트하우스〉 시리즈를 기점으로 '지상파다움'으로 사회에 긍정적인 영향을 미치는 드라마가 나오기를 기대해 본다. 매운맛 사이에 존재하는 순한 맛은 특별하다. 자극으로 판을 치는 드라마 사이에서 시청자에게 '힐링'을 제공하는 드라마가 간절하다. 시청자의 수요에 따라 좌우되는 방송산업은 공적 기제이자 신화의 재생산 장치라는 사명감을 다시 한번 가져야 할 때이다.

시청자가 원하는 관찰 예능 '제작 설명서'

정민선 ─┘

TV를 틀면 온통 관찰 예능이다. 혼자 사는 유명인이 자신의 집에서 생활하고, 엄마가 화자가 되어 노총각 아들의 일상을 바라보며, 매니저가 제보한 스타의 일상을 '참견 고수'들이 시시콜콜 참견하는 프로그램들이 방송계를 휘어잡고 있다. 본래 '리얼 버라이어티'에서 시작한 한국 관찰 예능은 객관성 보장을 위한 '다큐멘터리적 양식' 이입과 다수 출연자를 개별적으로 분리한 '옴니버스식 구성'을 통해 하나의 예능 장르[1]가 되었다. 또한 스토리텔링의 가치가 있고 시청자를 '관찰자'로 설정함으로써 나름의 탄탄한 구성을 갖추고 있는 장르이다.

이러한 관찰 예능의 본질은 무엇일까? '리얼 버라이어티'에서 시작

---

1   이현중, 「관찰 예능의 장르화 과정과 스토리텔링 연구: 관찰자의 역할을 중심으로」, ≪대중서사연구≫, 25(2)(2019), 217~245쪽.

된 관찰 예능이라는 지점에서 단서를 찾을 수 있다. 바로 '리얼함'이다. 말 그대로 연출을 거치지 않은 자연스러움을 뜻한다. 출연자들의 일상을 주 공간으로 설정해 시청자의 공감을 이끌어내는 것이 아마도 관찰 예능의 본질일 것이다.

이처럼 리얼하면서도 흥미로운 관찰 소재에 매료된 관찰자들이 관찰 예능을 즐겨 찾으면서 관찰 예능의 시대가 도래했다. 2012년부터 2017년까지 8개의 지상파와 종편 채널에서 제작한 621개 예능 프로그램의 포맷과 소재 유형을 분석한 논문[2]에 따르면, 리얼 버라이어티, 스튜디오 버라이어티, 관찰 예능이 전체 포맷의 70.1% 비율을 차지했다. 또한 시간이 흐를수록 버라이어티 계열과 관찰 예능 유형으로 수렴되며 포맷 다양성이 점차 감소하는 추세라고 한다. 문제는 최근 한국의 수많은 관찰 예능들이 서서히 본질을 잃어간다는 데서 시작된다. 연예인의 일상에 흥미를 느끼는 시청자의 니즈를 파악한 방송사들은 하나둘씩 관찰 예능 프로그램을 꺼내고 있다. 바로 이 지점에서 문제가 발생한다. 우후죽순 생겨나는 관찰 예능에서 살아남기 위해 몇몇 프로그램에서 악수(惡手)를 둔 것이다. '자연스러움'이 무기이고 '리얼함'이 본질인 관찰 예능에서 심심치 않게 발견되는 조작 연출, 오로지 홍보가 목적인 듯한 출연진, 일반인의 삶과 동떨어진 연예인의 지나치게 화려한 일상은 방송을 통해 휴식을 취하고자 하는 시청자의 선한 의지를 무너뜨리고 그들을 지치게 한다. 결국 시청자는 리모컨을 들고 다른 채널을 틀어보지만 그마저도 또 다른 관찰 예능이다. 여기서 다시 궁금증이 생긴다. 시청자가 원한 것은 정말 이러한 관찰 예능일까?

---

2   김영도·장하용, 「채널의 증가에 따른 TV 프로그램의 유사화에 관한 연구: 예능 프로그램의 포맷과 소재를 중심으로」, ≪사회과학연구≫, 25(4)(2018), 7~30쪽.

이 글에서는 이른바 '관찰 예능 독재' 시대가 열리면서 나타난 크고 작은 문제점에 대해 프로그램 〈아내의 맛〉, 〈나 혼자 산다〉를 중심으로 고찰하고자 한다.

조작된 자연스러움

최근 각종 논란으로 폐지된 프로그램 〈아내의 맛〉을 살펴보자. "한국의 셀러브리티 부부들이 '소확행'[3] 라이프를 찾는 예능 프로그램"이라는 취지[4]로 시작한 〈아내의 맛〉은 인기리에 방영된 TV 조선의 간판 예능이었지만 3년 만에 갑작스럽게 폐지된 방송이다. 논란의 중심에 서 있는 탤런트 함소원 씨와 그 가족들의 조작 연출이 아마도 가장 큰 이유이다. '아내의 맛'의 고정 출연자였던 함소원 씨는 연하 중국인 남편과의 일상을 방송을 통해 보여주며 큰 인기를 끈 출연자 중 한 명이다. 이 가족의 에피소드가 시청자의 인기를 끈 이유는 무엇일까? 우선, 함소원 씨 가족만의 엉뚱하면서도 재미있는 캐릭터이다. 함소원 씨 부부는 매일같이 갈등을 일으키면서도 결국에는 화해하는 모습으로 시청자에게 즐거움을 줬다. 또, 함소원 씨의 시부모님은 별장까지 소유한 부호이지만 며느리와 아들 그리고 손녀 앞에서는 꼼짝 못 하는 캐릭터로 사랑받았다. 이렇듯 일반인과 비슷한 삶의 면모를 보여주는 것이 시청자로 하여금 공감을 일으키고 감정이입을 하게 만든 요인이었다. 하지만 이 모든 것이 조작된 연출이라면 어떨까? 시어머니가 소유한 별장은 알고 보니 공유 숙박업소였으

---

3   소소하지만 확실한 행복을 말한다.
4   https://program.naver.com/p/8246584.

며, 시어머니가 며느리에게 선물한 빌라는 애초에 며느리의 소유였다. 또한 잦은 부부 싸움 장면을 연출하여 자극적인 소재를 내보낸 탓에 시청자는 매번 낚일 수밖에 없다. 심지어 부부의 잦은 갈등은 딸에게 부정적인 영향을 끼쳐 이상 소견이 발견되는 사태에 이르렀다. 출연자와 제작진의 합심으로 이루어진 조작 연출로 해당 프로그램은 시청자의 뭇매를 피할 수 없었고, 결국 폐지라는 종지부를 찍게 되었다.

여기서 다시 한번 〈아내의 맛〉이라는 프로그램에 대해 돌아보면 이 방송의 취지가 부부의 소확행 라이프 찾기에 있는 만큼, 출연자의 자연스럽고 소소한 일상을 시청자와 공유하는 것이 핵심일 것이다. 이런 방송에서 인위적이고 작위적인 '자연스러움'이 연출되었다는 것은 시청자에 대한 우롱과 기만으로 보일 수 있다.

비슷한 사례가 또 하나 있다. 바로 2018~2019년에 방영된 〈국경 없는 포차〉[5]의 조작 논란이다. 국경을 넘어 한국의 정을 알리겠다는 취지로 국내 유명인들이 해외에서 포장마차를 운영하는 이 방송은 과도한 '국뽕'[6] 연출을 했다는 부분에서 많은 비난을 받았다. 특히 출연진인 전 축구선수 안정환 씨를 알아보고 그의 현역 시절을 추억하는 20대 영국인 커플을 포함한 몇몇 손님이 배우라는 점, 한국어를 유창하게 말하는 외국인을 지나치게 강조하는 부분에서 시청자들은 '국뽕'을 넘어 불편함을 느끼게 되었다. 국경을 넘어 한국의 정을 알린다는 취지의 프로그램에서 배우를 섭외하고 한국을 억지로 알리는 제작진의 방식은 너무나도 모순적으로 보일 수밖에 없는 것이다.

---

5   http://program.tving.com/olive/olivepocha.
6   국가의 '국'과 히로뽕의 '뽕'을 합친 말이다. 국수주의 민족주의가 심하며 타민족에 배타적이고 자국만이 최고라고 여기는 행위나 사람을 일컫는다.

나 혼자 '잘' 산다

1인 가구가 점차 증가하는 세상이다. 자취생, 취준생, 독신주의자, 돌싱 등 다양한 삶의 형태가 존재하며 우리는 오로지 '자신'만을 위한 삶을 살아갈 수 있게 되었다. 〈나 혼자 산다〉는 이런 세태를 반영하여 혼자 사는 유명인들의 일상을 관찰카메라에 담아 시청자와 공유하는 내용[7]으로 기획된 프로그램이다.

2013년에 처음 방영한 이 프로그램은 약 8년 동안 큰 인기를 끌며 MBC의 간판 예능으로 자리 잡았다. 그러나 최근 〈나 혼자 산다〉를 보는 시청자의 반응이 그다지 좋지 않아 보인다. 초기에는 시청자와 별다를 바 없는 유명인의 삶을 통해 공감을 이끌어낸 반면, 현재는 그 모습이 사라진 것이다. 혼자 사는 유명인의 삶을 담은 관찰 예능이 아닌 드라마, 영화, 신곡 홍보를 위해 나온 연예인들의 홍보 예능으로 전락해버린 모습만이 남았다. 또한 혼자 살지 않는데 섭외 연락이 왔다는 몇몇 연예인의 언급을 통해 독신 남녀, 1인 가구라는 본래의 프로그램 취지와 맞지 않는 기준으로 섭외를 한다는 사실도 발견할 수 있다. 프로그램의 변질과 더불어 또 다른 문제점도 나타났다. 시청자의 평가에 따르면 프로그램 포맷이 식상해졌다는 것이다. 〈나 혼자 산다〉는 초기에 추구했던 리얼한 먹방, 현실적인 자취 생활, 평범한 일상과 같은 자연스러움이 사라지고 동시에 고정 출연진의 친목을 다지기 위한 방송으로 변화했다. 무지개 회원들의 친목 모임은 한때 큰 재미를 유발해서 시청자에게 좋은 평을 받으며 연말 시상식에서도 큰 성과를 냈다. 하지만 현재, 출연진과 관련된 각종 논란과 최근의 왕따 논란까지 친목 방송으로 인

---

7   https://program.naver.com/p/673019.

한 논란이 발현되자 초기의 〈나 혼자 산다〉가 그립다며 변질된 프로그램의 내용을 비판하는 목소리가 점차 커지고 있는 추세다. 더불어, 1인 가구 시청자들이 전혀 공감할 수 없는 출연진의 생활 패턴도 문제가 되고 있다. 방송에 나오는 고정 출연진인 박나래, 전현무, 키, 화사 씨의 집이 모두 몇십억을 호가하는 고급 아파트 혹은 주택이라는 사실에 시청자는 자신의 삶과 비교해 낙담하게 된다. 아침에 일어나 창문 밖의 한강 뷰를 감상하며 커피 한 잔을 마시고 SNS에 올라올 것 같이 정성껏 데커레이션 된 샐러드를 먹고 밤에는 친구들과 술을 마시며 파티를 하는 일상은 분명 프로그램의 주 시청자인 1인 가구의 일상과 거리가 있다. '사람 사는 것 다 똑같다'라는 프로그램의 취지와 달리 이질감만 느끼게 될 것이다. 이는 곧 프로그램의 위기와도 연결된다. 시청자들이 프로그램을 보며 재미보다는 상대적 박탈감과 회의감을 느끼게 될 것이고 결국 다른 채널로 돌리거나 TV를 끄게 될 것이다.

　〈나 혼자 산다〉와 비슷한 사례의 방송이 있다. 바로 MBC 〈전지적 참견 시점〉이라는 방송이다. 〈나 혼자 산다〉와 같이 관찰 예능이지만 매니저가 스타의 일상을 제보하며 전개되는 방식[8]이라는 점에서 약간 결이 다른 이 방송 역시 최근 홍보를 위한 방송이라는 비판을 받고 있다. 초기와는 다르게 신곡 발표, 드라마/영화 발표를 앞둔 연예인들이 한 번씩 거쳐 가는 방송이 되어버렸고 이로 인해 시청자들로부터 식상해졌다는 평을 피하지 못하고 있다.

　이 같은 홍보성 게스트 출연과 프로그램 초기 의도의 변질은 앞서 언급한 두 프로그램뿐만 아니라 다른 관찰 예능에서도 쉽게 발견할 수 있는 악순환이다. 이 악순환을 끊기 위한 방송계의 전반적인 노력이 필

8　https://program.naver.com/p/6272014.

요한 때가 된 것은 아닐까?

'자본의 힘'이라는 이름의 벽

한 편의 예능 프로그램이 탄생하기 위해 필요한 요소들은 무엇일까? 기획, 연출, 촬영, 조명, 음향, 각본, 장소, 섭외 등 수많은 요소가 어우러져하나의 예능을 낳는다. 제작 환경을 구축하기 위해 방송사는 '자본의 힘'을 빌린다. 그만큼 자본은 방송가가 굴러갈 수 있게 만들어주는 원동력이라 볼 수 있다. 이러한 관점에서 보면 수익을 위해 홍보, PPL, 조작 연출을 선보이는 제작진의 마음도 어느 정도 이해가 간다. 시청률의 보장역시 마찬가지이다. 최근 들어 다양한 OTT 플랫폼과 애플리케이션의 등장으로 시청률의 중요도는 떨어졌지만, 그럼에도 불구하고 시청률은 여전히 무시할 수 없는 주요 척도이다. 흥행은 광고로, 광고는 수익으로 이어지는 방송구조상 시청률의 보장은 방송사가 간절히 바라는 결과일 것이다.

하지만 이 과정들이 방송사에 이득이 되는지는 의문이다. 지상파오락 프로그램에 PPL(Product PLacement)이 미치는 영향에 대해 연구한한 논문[9]에는, PPL에 대해 부정적인 인식을 가진 시청자들은 선호하는프로그램이라 하더라도 프로그램 자체에 부정적인 평가를 내릴 가능성이 높다는 내용이 담겨 있다. 또한 제작비 충당을 위한 무분별한 PPL은시청자들의 외면을 야기할 수 있다고 언급한다. 위에서 살펴본 관찰 예

---

9   박수경, 「PPL이 포함된 지상파 오락 프로그램 평가 결정요인」(국내석사학위논문 한양대학교 언론정보대학원, 2014).

능에서 빈번하게 발생하는 문제점들에 시청자들이 거부감과 회의감을 느껴 떠나는 것과 유사한 사례이며, 이는 분명 관찰 예능의 한계라고 볼 수 있다. 이 한계를 깨기 위해 잘못된 방송 구조를 바꾸는 것이 위에서 언급한 방송계에 필요한 전반적인 노력이다.

시청자가 원하는 관찰 예능 '제작 설명서'

관찰 예능의 문제점을 짚어본 후 다음과 같은 궁금증이 생겨난다. 도대체 시청자들이 원하는 관찰 예능은 무엇일까? 관찰 예능에 만연한 문제점을 해결하기 위한 방법은 무엇일까?

근본적인 해결책은 바로 초심으로 돌아가 '본질'을 찾아내는 것이다. 앞서 우리가 함께 고찰한 관찰 예능의 문제점들은 모두 초기의 프로그램 의도가 보이지 않는 시점부터 등장하게 된 것이다. 모든 프로그램은 제작 단계에서 취지와 방향성이 정해진다. 그들이 정한 그 취지에서 벗어나지 않는다면, 시청자의 사랑을 받았던 그때 그 순수한 모습을 되찾는다면 분명 시청자는 되돌아올 것이다. 물론 방송을 위한 제작진, 출연진의 노력을 함부로 판단하기는 어려울 것이다. 더불어, 무작정 초심으로 돌아가 방송을 이어 나가기엔 제작비, 시청률, 광고와 편성 등의 신경 써야 할 다양한 문제가 얽혀 있다. 그러나 자연스러움과 일상을 배경으로 하여 시청자들의 공감을 이끌어내는 것은 분명 관찰 예능만이 가능한 전략이다. 홍보와 조작 연출, 섭외를 통한 노이즈 마케팅이 아닌 관찰 예능으로서 가진 이러한 전략을 현명하게 이용하여 시청자들을 붙잡는 것이 좋지 않을까? 방송 효용적 측면에서도 초심을 되찾는 것이 단순히 상업적 이익의 취득에 그치지 않고 사회와 문화 발전에 기여할 수 있다는 점에서 궁극적인 이득이 될 것이라 감히 생각해 본다.

시청자들이 진심으로 공감할 수 있을 만한 방송을 만들어내라. 그것이 진정한 관찰 예능을 제작하기 위한 유일한 설명서라고 생각한다.

아무튼, 이 시대의 직장인을 다루니까

김지현

브이로그는 '비디오(Video)'와 '블로그(Blog)'의 합성어로, 자신의 일상을 촬영한 영상 콘텐츠를 뜻한다. 브이로그 콘텐츠는 누구나 자신의 영상을 촬영해 업로드할 수 있는 유튜브 플랫폼이 등장하면서 더욱 발전했고, 최근에는 TV 프로그램에서도 브이로그 콘텐츠를 많이 활용하고 있다. SBS의 〈미운 우리 새끼〉, MBC의 〈나 혼자 산다〉와 〈전지적 참견 시점〉과 같은 프로그램은 일상을 관찰하는 대표적인 예능 프로그램으로서 현재 브이로그 콘텐츠의 인기에 큰 기여를 했다고 볼 수 있다.

연예인의 일상을 관찰하는 것을 넘어 이제는 일반인의 일상을 관찰하는 것을 포맷으로 하는 프로그램이 생겨났다. 〈아무튼 출근〉은 2020년 8월에 파일럿 프로그램으로 2회 방영된 후 2021년 3월부터 정규편성 된 MBC의 화요일 예능 프로그램이다.

〈아무튼 출근〉을 즐겨보는 시청자들은 많다. 연예인을 관찰하는 것을 넘어서 연예인의 가족까지 관찰하는 관찰 예능에 피로감을 느끼고 있던 여러 시청자에게 일반인을 관찰하는 예능의 등장은 신선함을 주었을 것이다. 또, 다른 사람들은 어떻게 살아가는지 그리고 평소 경험해 볼 수 없는 새로운 직업군은 어떨지에 대한 직장인들의 궁금증을 많이 해소시켜 주었을 것이다.

시청자들의 관심에 화답하듯 이 프로그램은 많은 장점이 있다. 일단 나이, 성별, 직업을 가리지 않고 다양한 분야에 종사하는 직장인들을 섭외하며 직업에 대한 선입견을 없애고 있다. 장례지도사, 프로야구 2군 매니저, 교도관과 같은 직업인을 보여주며 눈에 띄지 않는 곳에서 노력하고 있는 모든 직업인에 대해 한 번씩 생각해 볼 기회를 주기도 한다. 그리고 패널들이 출연진에게 던지는 질문이 "여자가 하기 힘들었을 텐데", "저런 일을 하기엔 나이가 너무 어린데"와 같은 것이 아닌 직업 그 자체에 대한 질문이라는 점을 보면 분명 〈아무튼 출근〉이 모든 직장인을 존중하려고 노력하는 것이 느껴진다. 여러모로 가치 있는 프로그램이 맞는다.

"자고 나면 뒤바뀌는 일터의 세계에서 우리의 밥벌이가 괜찮은지, 다들 어떤 밥벌이로 먹고사는지를 알아내기 위해 남의 일터를 엿보는 국내 최초 직장인 브이로그 예능"을 표방하며, 익숙한 밥벌이에 대한 공감과 새로운 밥벌이에 대한 신선함을 제공하고자 하는 〈아무튼 출근〉은 기획의도에 걸맞게 여러 직장인 시청자들의 공감을 사고 있는 프로그램이지만, 몇 가지 문제점을 짚어보고자 한다.

1. 브이로그 형식, 적합할까?

EBS에서 방영하는 〈극한 직업〉은 3D 중 하나라도 해당하는 직업에 종사하는 다양한 사람들의 삶을 밀착 취재해 보여주는, 〈아무튼 출근〉의 선배 격이라고도 볼 수 있는 교양 프로그램이다. 프로그램 소개를 보면 이 프로그램이 직업인의 삶을 얼마나 현실적이고 생생하게 보여주고자 하는지가 잘 드러난다.

"6mm의 밀착성과 역동성을 최대한 살려 활기 있게 극한 직업의 모습을 담아내고 현장 현장음(SOT, sound of tape)을 강화하여 리얼한 삶의 모습이 시청자들에게 잘 전달되도록 한다."

앞서 브이로그에 대해 '자신의 일상을 기록하는 영상'이라고 정의한 바 있다. 일기장에 글을 쓰거나 블로그에 글을 쓰는 것처럼 카메라로 영상을 촬영해 하루를 기록하는 것인 만큼 브이로그는 매우 개인화된 영상이라고 볼 수 있다. 개인화로부터 오는 문제점이 몇 가지 있다고 본다.

〈아무튼 출근〉에 출연하는 직장인들은 각자의 직업을 대표해 나온다는 느낌이 강하다. 아직까지 같은 직업군의 직장인이 중복 출연한 적이 없기 때문이다. 여기서 브이로그 형식이 이 '대표' 직장인의 삶을 담기에 적합한 형식인지에 대해 생각해 볼 필요가 있다. 브이로그 형식의 꾸밈없고 솔직한 특성을 활용해 직장인의 하루를 보여주고자 한 의도는 알겠으나, 앞서 말했듯이 브이로그는 너무나도 개인화된 콘텐츠이다. 그만큼 브이로거가 된 직장인 출연자가 보여주는 카메라의 작은 앵글 속 모습이 해당 직업에 종사하는 직장인의 하루를 '대표'한다고 보기는 어려울 수 있다. 출연진과 같은 직업에 종사하고 있는 누군가는 이 프로그램을 보며 카메라에 비친 모습이 자신의 직장 생활과 다르다고 느낄 수도 있다. 조금 더 넓은 앵글로 그들을 보여주는 시선이 어느 정도 필요하지 않을까 싶다.

〈아무튼 출근〉은 단순한 일상만을 보여주는 프로그램이 아닌 직장인의 직장 생활을 보여주는 프로그램이다. 〈극한 직업〉처럼 주변에서 보기 드문 직업에 종사하는 직장인들만을 보여주는 프로그램은 또 아니다. 이 때문에 일반 직장인들과의 공감대 형성은 이 프로그램에서 더욱 중요해지는데, 개인화된 영상에 의해 '직장 생활은 다 힘들다'는 큰 부분에 대한 공감, 그것에 그친다는 한계를 지니게 되는 것이다.

〈극한 직업〉이 사람들의 숭고한 의지와 직업 정신의 가치를 되돌아본다는 의도에서 생생한 직업의 현장을 보여주고자 한 것을 〈아무튼 출근〉이 기억했으면 한다. 물론 예능 프로그램과 교양 프로그램은 엄연히 다르다. 하지만 직업인을 다룬다는 측면에서는 같은 결의 프로그램이다. 〈아무튼 출근〉이 〈극한 직업〉만큼 해당 직군에 종사하는 모든 직업인을 지금보다 더욱 진솔하게 보여주려 한다면, 직장인이 든 카메라보다 더 넓은 시야에서 그들을 바라볼 수 있어야 하지 않을까 싶다. 이 프로그램은 "진정성"이 다른 프로그램과의 차별성이라고 한다. 그와 동시에 "직업에 대한 미화와 가벼운 묘사는 지양하겠다"라고 약속했는데, 그 약속이 '브이로그'라는 이유로 인해 깨지지 않도록 주의를 기울여야 할 것이다.

브이로그 형식의 문제점은 또 있다. 어디서든 카메라를 들고 다니는 만큼, 어디서든 타인이 카메라에 찍힐 수밖에 없는 것이다. 단순한 일상만 찍으려고 해도 어쩔 수 없이 타인이 카메라에 노출되는 일이 벌어지는데, 카메라가 돌아다니는 곳이 출연자의 실제 직장이니 조금 더 문제가 될 수 있다. 구체적으로 어떤 부분에서 문제가 될 수 있는지는 〈아무튼 출근〉 1회에서 확인할 수 있다.

1회에 등장한 첫 직장인은 9년 차 은행원이었다. 그녀는 하루 평균

100통의 문의 전화를 받으며 은행 본점의 연금사업부에서 계장으로 일하고 있었다. 해당 출연진이 일하는 모습을 보여주기 위해 카메라가 담아낸 것은 전국의 영업점을 대상으로 시행할 연금 사업 이벤트와 관련된 회의를 진행하는 모습, 회의 사이에 온 도움을 요청하는 메신저를 발송한 사람들의 이름, 퇴직자들을 대상으로 퇴직금 수령 방법이나 절세 전략에 대해 PT를 하는 모습 등이었다.

아무리 방송에는 편집이 되어 나간다지만, 직장인이 일하는 모습을 담기 위해 회의나 PT 내용과 같은 기업의 정보와 언제 어디에 왜 노출이 됐는지 모를 타 직원들의 이름을 촬영하는 것은 민감한 문제가 아닐 수 없다. 카메라가 한 직장의 깊숙한 내부를 비추는 만큼, 타인의 정보와 기업의 정보를 다룸에 있어서 더 신중하고 조심스러운 태도를 가져야 할 것이다.

2. 몇 가지 프레임을 씌우다

이 프로그램이 사용하고 있는 '직장'의 대체용어는 '밥벌이'이다. 밥벌이는 '먹고 살기 위하여 하는 일' 또는 '겨우 밥이나 먹고 살 수 있을 만큼 돈을 버는 일'이라는 뜻을 지닌 말이다. '밥벌이'를 하고 있는 직장인들을 가리키는 용어로는 '밥벌러'를 사용하고 있다. 기획의도에서는 또 다른 신조어도 등장한다. '먹고사는 일을 최우선으로 대하는 태도'라는 의미를 가진 '먹고사니즘'이 그것이다.

프로그램에 출연하는 직장인 중 몇몇은 '먹고살기 위해' 직장을 다니고 있을 수 있다. 하지만 어떤 직장인들은 직장을 다니기 위해 분명남들이 상상하기 어려울 정도의 부단한 노력을 했을 것이고, 그렇게 들어간 본인의 직장을 사랑하고 있을 것이다. 이런 출연진들에게 '밥벌이', '밥벌러'와 같은 표현을 사용하는 것은 그들이 그렇게 사랑하는 직장에 '힘들지만 먹고살기 위해 어쩔 수 없이 다니는 직장'이라는 프레임을 씌우는 것과 같다고 볼 수 있다.

콘텐츠에서 사용되는 단어 하나하나는 시청자들에게 큰 영향을 미친다. 조금은 결이 다르지만, 몇 가지 예시를 들어볼 수 있다. 미국의 심리학자 대니얼 카너먼(Daniel Kahneman)과 행동경제학자 아모스 트버스키(Amos Tversky)가 제시한 '틀 짜기 효과(framing effect)'는 프레이밍이 미치는 영향을 잘 설명할 수 있는 개념이다. 600명이 감염병에 걸린 상황을 가정했을 때, 사람들은 긍정적 프레임을 씌운 '200명이 살 수 있다'를 고르고, 부정적 프레임을 씌운 '400명이 죽는다'는 고르지 않는다는 것이었다. 미국 대통령 리처드 닉슨(Richard Nixon)의 사례 역시 프레이밍의 영향력을 보여준다. 워터게이트 사건 당시 닉슨은 "저는 사기꾼이 아닙니다"라고 말했고, 그 결과 대부분의 사람들이 닉슨을 떠올릴 때 '사기꾼'의 이미지를 떠올린 것이다. 3% 초반대의 준수한 시청률을 유지하고 있는 프로그램에서 직장을 '밥벌이'로 표현한다는 것이 시청자에게 적지 않은 영향을 미칠 것이라는 점을 알 수 있는 부분이다.

누군가는 '밥벌이'라는 표현을 왜 부정적으로 바라보는지 이해하지 못할 수도 있다. 직장인들이 직장에 다니는 이유를 한 단어로 잘 설명해 주는 표현이지 않느냐고 물을 수 있다. 하지만 다른 완곡한 표현이 있고 모두가 직장을 밥벌이로 생각하지 않기 때문에 밥벌이가 프로그램에서 꼭 써야 하는 단어는 아니라고 생각한다. 진로, 직업을 다루는 프로그램인 만큼 학교에서 교육 자료로 쓰일 가치가 충분한 이 프로그램에 '밥벌이'와 같은 표현이 계속 사용된다면, 해당 표현을 본 학생들은 너무 일찍 직장을 '밥벌이'라는 틀 속에서만 사고하게 되지 않을까?

3. 〈아무튼 출근〉의 방향성

〈아무튼 출근〉이 더 많은 시청자에게 가치 있는 프로그램으로 자리매김하고자 한다면, 유튜브에서 볼 수 있는 일반적인 직장인 브이로그와는 다른 '차별성'을 갖추는 것이 필요할 것이다. 현재 유튜브 '엠뚜루마뚜루 (MBC 공식 종합 채널)'에 올라오는 〈아무튼 출근〉 클립 영상은 수십만에서 수백만 조회수를 기록하며 인기를 얻고 있다. 이렇게 유튜브에 올라가는 〈아무튼 출근〉의 클립 영상에서는 방송국의 편집 기술, 연예인 패널의 진행, 색다른 직업인의 등장이라는 세 가지를 제외하고는 일반인들의 직장인 브이로그 영상과 크게 다른 점을 찾기 어렵다. 유튜브에서 TV로 유입되는 시청자들이 많아질 수 있도록 기존 유튜브의 직장인 브이로그와는 다른 획기적인 무언가를 도입해야 할 것이다.

또, 프로그램에 출연하는 몇몇 직장인은 우리가 익히 알고 있는 TV 프로그램에 출연한 경험이 있기도 한데, 이런 경우 해당 출연자에 대해 '아예 방송계로 전향하려는 것이 아닌가'와 같은 논란이 충분히 발생할 수 있다고 본다. 출연진 섭외 과정에서 그런 부분까지 깊이 고려해 '방송용'으로만 직업인들이 활용되지 않도록 해야 할 것이다.

모든 직업은 값지고 소중하다는 것을 느끼게 해주며 시청자들에게 다양한 생각거리를 던져주는 〈아무튼 출근〉. 긍정적인 반응을 얻으며 좋은 태도로 제작되는 프로그램인 만큼 문제가 될 수 있는 부분을 최대한 개선해 TV에서 더욱 오래 볼 수 있었으면 하는 바람이다.

제발 우리 좀 잘 봐주세요

MBC every1 〈어서와 한국은 처음이지?〉를 중심으로

조원석

남들로부터의 시선

교육의 문제일까? 아니면 문화의 문제일까? 한국 사람들은 유독 남의 시
선을 크게 의식한다. 한국 사회에서 겸손은 미덕이고, 벼는 익을수록 고
개를 숙이며, 모름지기 사람은 겸양지덕(謙讓之德)을 갖추어야 한다. 혹
시 남이 나를 부정적인 시선으로 바라볼지 모르니 자신을 드러내지 않고
조용히 있는 것이다. 이러한 교육과 문화 속에서 남이 나를 어떻게 생각
하는지가 우리 인생에 상당한 영향력을 행사하게 되었다. 이러한 사회에
서 외국인이 우리를 바라보는 시선은 언제부턴가 사람들의 주요 관심사
로 떠올랐다. 유튜브에서 방탄소년단의 「Dynamite」를 들은 외국인들의
반응을 편집한 영상은 조회수 270만 회를 넘겼고, 〈오징어 게임〉을 시청
한 미국 사람들의 반응 영상은 올라온 지 2주 만에 129만 회의 조회수를

기록했다. '외국인이 우리를 어떻게 생각하는지' 그 자체가 콘텐츠가 되었다.

　다양한 시선을 통해, 그것도 한국이 아닌 다른 나라 사람들의 낯선 시선을 통해 한국을 바라보는 것은 우리에게 새로운 관점을 제공한다는 측면에서 확실히 유익한 면이 있다. 문제는 그것이 과연 진실한 시선일까 하는 것이다. 한국을 외국인의 시선에서 다루는 많은 콘텐츠에 등장하는 외국인들은 한국의 문화, 음식, 드라마, 음악 등에 대해서 극찬을 늘어놓는다. 음악을 들으면서 눈물을 흘리고 드라마를 보면서 감탄사를 연발한다. 그것을 본 한국 사람들은 인정받았다는 사실에 내면 깊숙이 끓어오르는 애국심을 느낀다. 이것은 어쩌면 서로에게 유익한 거래일지도 모르겠다. 한국 사람들은 애국심을 느끼고 외국인들은 그것을 통해 돈을 번다. 대한민국이 과대평가되었다는 말을 하려는 것은 아니다. 다만 '그들의 호의적인 시선'과 그것을 갈구하는 우리들의 모습은 분명 다시 한번 생각해 볼 필요가 있다.

〈어서와 한국은 처음이지?〉의 변화

MBC every1에서 방영하는 〈어서와 한국은 처음이지?〉는 한국으로 여행 온 외국인들의 여행기를 담아내면서 그들이 보는 우리나라의 모습은 어떤 모습일지 관찰하는 프로그램이었다. 하지만 코로나19의 여파로 외국인들의 국내 입국에 제한이 따르자, 한국에 거주하고 있는 '외국인들의 한국살이'를 주제로 포맷을 변경했다. 개인적으로는 오히려 코로나 이전의 포맷보다 기대되는 부분들이 많았다. 이전 포맷에서 등장하는 외국인들은 관광객이었기에 한국의 새로운 문화를 체험하는 것에 프로그램의 초점이 많이 맞춰져 있었다. 하지만 이들이 초대받아서 온 입장이고 카메라 앞이라는 점을 고려했을 때 아무래도 솔직한 이야기나 깊이 있는 이야기를 듣지 못하는 것 같은 아쉬움이 남아 있었다. 하지만 새로운 포맷에서 출연하는 외국인들은 한국에 거주하고 있는 사람들이다. 한국에 거주한 기간은 각자 다르지만, 이들은 한국에서 직업을 갖고, 가정을 꾸리기도 하며 우리와 어울려 생활하면서 몸소 한국의 실제적인 삶을 체험한 사람들이다. 이들의 이야기를 다루는 것은 출연진을 단순한 관광객이 아니라 사회 구성원으로서 대함을 의미하며, 개인의 삶을 조망하고, 사회의 장단점을 새로운 시각에서 바라볼 수 있을 것으로 기대했었다. 기획의도에서도 "외국인 친구들의 고군분투 한국살이 모습을 통해 대한민국을 낯설게 바라보고 익숙하게 생각했던 우리의 일상도 새롭게 느껴보자"라고 하며 새로운 변화를 예고했다. 기대가 너무 컸던 탓일까? 현재 방영 중인 〈어서와 한국은 처음이지?〉를 보면 기획의도와는 다소 동떨어진 행보를 보이지 않나 싶다.

한국살이는 어디로 갔나? (1)

애석하게도 〈어서와 한국은 처음이지?〉는 출연자가 한국에 거주하고 있다는 점을 제외하면 이전과 같은 방식을 고수했다. 지난 10월 7일 전파를 탄 '미국 애런네 삼부자 편'은 한국살이 8년 차 현재 전업주부인 애런이 아침에 일어나서 집안일을 하는 것으로 이야기를 시작한다. 하지만 그것도 잠시, 집에 택배가 도착하고 갑작스러운 애런의 인터뷰 장면이 등장하여 자신은 "한국의 배송 문화를 정말 좋아하고 미국에서 살 때는 이런 문화를 경험해 보지 못했다"라며 한국의 배송 문화를 칭찬한다. 아이들과 아침을 먹은 애런이 아이들을 데리고 간 곳은 국립중앙과학관이었다. 이번에도 인터뷰 화면이 등장하면서 애런은 "대전은 과학으로 유명하고 이는 아이들의 교육에 좋다"라며 이야기한다. 그 이후에 방문한 펌프트랙에서 애런은 아이들에게 자전거 타는 법을 가르치는데, "미국에도 자전거 트랙이 있지만 위험한 흙바닥이었는데, 이곳에는 현대적이고 안전한 장소가 있다"라는 인터뷰가 어김없이 등장한다. 마치 대전의 홍보 대사 같은 애런의 행보는 여기서 멈추지 않는다. 아이들과 저녁을 먹으러 간 곳은 30년의 전통을 자랑하는 칼국수 집이었다. 이때 "대전에 칼국수 축제가 있는 거 알고 계셨나요?"라는 자막과 함께, 대전 칼국수 축제 현장 사진이 등장하면서 대전을 홍보한다.

'미국 애런네 삼부자 편'에서 한국살이 8년 차 전업주부 애런의 평소 삶은 아침을 준비하는 장면을 제외하고는 거의 등장하지 않는다. 아이들과 함께 국립중앙과학관으로 견학을 가고 펌프트랙에서 자전거를 타고 지역의 유명한 음식점을 찾아가는 모습은 '외국인의 한국살이'보다는 단순한 여행객을 떠올리게 했다. 아빠 전업주부라는 스토리텔링은 교육자가 되고 싶어 한국에 왔지만, 코로나로 실직했다는 짧은 인터뷰로 끝이 났다. 애런의 이야기 자체는 굉장히 흥미롭다. 실직한 아빠, 아이들을 돌보는 전업주부, 꿈과 목표 등의 이야기를 통해 시청자는 애런의 삶에 공감하고 한국 사회의 단면에 대해 생각해 볼 수도 있었다. 하지만 그런 부분은 뒤로 남겨둔 채 외국인들이 즐기는 한국의 관광 명소를 다룬 것에는 아쉬움이 많이 남는 부분이다. 또한 영상 중간중간에 인터뷰 형식이 등장하면서 한국 문화를 칭찬하고 자기 나라에는 그런 게 없다고 말하는 다수의 장면은 상당히 작위적으로 느껴진다.

한국살이는 어디로 갔나? (2)

이어진 '프랑스 캐빈' 편에는 한국살이 3개월 차 캐빈의 이야기를 다룬다. 한국에서 앱 개발자로 일하고 있는 캐빈은 한국에 온 이유가 "한국 음식을 먹어보고 싶어서"라고 이야기한다. 그래서 그런지 영상의 대부분은 캐빈이 한국 음식을 먹는 장면들로만 채워졌다. 프로그램은 캐빈이 아침으로 국밥을 먹는 장면, 점심으로 닭갈비를 먹는 장면, 퇴근 후에 인사동에서 유명한 빵을 사 먹는 장면, 친구와 저녁으로 낙지 요리를 먹는 장면으로 꽉 채워졌다. 식사를 할 때마다 캐빈은 행복해하며 계속해서 한국음식에 감탄한다. 앱 개발자라는 흥미로운 직업을 가졌음에도 캐빈은 한국 음식에 푹 빠져 온종일 한국 음식을 먹을 생각에만 빠져 있는 외국인 정도로만 그려진다. 그가 직장에서 일하는 장면은 아주 짧게 등장하고, 시계가 돌아가는 모션 효과로 그의 업무가 끝났음을 알려준다.

애런과 캐빈의 에피소드에서 드러나듯이 〈어서와 한국은 처음이지?〉에는 외국인의 한국살이가 제대로 드러나지 않는다. 프로그램에 비춰진 그들의 모습은 한국사회의 구성원으로서 삶을 보여주고, 목소리를 내고, 우리에게 다양한 시각을 전달해 주는 외국인들이 아니라, 한국문화를 체험하고 신기해하며 칭찬하는 외국인에 가깝다. 그들이 우리 사회의 일원이라는 점에서 프로그램의 새로운 포맷은 강점을 가졌다. 하지만 그러한 이점은 뒤로한 채 여전히 출연진을 관광객처럼 연출하는 것은 〈어서와 한국은 처음이지?〉가 개선했으면 하는 부분이다. 중요한 것은 그들과 함께 한국에 관해 이야기를 하는 것이기 때문이다.

기왕이면 백인으로

행정안전부의 통계에 따르면(2019년도 기준) 국내에 가장 많이 거주하고 있는 외국인의 국적은 중국으로 베트남, 태국, 미국이 뒤를 잇는다. 아이러니하게도 이 중 미국을 제외하고는 동양 국적의 외국인들은 〈어서와 한국은 처음이지?〉에서 얼굴을 보기 힘들다. 9월에 프로그램에 출연한 외국인 출연자 대다수는 미국, 러시아, 프랑스, 이탈리아 등의 국적을 가진 서양인들이다. 그들은 한국의 이곳저곳을 돌아다니고 체험하면서 '한국의 문화를 인정'해 준다. 우리는 서양인들의 반응을 보며 만족하기도 하지만 이러한 상황을 어떻게 바라보아야 할지, 우리에게 어떠한 영향을 미칠지와 같은 숨겨진 다른 이면도 살펴보아야 할 것이다.

국내 외국인 거주자의 대다수를 동양권 사람들이 차지하고 있음에도 불구하고, 서구권 사람들의 압도적인 출연 횟수는 프로그램이 '외국인'을 다룬다기보다는 '서양인들'을 다루는 것에 관심 있음을 알 수 있다. 또한 출연진들이 한국에 대해 보이는 환호 행렬은 자칫 프로그램이 '서양인의 긍정적 시선을 얻은 것'에 집중하고 있다는 우려를 낳게 만든다. 물론 그들이 우리의 문화를 알아주고 좋아해 주어서 나쁜 것은 없지만, 그것이 프로그램의 목적이 되어서는 안 된다.

의도했는지는 모르겠지만, 〈어서와 한국은 처음이지?〉를 보다 보면 서양인이 한국을 인정해 주고 우리는 즐거움과 자긍심을 얻는 구조가 형성되어 온 듯하다. 하지만 이러한 현상은 자칫 '서구권 문화가 우리보다 훨씬 우월한 존재라는 인식'을 형성시킬 수 있다. 서양은 위에서 우리를 내려다보는 존재로, 우리는 열심히 노력해서 그들의 인정을 받아야 하는 존재라는 사고가 형성될 우려가 있는 것이다. 설령 그런 사고가 이미 한국 사회 안에서 형성이 되었더라도 '서양인의 인정에 얽매여 있는 연출방식'은 앞서 말한 우려를 재확산하는 데 기여한다. 칭찬과 인정은 위의 사람이 아랫사람에게 하는 것이지 그 역으로 이루어지지 않기 때문이다. 물론 방송에 출연한 서양인이 "우리나라에 이런 거 없는데, 한국은 있네요. 진짜 대단해요"라고 말하고 한국의 문화를 즐기는 모습을 보면서 몇몇 시청자들은 한국에 대한 자부심을 느꼈다고 말할 수 있다. 하지만 그것이 한국의 문화에 대한 자랑스러움인지, 그들의 환호에 대한 자랑스러움인지 명확하게 구분하는 데는 의문이 따르는 부분이다.

시선을 바꾸자

현재, 달라진 포맷으로 새로운 시작을 약속한 〈어서와 한국은 처음이지?〉는 '서양인의 긍정적인 시선'에 지나치게 집착하는 모습이다. 그 결과 외국인들의 한국살이를 담은 내용은 사라지고, 그와 함께 새로운 시각을 통해서 한국 사회를 조망할 수 있을 것이라는 기대 역시 사라졌다. 또한 서구권 국가를 중심으로 백인 위주의 출연자 섭외는 자칫 서구권은 우월하고 우리는 열등한 존재라는 인식을 심어줄 우려까지 만들어냈다.

하지만 필자는 이 프로그램, 특히 새로운 포맷에서의 기획의도가 너무나 마음에 든다. 프로그램의 문제점을 해결하는 일은 단순하다. 기획의도로 돌아가면 된다. 서양인이 아니라 다양한 국적의 외국인을 섭외하고, 그들이 어떻게 한국에서 생활하고 있는지를 보여주고, 한국의 사회에 대해서 그들의 생각을 솔직하게 들으면 되는 것이다. 그러한 과정에서 외국인들이 생각하는 진짜 우리나라에 대한 존중과 이해는 자연스럽게, 작위적이지 않은 형태로 시청자에게 전달될 수 있을 것이다. 그리고 그것은 엄청난 예산이 드는 것도, 엄청난 위험을 감수해야 하는 것도 아니다. 그저 기존에 어긋난 시선에서 '다양한 외국인들의 한국살이를 담으려는 시선'으로 눈을 약간 돌리면 되는 문제이다. 부디 〈어서와 한국은 처음이지?〉가 개선된 모습을 보여주었으면 한다.

우리도 누군가의 '금쪽같은 내 새끼'

김소현

육아 예능의 인기는 아직도 지속되고 있다. 〈아빠 어디가〉부터 시작된 육아 예능 프로그램 인기는 〈슈퍼맨이 돌아왔다〉로 이어져 동 시간대 시청률 1위를 달성하며 육아 예능의 전성기를 알렸다. 그리고 〈용감한 솔로 육아 – 내가 키운다〉, 〈맘 편한 카페〉 등 육아 예능 프로그램은 계속해서 제작되며 여전히 시청자들의 인기를 끌고 있다.

기존 육아 예능 프로그램은 아이와 함께 지내면서 겪는 시행착오를 공유하는 연예인의 육아 도전기가 주류였다. 특히 초창기 육아 예능 프로그램에서 남성 연예인의 육아 도전기는 신선하게 다가왔고 동시간대 시청률 1위를 달성하는 등 그 인기를 증명했다.

하지만 이런 육아 예능 프로그램에도 문제점은 있었다. 아이에게 무엇이든지 해주고 싶은 부모의 욕심 때문이었을까? 다양한 종류의 장난감, 넓은 집, 유명 브랜드 옷이 너무나 당연하게 등장하는 장면은 시청자들의 상대적 박탈감을 유발하기에 충분했다. 모든 것이 완벽한 연예인의 육아가 평범한 중산층 가정의 모범처럼 비춰지는 모습은 모순을 불러일으켰다. 그리고 육아 도우미 명목으로 등장하는 게스트의 잦은 출연과 극적인 연출을 위한 미션은 육아 예능의 본질을 흐리기까지 했다. 결국 자기 자식 자랑에 지나지 않은 연예인들의 육아는 시청자의 공감조차 얻을 수 없게 되었다.

이런 상황에서 채널A의 〈요즘 육아 금쪽같은 내 새끼〉가 방영되었다. 연예인들의 보여주기식 육아도 없었고 불변의 진리처럼 보이는 육아법도 없었다. 각자의 육아 고민을 가지고 스튜디오를 찾은 부모들. 조언을 건네는 전문가와 육아 도우미를 자처한 패널들은 정답이 없는 육아 문제를 푸는 부모에게 자신감을 불어넣어 준다. 그렇게 부모가 가진 사랑의 힘과 아이가 가진 성장의 힘을 보여주는 '금쪽같은' 육아 예능이 등장했다.

이름 대신 금쪽이

일반인의 출연은 양날의 검과 같다. 그들의 꾸밈없는 모습과 솔직한 발언은 시청자들의 공감도를 높이고 프로그램에 몰입하게 만들지만, 한편으로는 일반인의 사생활이 보호받지 못해 방송 이후의 삶을 회복하기 힘든 경우도 있기 때문이다. 그래서 〈요즘 육아 금쪽같은 내 새끼〉에는 출연 아동의 이름 대신 '금쪽이'라는 호칭이 등장한다. '금쪽같이 귀한 아이'라는 의미를 지닌 '금쪽이' 덕분에 출연 아동의 실명이 거론되는 경우는 적다.

미디어에 대한 접근성이 향상된 만큼 출연 아동은 언제라도 자신의 영상을 볼 수 있다. 하지만 아동은 아직 자신의 모습을 객관적으로 바라보기 힘들기에 미디어가 정의한 것에 따라 자신을 정의할 가능성이 있다. 부정적으로 낙인찍히면 그 대상이 점점 더 나쁜 행태를 보인다는 낙인효과에 따라 "뉴질랜드에서 온 악동, 3살 지후"[1]와 같은 자막 사용은 자칫 아이를 부정적으로 낙인찍는 효과를 유발할 수 있다. 이에 비해 〈요즘 육아 금쪽같은 내 새끼〉는 '극단적 이상행동을 하는 초3 딸'과 같이 실명 언급을 자제하고 아이의 문제 행동을 객관적으로 서술했다.

자극적인 언어로 아이를 소개하는 것은 관심을 집중시켜 시청률 상승에 도움이 될지는 모르나 일회성에 그치고 말 것이다. 〈요즘 육아 금쪽같은 내 새끼〉는 인기를 좇기보다는 정보를 전달하는 데 더 초점을 맞춘 예능이다. 그렇기 때문에 초기 시청률은 1.5%로 저조했으나 시청자들의 입소문으로 최고 시청률 3.4%를 달성할 수 있었다. 또한 〈요즘 가족 금쪽 수업〉, 〈오은영의 금쪽 상담소〉[2]와 같은 파생 프로그램도 입소문에 오르면서 그 인기를 증명하고 있다.

적극적인 부모

〈요즘 육아 금쪽같은 내 새끼〉가 가지는 차이점에서 눈에 띄는 점이 있다. 바로 스튜디오 세트 구성이다. 보통 문제 행동을 일으키는 아이를 대상으로 해결책을 제시하는 프로그램은 어두운 배경, 협소한 공간에서 진행하는 전문가와의 상담 장면이 떠오른다. 이러한 스튜디오 구성은 진지

---

1   SBS 〈우리 아이가 달라졌어요〉, 374회.
2   2021년 9월 방영 시작.

한 분위기를 연출하나 부모를 위축시키고 고립시킨다. 이와 동시에 아이의 문제 행동을 집중적으로 조명하는 화면 구성은 부모에게 모든 잘못의 책임을 묻는다. 이와 달리 〈요즘 육아 금쪽같은 내 새끼〉는 부모에게 죄인의 프레임을 씌우지 않는다. 부모는 그동안 자신들이 아이를 올바르게 지도하기 위해 기울였던 노력을 스스로 말하고 간절함을 호소한다. 이처럼 부모가 능동적으로 말하고 행동할 수 있었던 이유에는 〈요즘 육아 금쪽같은 내 새끼〉의 독특한 스튜디오 구성이 있다.

〈요즘 육아 금쪽같은 내 새끼〉의 스튜디오는 파스텔 톤의 밝은 색감을 배경으로 한 오픈 스튜디오이다. 특히 스튜디오의 전반적인 색인 파란색과 분홍색은 밝고 활기찬 분위기를 조성한다. 응용 색채 심리학의 권위자 캐런 할러(Karen Haller)는 "분홍색은 차분하게 만드는 효과가 있으며, 파란색은 심리학적 원색으로 마음을 진정시키는 효과가 있다"라며 색채가 주는 심리적 효과에 대해 언급했다. 이러한 효과 덕분에 출연자는 전문가의 조언을 일방적으로 수용하기보다는 자신이 그렇게 행동한 이유를 적극적으로 설명한다. 이러한 태도는 문제점 파악에 도움이 될 뿐만 아니라 육아 문제 해결 방법을 찾는 데 효과적이다.

그렇다면 왜 출연자의 능동적인 태도가 중요한지 알아볼 필요가 있다. 해당 프로그램은 육아 문제를 함께 고민하고, 조언을 통해 문제를 해결하는 프로그램이다. 그렇기에 출연자가 직접 문제가 무엇인지 말하지 않는다면 해결책을 찾을 수 없을 뿐더러 프로그램이 진행되지 않는다. 실제로 오은영 박사는 미리 문제점을 파악해 정해진 답을 내놓는 것이 아니라 부모와의 대화, 관찰 영상을 통해 그 자리에서 해결책을 제시한다. 그리고 만약 출연자가 수동적인 자세로 정해진 답만을 답했다면 시청자들은 짜인 연극 같다는 느낌을 받았을 것이다. 하지만 〈요즘 육아 금쪽같은 내 새끼〉는 방송 현장에서 진찰부터 처방까지 모든 것이 이뤄진다. 답답한 곳을 자세히 진찰하고 '사이다' 같은 처방을 내리는 모습은 시청자들에게 공감을 형성한다.

요즘 가족, 요즘 육아

〈요즘 육아 금쪽같은 내 새끼〉에는 한부모가정, 이혼가정, 다문화가정, 입양가정 등 다양한 형태의 '요즘 가족'이 등장한다. 육아 트렌드를 반영하겠다는 제작 의도처럼 과거와는 다른 육아법을 제시한다. 할아버지가 부(父)의 역할을 대신하고 모(母)의 역할을 할머니와 나누기도 한다. 또한 여성만 출연해서 육아 해결책에 대해 질문하는 다른 육아 프로그램과는 달리 해당 프로그램에서는 부모가 대부분 함께 등장한다. 아이의 주 양육자를 어머니에 한정하지 않는다. 이는 여성에게 양육의 모든 책임을 일임하는 것이 아니라 가족 전체가 함께 답을 찾고 고민하는 것임을 일깨워 준다.

출연자들도 요즘 육아에 맞게 구성되었다. 신애라 씨와 장영란 씨는 자녀가 있는 여성의 관점에서, 정형돈 씨는 기혼 남성의 관점에서 육아를 바라본다. 육아를 경험한 기혼 출연자는 자신의 육아 경험을 공유하며 뜻대로 되지 않는 육아의 어려움을 이해하는 역할을 한다. 실제로 많은 부모들이 전문가가 제시한 솔루션을 바로 적용하는 데 어려움을 겪는다. 출연자들은 전문가의 조언을 이해하고 있음에도 바로 실천하기 힘든 고충을 설명하며 부모의 죄책감을 덜어준다. 동시에 출연자들의 위로와 공감은 이런 과정이 실패가 아닌 성공적인 육아를 위한 과정임을 알려준다.

한편 출연자 중 가장 눈에 띄는 사람은 미혼 여성 홍현희 씨이다.

육아에 참여하지 않는 미혼 여성으로서 육아에 대한 이해와 공감이 부족할 것 같지만 오히려 정반대이다. 출연 아이와 비슷한 경험을 겪었던 자신의 이야기를 하며 부모는 알 수 없는 아이의 마음을 대변하고, 예비 엄마를 대표해 육아에 대한 궁금증을 묻는다. 다양한 시청 연령을 대표하는 출연자 구성은 육아 예능의 주 시청층인 기혼 여성에서 기혼 남성, 미혼인, 비혼인까지 아우른다. 이러한 구성은 공감층을 확대하고 다양한 시각에서 육아를 바라보게 한다.

그러나 한편으로는 이러한 출연진 구성이 육아 문제를 해결하는 것에만 그쳤다는 점에서 아쉬움을 남긴다. 초반부 전문가 출연진은 소아청소년 전문 정신건강 박사인 오은영 씨와 심리상담가 박재연 씨였으나 중반부 이후로는 오은영 씨만 출연하고 있다. 초반부에는 각자의 전문 분야에 따라 오은영 씨는 아이에, 박재연 씨는 가족 간의 관계에 초점을 맞추어 육아와 가정 내 문제를 해결했다. 그러나 오은영 박사의 비중이 높아짐에 따라 전문가 출연진은 한 명으로 축소됐다. 물론 오은영 박사도 가정 문제를 해결하는 솔루션을 제시하기도 하나 그것은 가정 내 불화가 아이에게 심각한 영향을 끼치는 경우에만 이뤄진다. 처음부터 가정의 문제를 점검할 기회가 사라진 것이다. 해당 프로그램의 주 시청층이 다양한 연령으로 확대된 만큼 육아에 한정하기보다는 육아와 가족, 두 문제를 함께 해결할 수 있는 프로그램이 되기를 바란다.

〈요즘 육아 금쪽같은 내 새끼〉가 알려준 것

이 육아 예능은 우리에게 사랑의 힘을 알려줬다. 도저히 바뀔 수 없을 것 같던 아이가 점차 변해갈 때, 모든 출연진은 부모가 가진 '사랑'이라는 위대한 힘과 아이가 가진 '성장'의 힘에 눈물을 흘린다. 시청자와 연예인 패 널들조차 포기를 떠올릴 때 유일하게 포기하지 않은 존재는 부모였다. 우 리는 누군가의 '금쪽같은 내 새끼'라는 사실을, 부모의 무한한 사랑을 받 고 있다는 사실을 가끔 잊고는 한다. 한계에 부딪혀 도저히 아무것도 할 수 없을 것 같을 때 〈요즘 육아 금쪽같은 내 새끼〉는 지금까지 받아온 무 한한 사랑과 의지만 있다면 못 해낼 것은 없다며 자신감을 불어넣어 준다.

좋은 가족이란 무엇인가? 다투지 않고 언제나 웃음이 넘치는 화기 애애한 모습인가? 아니다. 그런 가족은 TV에서나 볼 수 있는 가상에 가 까운 가족이다. 오히려 다투고 화해하고 또 다투는 모습이 지극히 정상 적인 가족일 것이다. 혈육 관계든 아니든, 엄마나 아빠가 있든 없든, 형 태는 상관없다. 함께 기뻐하고 슬퍼하고 때로는 다투기도 하며 서로를 사랑으로 보듬어주는 존재가 있다면 그게 가족이다. 그동안 우리는 미디 어가 제시한 '정상 가족'을 수동적으로 받아들였다. 정상 가족이 무엇인 지도 모른 채 말이다. 이제 가족에 대해 다시 생각해 봐야 할 차례이다.

〈요즘 육아 금쪽같은 내 새끼〉에서는 시청자 스스로 프로그램에 참여할 뿐만 아니라 타인의 변화를 통해 자신도 치유한다. 이 프로그램 을 통해 가장 많이 변화하는 사람은 아이가 아닌, 부모이다. 어른들은 "어린 시절 제 모습과 같아서 마음이 아파요"라며 자신을 그대로 닮은 아이의 모습을 통해 과거의 자신을 마주한다. 이해보다는 강압이, 기다 림보다는 '사랑의 매'가 익숙했던 과거의 훈육법이 지금의 어른들을 키 웠다. 그렇게 어린 시절 부모에게서 받았던 상처를 제대로 회복하지 못 한 채 살아온 어른들은 어쩌면 아이보다 더 전문가의 도움을 필요로 했 을지도 모른다. 전문가에게 어린 시절의 결핍을 토로하며 스스로를 치 유해 가는 부모의 모습은 어른의 불완전함을 보여주며 올바른 훈육법의 중요성을 깨닫게 해줬다.

이 프로그램은 어른들을 위한 방송이다. 표면상으로는 육아에 관한 이야기를 하고 있지만 내면에는 가족과 육아에 대한 사회 인식, 잘못된 훈육법의 위험성을 다루고 있다. 또한 누구나 완벽하지 않다는 것을 통해 어른들은 과거의 상처를 마주할 용기를 얻고, 실패 또한 성공을 위한 과정임을 깨닫게 해주었다. 그래서 앞으로 만날 금쪽이와 그 가족들의 성장 이야기가 기대된다. 앞으로 등장할 수많은 금쪽이네만큼, 수많은 육아법을 우리에게 알려줄 것이다.

괴담으로 둔갑한 실화

MBC 〈심야괴담회〉, 23회

김소연

한여름, 열대야가 계속되면 사람들은 '괴담' 콘텐츠를 찾아본다. 괴담이
실질적으로 더위를 날려주는 것은 아니지만 괴담을 듣고 있자면 알게 모
르게 주변 기온이 낮아지는 듯 착각하며 지치는 여름날을 버티곤 했다.
2000년대 초반만 해도 방송가에서는 여름에 종종 납량 특집을 기획하여
시청자들을 끌어들이고자 했다. 그러나 세월이 지날수록 괴담은 점차 신
빙성이 떨어지는 콘텐츠가 되어 사람들이 외면하기 시작했고 일부 마니
아층에서만 즐기는 콘텐츠가 되었다.

　이전까지만 해도 특정 계절에 일회성으로 이용하던 괴담을 주제로
삼은 예능 프로그램 〈심야 괴담회〉가 MBC에 정규편성 되며 2021년
3월부터 방영을 시작했다. 〈심야 괴담회〉는 정확히는 토크쇼 예능을
표방한 시사, 교양 프로그램이며 기존의 일방적인 이야기 전달 방식에
서 벗어나 시청자들과 소통하고자 쌍방향 이야기 전달 방식을 채택했

다. 출연자는 제보자가 공모한 괴담을 읽고, 44명의 시청자 판정단 '어둑시니'는 무섭다고 느끼면 촛불을 켠다. 가장 많은 촛불을 받은 괴담의 제보자가 공모 상금과 촛불 개수에 따른 추가 금액을 받는 방식으로 진행한다.

방영 초기만 하더라도 괴담을 낭독한다는 특성을 살려, 좋은 목소리와 연기력을 두루 갖춘 유명 배우와 성우를 게스트로 섭외하며 시청자들이 이야기에 빠져들기 쉽도록 몰입감을 높였다. 또한 회당 세 편의 공모 괴담을 소개하며 중간중간 드라마타이즈(dramatize)로 재현한 장면을 삽입하는데, 영상미와 재현 배우의 연기력 덕분에 영상의 완성도가 높고 괴담의 시각적 효과를 더해줘 시청자에게 큰 호응을 불러일으키기도 했다. 그러나 어느 순간부터 프로그램의 취지에 맞지 않는 이야기를 방영하기 시작했다.

〈심야 괴담회〉 프로그램의 정체성이 바뀌었음을 21회부터 본격적으로 알리기 시작했다. 21회 이후부터 매회 실화를 괴담 형태로 각색하여 방영하기 시작했다. 경산 코발트 광산 살인사건, 유영철 연쇄살인사건 등 실제 사건을 기존 괴담을 낭독하던 방식과 동일하게 소개하기 시작했다. 이전에는 실제 사건을 다룬 경우 시청자 판정단을 운영하지 않았으나 경산 코발트 광산 살인사건은 시청자 판정단이 촛불 판정을 실행하게 했다. 괴담인지 실제 사건인지 시청자들에게 혼란을 야기했다. 즉, 제작진은 실제 사건을 괴담과 같은 흥미 위주의 콘텐츠로 바라보고 있음을 보여주었다.

〈심야 괴담회〉가 실제 사건을 다루기 전부터 타 방송사에서도 실제 범죄 사건 등을 다룬 예능, 이른바 '쇼양'(교양+예능)이 주목을 받기 시작하며 지금도 인기리에 방영 중이다. 앞서 말했다시피 쇼양 프로그램은 과거에 벌어진 실제 사건 또는 음모론을 재밌게 말해줄 연예인 출연진과 전문성을 갖춘 전문가의 분석으로 이야기를 진행하는 방식으로 제작된다. 이러한 방식은 시청자들에게 다소 무거운 내용을 알기 쉽게 전달하면서 과거의 사건을 재조명한다는 공익성과 재미를 잡을 수 있게 되었다.

스토리텔링을 중점으로 한 프로그램 중 범죄, 공포 소재를 다룬 내용일수록 가족과 같이 보기 껄끄러운 주제라고 생각하며 혼자 보는 경향이 강해 OTT 서비스로 보거나 10분 내외의 짧은 클립 형태로 재생산 한 영상을 소비하기 시작했다. 특히 TV보다 모바일 기기로 콘텐츠를 소비하는 10~30대는 본방송을 보지 않더라도 소비할 기회가 많아졌다. 즉, 주요 소비 세대에 가까이 다가가며 쉽게 화제성을 불러일으킬 수 있다.

범죄 분석 프로그램이 하나의 트렌드로 자리 잡게 된 것은 그만큼 많은 시청자가 범죄에 관심이 커졌다는 것이다. 영화나 소설을 뛰어넘는 이야기가 현실에 존재한다는 점에 흥미를 느끼는 것도 있지만, 최근 우리 사회에 도저히 이해가 되지 않는 각종 강력범죄가 연달아 벌어져 이해할 수 없는 일을 어떻게든 해석하려는 성향이 쇼양 프로그램에 반영된 것으로 보인다.

〈심야 괴담회〉도 이러한 방송가의 트렌드를 반영하여 실화를 다룬 것으로 보인다. 하지만 시청자들에게 〈심야 괴담회〉는 본래 출처가 불분명한 괴담을 출연진의 낭독으로 생동감을 느끼며 재미 삼아 보는 프로그램으로 인식되고 있는데, 실제 피해자가 있는 실화를 괴담처럼 각색해서 소개하는 것은 문제가 있다. 잊힐 것 같은 사건을 재조명한다는 점은 좋은 취지이지만 일부 시청자가 실제 사건을 가벼운 이야깃거리로 받아들일 가능성도 있다.

공포의 울음소리라는 주제로 방영된 〈심야 괴담회〉 23회에서는 유치원생 19명과 인솔 교사 4명 등 23명이 사망한 실제 사건인 경기도 화성 '씨랜드청소년수련원 화재사건'을 '화재 사고 이후 폐건물 보존 임무를 맡은 의경이 건물에서 의문의 소리를 들었다'라고 각색하여 '특별 임무'라는 제목으로 방영했다. 해당 방송분이 방영된 후 많은 사람이 '씨랜드청소년수련원 화재사건'에 대해 잊고 있었는데 상기시켜줘서 좋았다는 반응과 피해자가 있는 사건을 괴담으로 각색해서 오락거리로 만들어 불쾌하다는 반응으로 갈렸다.

타 쇼양 프로그램들도 실제 있었던 사건을 다루는데 왜 유독 〈심야 괴담회〉에서 실제 사건을 소개하는 것에 거부감을 느끼게 되는가. 어느 프로그램이든 실제 사건을 다루는 부분에서 조심하고 철저히 사전 조사를 하는 것이 피해자에 대한 예의이자 도리이다. 실제로 타 쇼양 프로그램은 주제와 맞는 분야의 전문가를 게스트로 초빙하거나 방영하기 전에 철저한 검수를 통해 내용에 오류가 없는지 잡아내려고 노력한다. 그러나 〈심야 괴담회〉는 사건을 소개하는 방식과 제대로 된 설명 없이 해당 주제를 다뤘다는 점에서 신뢰성이 떨어지며 오히려 불쾌감까지 느끼게 된다.

〈심야 괴담회〉 23회에서는 '씨랜드청소년수련원화재'를 주제로 해당 사건을 소개할 때, 처음부터 실화임을 밝히지 않았다. 단순히 화재로 불탄 폐건물에서 당시 사고 피해자들이 귀신으로 나온다는 식으로 이야기를 시작했다. 더욱이 동네 주민들이 폐건물에 나오는 귀신들은 불에 타 죽게 되어 한이 서린 귀신들이라 굿을 해야 하는데 폐건물을 경비하는 의경이 막아서며 굿을 방해했기 때문에 계속해서 귀신이 나온다는 것처럼 연출했다. 이런 연출 때문인지 처음에는 실화라고 생각하지 못할 정도였고 나중에서야 이야기를 전달하는 출연진의 추가 설명을 통해 실제 사건임을 알게 되었다.

실제 사건을 주제로 삼고 촬영하기 전에 제작진들은 해당 사건의 유가족 대표에게 자료 요청을 하면서 해당 프로그램이 어떤 프로그램인지, 어떤 방식으로 시청자들에게 전달할 것인지에 대한 설명은 일절 하지 않았던 것이 후에 알려졌다. 제작진은 유가족 대표에게 자료만 받아갔고 사건의 아픔보다는 단순 흥미 위주로 제작한 것처럼 보인다.

최근 범죄를 다루는 쇼양 프로그램은 실제 사건을 다루는 만큼 조심스러운 태도를 보인다. 사전에 사건에 대한 철저한 조사뿐만 아니라 해당 주제를 전문적으로 다루는 교수나 전문가를 게스트로 초빙하며 부족한 부분을 채우거나 사건의 심각성을 알리는 데 힘을 주고 있다. 반면, 〈심야 괴담회〉는 본래 방송 취지는 괴기 공포 토크쇼를 표방하며 예능에 가까운 모습을 보인다. 타 쇼양 프로그램과 같이 고정 출연진으로 전문가 두 명이 있지만, 한 명은 괴담의 역사적 배경을 설명하고 다른 한 명은 괴담을 현실성 있게 분석하며 분위기를 환기해 주는 역할만한다. 즉, 실제 사건을 제대로 시청자들에게 안내해 줄 만한 전문가가 부족한 것이다.

실제 사고를 전문적으로 설명해 줄 만한 전문가를 초빙한다고 하더라도 여전히 〈심야 괴담회〉에서 실제 사건을 다룰 만한 역량이 되는지에 대해서 의문이 든다. 〈심야 괴담회〉라는 프로그램명에 맞게 본래 프로그램 취지는 시청자들이 공모한 괴담을 출연진이 대신 소개해 주는 프로그램이다. 실제 피해자가 있는 사건을 괴담처럼 각색하며 소비해도 되는지에 대해서 의문이 든다. 피해자는 해당 방송으로 보지 못하지만 피해 유가족들은 볼 수 있다. 소중한 사람을 안타까운 사건으로 잃어버렸는데 단순 흥미 위주의 프로그램에서 하나의 소재로 소비되는 걸 그 누가 기꺼워하며 받아들이겠는가.

방송 초창기에는 4개의 에피소드를 소개하며 입소문을 탔지만 이후 3개로 줄이고 이제는 3개 중 1개는 실화를 다룬다. 실질적으로 괴담은 각 회마다 2개의 에피소드만 소개한다. 단순 소재의 고갈이라면 소재를 모을 수 있는 시간을 버는 시즌제로 전환하거나 괴담을 많이 다룬 유명인과의 협업도 고려해 볼 만하다. 근래 방송가를 주름잡는 범죄 분석 예능이 재미와 공익성 두 마리의 토끼를 잡는 모습을 보여주고 있다. 이에 〈심야 괴담회〉에서 가진 마니아층의 화제성, 방송 콘텐츠의 재생산에 더해 공익성도 갖추려고 욕심을 부리는 듯하다. 4~5마리의 토끼를 잡으려다가 다 놓칠 수 있음을 염두에 두고 기존 프로그램의 방향이 어땠는지 점검해 볼 필요가 있다.

'복수'라는 판타지 너머

사적 복수와 재현, SBS 〈모범택시〉를 중심으로

이하은

사적 복수에 빠진 대한민국

고발의 시대는 끝났다. 사회 고발적 성격을 지닌 드라마가 성행하던 시대를 지나 이제는 직접 가해자를 응징하는 사적 복수의 시대가 도래했다. 시청자들은 시스템의 틀 안에서 시스템에 기대어 가해자를 응징하는 정도에 만족하지 못하고 가해자들에게 당한 만큼 갚아주는 통쾌함을 찾는다. 특히 국민들이 분노했던 실제 사건을 드라마 속에 가져와 피해자 대신 복수를 대행하는 내용의 〈모범택시〉는 마지막 회 시청률 수도권 16.6%, 전국 15.3%를 기록, 순간 최고 시청률 18%, 2049 시청률 6.9%, 주간 미니시리즈 1위를 기록했다.

과거 흥행했던 드라마의 계보를 떠올려보면 그리 이례적인 상황은 아니지만, 사적 복수가 용인되는 사회적 분위기가 형성되는 가운데 이러한 드라마들이 나왔다는 사실에 주목할 필요가 있다. 어째서 우리는 사적 복수에 이토록 열광하게 된 것일까. 최근 강력범죄가 잇따르고 있지만, 처벌 수준이 국민의 법 감정을 따라가지 못해 공분을 사고 있다. 시기적절하게 등장한 〈모범택시〉는 분노한 사람들의 마음을 사로잡아 큰 인기를 얻었다. 그러나 인기와는 별개로 〈모범택시〉가 보여준 사적 복수 그리고 실제 사건을 재현하는 방식까지 통쾌하다고 말할 수 있을까. 드라마가 이슈화됨에 따라 충분히 논의되지 못한 지점들을 짚어보고자 한다.

폭력의 미학

〈모범택시〉에서 복수를 대행하는 무지개 운수는 억울함을 달랠 길 없는 피해자들에게 한 줄기 빛이다. 늘 괴롭힘 당하기만 했던 피해자를 대신해 가해자들에게 무력을 행사하며 그들을 굴복시킨다. 김도기는 몇십 명이든 혼자서 모든 가해자를 제압하는 모습을 보이며 복수 대행사의 인간 무기 역할을 톡톡히 해낸다. '다크 히어로'의 면모를 드러내기 위한 카메라의 현란한 무빙과 구도는 싸움 장면을 더 극적으로 보이게 만든다. 강력범죄의 피해자인 김도기가 악당들을 때려눕히는 모습을 보고 있으면 통쾌함을 넘어 폭력의 당위성까지 느껴진다. 문명이 발전해 오면서 점차 좁혀져 온 폭력의 범주는 〈모범택시〉 속 김도기의 피해자라는 타이틀에 의해 무력화되고 만다. 문제는 여기서 발생한다. 시청자들은 〈모범택시〉 속에 나타난 피해자들의 시간에 공감하며 어쩌면 그래도 될지 모르겠다는 막연하지만 위험한 상상을 하게 된다. 안고은의 언니는 불법 촬영 동영상의 피해자로, 스스로 목숨을 끊었다. 박주임과 최주임은 불특정 다수를 대상으로 한 묻지마 살인사건의 피해자 가족이었고, 장성철 또한 김도기와 같은 연쇄살인범에게 가족을 잃은 피해자였다. 더 이상 법적 테두리 안에서 해결이 불가능하다는 것을 강조하며 각 인물에게 복수가 '타당해지는' 배경을 부여했다. 어떤 경우에도 폭력이 정당화될 수 없다는 것을 알면서도 〈모범택시〉는 시청자들로부터 폭력의 당위성을 얻은 채 드라마 속에서 폭력을 마음껏 펼쳐놓는다. 시청자들로부터 사법 체계가 부재한 구멍을 주먹이 메워도 된다는 허락을 받은 셈이다.

〈모범택시〉는 폭력을 정당화함으로써 사적 복수를 공적인 영역에 꺼내놓는다. 드라마의 후반으로 가면 복수는 결국 복수를 낳고 또 다른 영역에서 피해자를 발생시킨다는 메시지를 던지고 있지만, 이는 책임을 피하고자 급조한 전개에 불과해 보인다. 드라마 전체에 드리운 폭력의 그림자와 시청자들이 느꼈던 위험한 카타르시스를 돌이키기에는 무리이다. '다크 히어로'의 면모를 위해 필요 이상의 시간을 싸움 장면에 할애하고 있는 것 또한 부여받은 정당성에 의존해 있다. 사회 시스템의 문제를 깨닫고 본질을 바꾸려 노력하게 만드는 대신 〈모범택시〉가 선택한 사적 복수는 드라마의 퇴보를 가져온다. 우리 사회가 나아가야 할 방향을 제시하는 공익적 특성은 자극적인 장면과 소재로 시청자를 끌어모으기 위한 장치에 가려진 지 오래다. 결국, 폭력에 정당성을 부여하며 〈모범택시〉는 폭력의 미학화를 달성하는 데 성공했다.

무엇을 보여줄 것인가

첫 번째 에피소드는 '신안 염전 노예 사건'을 모티프로 한 젓갈 공장 사건이다. 피해자들이 어떤 시간을 보냈는지, 얼마나 극심한 정신적 고통과 육체적 고통을 느꼈는지 아주 상세하게 나열하며 시청자들로부터 분노를 끌어낸다. 김도기가 가해자들에게 복수를 행하지만, 시청 후 남는 것은 젓갈 대야에 머리를 담긴 피해자의 얼굴, 도망치면 잡기 편하게 입힌 눈에 띄는 바지 색, 극 중 피해자의 몸짓, 표정이다. 그뿐만 아니라, 'N번방 사건'을 모티프로 했던 에피소드는 안정은의 피해 동영상 장면이 머릿속에서 재생되는 듯했고, 부녀자 연쇄살인범 남규정의 에피소드에서는 소름 끼치게 웃는 표정과 처참히 살해된 김도기의 어머니만이 머릿속에 남았다. 결론적으로 남은 것은 피해자들에 대한 기억이다.

복수 대행이라는 소재는 복수의 타당성이 가결되어야 힘을 얻을 수 있다. 해당 사건을 통해 시청자의 분노를 자아내야 다음 전개가 가능하기 때문에 해당 사건을 무작정 드라마 안에 전시한 것이 아닌가 하는 의문이 남는다. 제작 과정에서 실제 사건의 피해자들에게 동의를 구했다고 하지만, 이런 방식으로 전시될 것을 알면서도 피해자들이 동의했을지는 미지수이다. 최근 드라마뿐 아니라, 출판, 영화, 미술 등 다양한 분야에서 '재현'이 어디까지 가능한지에 대한 논의가 활발히 진행되고 있다. 어느 범위까지 당사자에 해당하는지, 당사자라고 해도 당사자를 둘러싼 주변 것들에 대해서는 어느 범위까지 재현이 가능한지 여전히 확실한 결론은 내려지지 않았다. 그만큼 민감한 문제이기 때문일 것이다. 〈모범택시〉는 이러한 논의를 비웃듯 피해자들을 드라마 안에 전시해 두었고, 남겨진 찝찝함은 '다크 히어로' 김도기의 액션 장면으로 하여금 잊게 했다. 폭력을 통해 극적인 장면을 연출해 스펙터클을 표현하고자 하는 것과 폭력의 폐해를 보여주고자 폭력을 묘사하는 것은 엄연히 다르다. 피해자의 고통에 대해 충분히 고려되지 않은 채, 극적 쾌락을 좇기에 급급했던 〈모범택시〉의 전개 방식은 아쉬움을 남긴다.

보는 행위 자체만으로도 우리는 대상의 일부가 된다. 그렇기 때문에 자신이 던지는 시선이 윤리적인지, 옳은 것인지 판단할 시간이 반드시 필요하다. 시청자 스스로가 어디로 나아가야 할지를 생각하게 만드는 대신, 폭력적이고 자극적인 장면에 노출시킴으로써 폭력을 소파 위 '안전한' 쾌락으로 소비하게 만드는 드라마를 좋은 드라마라고 할 수 있을까. 사회적 차원에서 현재 우리 사회의 위치를 보여주는 하나의 지표로써 드라마가 어떻게 존재하고 나아가야 하는지 다시 한번 심사숙고할 필요가 있다.

'사적 복수'를 넘어 가야 할 곳은

앞서 말했듯이, 〈모범택시〉가 실제 사건을 재현하는 방식에 있어서 윤리적 비판을 피하기는 어렵다. 피해자들을 전시하며 자극적인 것으로 가득 채운 드라마에서 2차 가해에 대한 논란은 불가피해 보인다. 우리가 주목해야 할 것은 모범택시가 남긴 질문이다. 복수라는 것이 과연 정당한 것일까 하는 1차원적 질문과, 사적 복수는 어디까지 허용되어야 하는가, 사적 복수를 용인하는 우리 사회는 지금 어디로 흘러가고 있는 것인가 하는 차원을 넘어선 질문이 우리에게 아직 남아 있다.

　　장성철의 "괴물을 잡겠다고 괴물과 손잡은 내가 잘못된 거지", 대모의 "그냥 나한테 개새끼면 정당한 복수인 거야"라는 대사로부터 사적 복수는 결국 어떤 해결책도 되지 못한다는 것을 알 수 있다. 그렇다면 모범택시가 남긴 메시지처럼 복수는 복수를 낳고, 결국 또 다른 피해자들을 양산한다면 피해자들의 억울함은 어떻게 풀어야 할까.

　　가장 가까이에서 접할 수 있는 사적 복수 중 하나는 층간소음에 대한 보복이다. 국가는 층간소음 피해자들에게 뾰족한 해결책을 제시하지

310

못하고 있는 것이 사실이고, 결국 개인이 나서서 해결하는 것 외에 방도가 없는 듯하다. 그러나 사적 보복을 통해 당장 스트레스를 받던 요인은 없앨 수 있을지 몰라도 운이 나쁘면 언제 어디서든 같은 상황을 겪을 수 있는 것 또한 사실이다. 상식을 어긋나는 행위를 하는 사람들을 제외해도 자금을 아끼고자 거주자의 주거 안정성보다 저렴한 방식을 택한 시공사, 미흡한 건설 허가 체계 등 여전히 근본적인 문제점이 해결되지 않았기 때문이다. 법도 결국 인간이 만든 것이고, 판결 또한 인간이 내리는 것이기에 완벽하지 않은 것은 사실이다. 그러나 우리가 안전하게 살아갈 수 있도록 최소한의 안전줄 역할을 해주는 것은 결국 사회 시스템이다. 우리가 사는 사회에서 우리의 시스템을 통해 답을 찾아야 한다.

〈모범택시〉의 시즌 2가 논의되고 있는 가운데, 보다 신중히 드라마가 나아가야 할 방향을 정해야 할 때이다. 시스템에 대한 불신과 그 구멍을 메우는 '히어로물'은 시즌 1로도 충분하다. 시즌 2로 가기 전, 〈모범택시〉 제작진은 시스템에 대한 문제 제기 방식을 재고해야 하고, 피해자들의 고통을 전시하고 소비하는 것 대신 가해자에게 초점을 맞추는 것에 대한 논의 과정을 반드시 거쳐야 한다.

"우린 범죄로 가족을 잃었어. 그게 무슨 의미인 줄 아나? 분노의 불꽃 속에서 평생을 살아가야 한다는 이야기야"라는 장성철의 말처럼, 피해자는 평생 씻을 수 없는 상처를 가진 채 살아간다. 시청자들의 분노는 피해자의 아픔이 아닌 가해자의 뻔뻔함으로부터 끌어내야 한다. 가해자가 돈과 연줄로 손쉽게 풀려나는 장면, 전혀 반성하지 않고 피해자 탓을 하며 떵떵거리고 살아가는 장면, 교도소에서 강력범죄라는 왕관을 쓰고 군림하는 장면 등 다양한 장면을 통해 '뻔뻔하고 파렴치한' 가해자를 부각한다면 시청자들은 분노와 동시에 시스템 개혁의 절실함을 느낄 것이다. 물론 모든 범죄자가 그렇지는 않으나 분노를 끌어내는 설정이 여전히 필요하다면 말이다. 가해자가 범죄를 저지르는 과정이나, 피해자가 어떤 피해를 당했는지에 대해 초점을 맞추기보다 법 테두리 안에서 가해자가 어떤 혹독한 대가를 치르고 있는지에 초점을 맞추는 편이 더 나을 것이라는 것은 말할 필요도 없다.

또한 시즌 2의 무지개 운수는 무력으로 행하는 사적 복수를 대행하는 대신, 어렵더라도 시스템을 바꾸어나가는 모습을 보여주는 것이 어떨까. 우리 사회의 시스템은 생각보다 아주 깊숙한 곳부터 수많은 것들이 뒤엉켜 있어서 쉽게 바뀌기 어려운 것이 현실이다. 그렇기 때문에 시스템을 바꾸어나가는 것 또한 극적 요소가 되는 것이다. 비록 판타지에 불과할지라도 드라마가 갖추어야 할 미덕 중 하나인 공익적 차원에서 우리 사회가 나아가야 할 방향을 제시한다면 그 자체만으로도 충분히 의미 있는 작품이 될 것이라고 확신한다.

공적 시스템의 부재는 사람들의 분노를 이끌고 피해자들의 억울함을 해소해 주지 못하는 것이 사실이지만, 사적 복수야말로 돈과 권력에 의해 행해지기 가장 쉬운 방법이다. 사회가 과거로 퇴보하는 아주 적절한 방법이라는 뜻이다. 이처럼 시스템에 대한 불만이 계속해서 터져 나오는 가운데, 필요한 것은 '희망' 그리고 '가능성'이다. 앞으로 같은 일이 반복되지 않을 것이라는 희망, 사법 체계가 더 나은 방향으로 변화할 거라는 가능성 말이다. 〈모범택시〉 시즌 2가 그러한 모습을 보여준다면 그것이야말로 시청자들의 진정한 판타지를 실현시키는 동시에 '좋은' 사회로 이끌 수 있는 제안이다.

11화에서 사무관의 사망으로 강하나는 법의 테두리를 벗어나 사적 복수의 영역에 발을 들인다. 법으로 가해자들을 단죄하던 검사가 일반 시민의 자리로 들어서는 순간이다. 그러나 강하나의 선배 조진우와 강하나 마음속의 옳고 그름에 대한 기준이 강하나로 하여금 사적 복수를 포기하게 만든다. 결국 다시 법의 테두리 안으로 강하나를 이끈 것이다. 우리 사회가 나아가야 할 방향을 보여주는 장면이 더 많아지길 바란다.

사회에서 최소한의 정의마저 사라진다면 우리는 무엇을 믿고 살아갈 수 있을까. 시간이 오래 걸리더라도 우리는 사적 복수가 필요하지 않은 사회를 향해 나아가야 한다. 안전하고 공정한 사회를 만들기 위해 모두가 함께 노력해야 하며, 〈모범택시〉 시즌 2가 이러한 지향점을 두고 나아간다면 그 자체로 의미 있는 비약이 아닐 수 없다. 특히 마지막 회에서 '검사' 강하나가 문을 열고 들어오는 장면을 두고 일부 시청자들은 어떻게 검사가 사적 복수에 합류하느냐고 비판했지만 검사, 즉 공권력이 사적 복수의 영역에 합류하여 '사적' 복수를 하는 것이 아닌 '공적' 복수가 되도록 사회가 인정한 법 테두리 안에서 가해자들을 단죄하는 방향으로 나아가리라는 일말의 기대를 해본다. 〈모범택시〉 시즌 2는 현 법체계가 어떤 방향으로 나아가야 하는지, 우리는 그 과정에서 어떤 태도를 취해야 하는지를 제시함으로써 사회의 경종을 울리는 작품이 되기를 소망한다.

〈미스트롯 2〉로 보는 3%의 불편함

TV조선 〈미스트롯 2〉

손채정

이전까지 트로트는 일부 위 세대들의 단순한 오락거리로 치부되며 저평가받는 음악 장르였다. 하지만 2019년, TV조선에서 방영된 트로트 오디션 프로그램 〈미스트롯 1〉을 시작으로 사람들은 트로트라는 장르를 재평가하기 시작했다. 트로트를 남녀노소가 진정한 음악으로 존중하며 즐길 수 있음을 인정했고, 그에 맞춰, 대부분 방송사들은 갑자기 트로트 관련 프로그램을 제작하기 시작했다. 이때 열풍 속에서 등장한 〈미스트롯 2〉는 말 그대로 화제의 중심에서 2020년 12월 방영을 시작했다. 당연히 TV조선의 원조 트로트 오디션 시리즈로써 높은 화제성과 시청률을 보여주었지만 바로 이전 시즌인 〈미스터트롯〉에 비해서는 압도적인 화제성은커녕 오히려 그보다 조금 낮은 추세를 보여주었다. 〈미스터트롯〉이 첫 번째 시즌인 〈미스트롯 1〉과 비교해 압도적인 화제성을 보여주었던 현상을 생각하면 〈미스트롯 2〉의 주춤함은 조금 의아하기도 했다. 실제

〈미스트롯 2〉는 최고 시청률 32.9%, 〈미스터트롯〉은 최고 시청률 35.7%로 약 3% 정도의 차이를 보였다. 이것만 봤을 때는 크게 실감하지 못할 수 있지만, 각각 최종회에서 우승자를 뽑는 문자 투표 수가 〈미스트롯 2〉는 620만, 〈미스터트롯〉은 773만으로 두 시즌 간 화제성의 차이가 확연히 눈에 띄고 있다. 이 차이는 후에 있을 트로트 열풍이 식기 시작하는 시기의 시발점이 될 가능성이 크다. 3% 시청률 차이 속에는 TV조선의 〈미스트롯 1〉, 〈미스트롯 2〉가 〈미스터트롯〉에 비해 전 국민적인 관심을 끌지 못한 명확한 근거가 포함되어 있기 때문이다.

1. 남녀노소가 즐길 수 있는 트로트 장르의 보편적인 불편함

트로트는 일제강점기에 등장한 대중음악으로서, 그 시대상에 맞게 상실의 정서를 드러내며 대중 앞에 등장했다. 당시 국민들의 정서를 반영해 나가며 인기가 많았던 트로트는 광복 이후에도 유랑, 향수의 정서를 가사에 담아내는 등 한국의 토속적인 전통음악으로써의 이미지를 단단히 구축해 갔다. 하지만 1970년대부터 록 트로트(고고 트로트)라는 새로운 장르를 만들어내는 등, 전통적인 트로트에서 조금씩 변화된 모습을 보여주더니 1980년대에는 일명 메들리 음악의 유행으로 진지하고 심각한 느낌보다는 유흥용 음악, 일회성 음악으로 바뀌어갔다. 이때부터 트로트는 젊은 층보다는 중장년층의 전유물로 소비되었다. 심지어 1990년 서태지와 아이들의 등장으로 시작된 댄스 음악의 유행은 트로트를 더욱 초기의 모습과는 다른 분위기의 음악으로 만들었다. 당시 대표적인 트로트 인기 가수였던 주현미, 현철을 보면 초창기 트로트와는 달리 좀 더 밝은 느낌의 창법으로 노래를 부르는 것을 알 수가 있다. 2000년대로 접어들고 트로트가 이전보다 빠른 속도의 음악이 되는 등 트로트는 완전히 주류 음악인 댄스 음악의 형태를 따라가는 듯 보였다. 그리고 2004년 장윤정의 〈어머나〉가 등장하고 트로트는 새로운 변화기를 맞이했다. 상대적으로 젊은 가수가 없던 트로트 장르에 장윤정이라는 젊은 가수가 등장했을뿐더러 이전 트로트의 전성기를 보는 듯 트로트 음악이 대중적인 인기를 구가했기 때문이었다. 〈어머나〉의 성공 이후로 박현빈, 홍진영과 같은 젊은 트로트 가수들이 돋보이기 시작했고 새로 등장하는 젊은 여성 트로트 가수들은 여느 여성 가수처럼 섹시함으로 어필하기도 했다. 그리고 이러한 형태는 현재 젊은 여성 트로트 가수의 표본이 되어가기 시작했다.

아무리 젊은 가수들이 등장하기 시작했더라도 '성인가요'라고 칭하기도 할 정도로 중장년층의 강력한 전유물이었던 트로트는 여전히 중장년층이 타깃이었다. 또한 한국의 토속적 정취를 가진 트로트는 진보적이고 색다른 분위기를 보여주기보다는 현재 타깃층인 중장년층에게 맞춰, 기성세대의 향수와 판타지의 재현을 보여주었다. 대부분의 젊은 여성 트로트 가수들이 짧은 미니스커트와 함께 남성 리스너를 대상으로 구애를 던지는 건 우연이 아닌 것이다. 그들은 노래 속에서 직접적으로 오빠라는 표현을 사용하는 등, 남성을 직접적으로 칭하며 이성애 남성의 성적 판타지에 맞춰진 모습으로 어필하곤 한다. 또한 남성 트로트 가수와 달리 여성 트로트 가수의 무대에서는 대부분 이성보다는 동성의 백업 댄서들이 등장하며 무대에 여성들로 한가득 채워진 그림을 보여주기까지 한다. 이런 이미지와 반대되는 젊은 여성 트로트 가수는 소수 이며 그 소수조차도 현재 이미지에 대한 압박을 받는다고 고백한 경우도 있다. 짧은 머리에 정장을 입은 이미지로 활동하고 있는 여성 트로트 가수 마이진은 2019년 12월 방영한 〈트롯 전국체전〉에 참여했던 12년차 현역 가수로, 긴 경력을 가지고 있지만 치마를 안 입으니 행사에 부를 수 없다는 이야기를 들었다는 고백을 하기도 했다. 현재 여성 트로트 가수들의 어떤 모습이 주(主) 포지션이 되고 있는지 알 수 있는 지점이다.

2019년, 한국 트로트 열풍의 시작인 〈미스트롯 1〉은 여성 트로트 가수가 가진 이 포지션을 변형 없이 그대로 재현하려고 애쓰고 있다. 애초에 미스코리아를 콘셉트로 구성된 방송은 빨간 짧은 미니스커트를 입은 여성 참가자들을 한 줄로 세워놓는 연출을 하거나, 선정적인 의상을 입은 채 공연을 하는 모습을 방영하는 등 기존 트로트가 가진 남성 판타지에 대해 완벽히 재현하려 애썼기 때문이다. 이후 다음 시즌인 〈미스터트롯〉에서는 그에 비해 비교적 낮은 선정성으로 연출하여, 온 가족이 함께 즐길 수 있는 트로트의 매력을 보여주고 젊은 세대까지 흡수시켜 진정한 한국의 트로트 열풍을 만들었다. 하지만 다음 시즌인 〈미스트롯 2〉에서는 남녀노소가 즐길 수 있는 트로트라는 말이 부끄럽게, 오히려 다시 한번 트로트가 가진 낡은 모습을 재현하기도 했다. 그에 대한 프로그램의 재현 형태는 바로 다음 단락에서 서술한다.

2. 남성 판타지 속 글로벌 트로트 여제

〈미스트롯 2〉는 '청순', '섹시'라는 획일화된 판타지 속 여성을 재현하려는 노력이 돋보이는 오디션 프로그램이다. 1화 오프닝을 보면 MC 김성주의 소개 멘트와 함께 예선 참가자들이 '나열'되어 있는 것을 볼 수 있는데 그들은 흔히 말하는 '청순한 여자'의 이미지가 연상되는 모습을 하고 있다. '뭘 믿고 그렇게 예쁜 건지', '사람 반 천사 반' 등의 멘트가 나오며 참가자들의 얼굴 클로즈업 샷을 반복적으로 보여주는 등 여성들의 외모만을 매우 강조하고 있는데 이때 그들은 하얀 웨딩드레스를 입고 있다. 잠시 후, 참가자들은 MC의 "트롯 여전사로 발돋움하기 위한 그녀들의 화려한 날갯짓이 시작됩니다"라는 멘트와 함께 그 웨딩드레스를 벗어버렸다. 이 연출은 마치 사람들이 말하는 '여성스러움' 외에도 실력으로써 싸워나가는 프로페셔널한 모습을 보여주겠다고 들릴 수도 있지만 실제 방송에서는 벗어버린 웨딩드레스 뒤에 또 다른 빨간 미니스커트를 입은 참가자들이 있을 뿐이었다. 그저 〈미스트롯 2〉는 '청순한 여자'의 모습 외에도 '섹시한 여자'의 모습도 있다며 이성애 남성 판타지 속 획일화된 여성 이미지를 보여주고 싶었던 것이다. 심지어 장윤정의 〈옆집누나〉를 개사하여 '옆집 미스(Miss)랍니다, 얼굴도 마음씨도 착한'이라는 노래 가사가 흘러나오는데 참가자들은 미니스커트를 입은 채 그 노래에 맞춰 춤을 추기 시작한다. 우리나라에서 여성을 '미스~', 혹은 그냥 '미스'라며 본명보다는 모두 비슷한 호칭들로 부르는 것이 대중화되었던 시기가 있는데 이는 가부장제 체계에서 나오는 현상 중 하나였다. 남아선호사상의 풍조로 인하여 인천댁, 부산댁 등 여성들이 출신지로 불리는 것과 마찬가지로 한 개인의 고유명사보다는 여성임이 크게 강조되어 낮춰져 불러졌기 때문이다.

〈미스트롯 2〉는 프로그램명에 따라 이렇게 개사했다고 주장하겠지만 한국에서 미스라는 단어가 사용된 역사를 생각하면 이는 단순히 프로그램명을 딴 것이라고 받아드리기 어렵다. 이런 식으로 참가들에게 노출된 의상을 입히고 스스로를 옆집 미스라고 지칭하게 했다. 특정 집단을 낮춰 이야기하던 표현, 그리고 정형화된 이미지를 지나치게 강조하는 모습은 너무 낡고 낡아서 도저히 이 프로그램이 한국의 트로트 열풍을 꾸준히 이끌어갈 수 있다고 생각할 수 없다. 심지어 이전 시즌의 〈미스터트롯〉에서 보여줬던 남녀노소 모두 즐길 수 있는 트로트 장르의 매력을 부정하는 것처럼 보인다. 사실 이 트로트 오디션의 첫 시즌인 〈미스트롯 1〉에서는 이와 비슷한 흐름의 선정성 논란이 일어나기도 했다. 참가자들이 경연에서 입었던 지나치게 선정적인 의상이 문제였다. 하지만 이는 단순히 한 무대에서의 선정성 문제가 아닌 프로그램 전체가 보여주는 선정적인 분위기가 그 논란을 키웠다고 생각한다. 동시에 이러한 이유로 피로감을 느끼는 시청자들이 많았고 그렇기에 남녀노소 즐기는 분위기의 〈미스터트롯〉에 비해 더 큰 화제성을 불러일으키지 못했다고 분석한다. TV조선의 트로트 오디션은 다시 트로트를 그들만의 성인가요로 만들고자 하는 것인지 의문이 들 정도이다. 〈미스트롯 2〉는 이번 시즌에서 '글로벌 트로트 여제'를 찾는다고 강조했다. 하지만 현재 〈미스트롯 2〉가 만들어나가는 여성 트로트 가수의 방향이 정말 '글로벌' 스타를 만들어낼 수 있다고 생각하는가. 저런 참가자들의 모습이 정말 프로페셔널한 트로트 여전사의 모습인가.

3. 후퇴하는 한국 오디션 프로그램

지금 우리가 살고 있는 2021년은 우리의 인권 의식이 어느 때보다 절정에 다다른 해였다. 홍콩·미얀마 민주화 시위, 미국을 중심으로 일어났던 흑인 인권 시위(BLM) 등을 지나 우리 모두 인권에 대한 논쟁을 끊임없이 하는 시대가 왔기 때문이다. 물론 그중에서는 아동 인권에 대한 문제도 포함되어 있다.

〈미스트롯 2〉는 예선 참가자를 분류하는 과정에서 초등부라는 팀을 만들었다. 이전 시즌에서 초·중·고등학생을 유소년부로 분류했지만 이번 시즌에서는 초등학생 실력자가 많아서 따로 부서를 신설했다고 제작진은 방송을 통해 말했다. 이런 식으로 TV조선이 참가자들의 특징을 부서별로 구분한 것은 대부분 일반인인 그들에게 캐릭터를 부여하기 위해서였다. 꾸준히 방송으로 캐릭터를 구축해 온 연예인들과 달리 시청자들에게 새로운 얼굴인 일반인들은 대중이 그들을 기억하는 데 비교적 시간이 걸리게 된다. 그리고 TV조선은 이 시간을 줄이기 위해 참가자들의 특성을 강조하는 현역부, 마미부, 초등부 등을 만든 것이다. 그런데 따로 분류하기까지 하면서 어린 참가자들을 방송의 캐릭터로서 참여시키는 것은 과연 옳은 길이라 할 수 있을까. 이는 군이 의식하지 않아도 방송을 시청하며 자연스럽게 의문이 들었다.

〈미스트롯 2〉에는 당연하게도 자신의 미래를 위해 치열하게 경쟁에 참여할 준비된 사람들이 모였다. 그리고 그 치열한 경쟁의 자리 속에서 초등부로 참여한 초등학생 참가자들도 치열하게 그들과 경쟁한다. 탈락의 위기가 닥치면 서럽게 울기까지 한다. 이는 너무 자연스러운 흐름으로 보일 수 있지만 왜 애초에 어린아이들이 어른들과 이토록 치열히 경쟁을 해야 하는지, 그 시작부터 부자연스럽고 오히려 괴기스러울 지경이다. 아이들은 자기가 지금 당장 합격을 못 해도 오디션 장에서 자리를 지키고, 다른 참가자들의 무대를 계속 보아야 한다. 물론 그 시간 동안 다른 참가자들은 본인과 달리 바로 합격을 받기도 한다. 이때 울어도 된다. 하지만 그 모든 것은 카메라가 담아서 TV로 송출할 것이다. 방송이기 때문이다. 원래 아이는 어른들과 경쟁이 아닌 그들에게 배움을 받으며 보호받아야 할 대상이다. 이 사실은 우리 모두 자연스럽게 알고 있는 것이고 그렇기에 치열한 경쟁 속에서 무릎을 꿇으며 오열하는 아이들을 보며 우리는 마냥 귀엽다고 웃을 수만은 없는 것이다. 우리 마음속에 있는 죄책감에 대해 솔직하게 말할 필요가 있다. 지금 〈미스트롯 2〉에 참가한 아이들은 어른들이 만든 방송을 위해 어른인 듯 행동하려 하고 있다.

최근 한 엔터테인먼트 소속사에서 새로운 케이팝 아이돌을 출범시키기 위해 멤버들의 정보를 인터넷에 공개했다. 그런데 그중에서 유독 어린 13살 소년이 있고, 일부 케이팝 팬들은 불편함을 느끼기도 했다. 그가 아이돌 시장에서 활동하기엔 너무 어렸기 때문이다. 특히 SNS를 중심으로 해외 팬들에게 이와 같은 지적이 이어졌다. 이 사건에서도 알 수 있다시피 전 세계적으로 인권 감수성이 높아지고 있는 추세에서 이러한 아동 인권 문제는 시청자들에게 더욱 심각하게 받아들여진다. 〈미스트롯 2〉 또한, 이제는 아이를 그저 아이로 대할 준비를 해야 할 것이다.

4. 마무리

트로트는 어떠한 음악 장르보다 토속적인 색깔이 진하다. 이러한 트로트만의 가치를 위해서라도 트로트를 꾸준히 발전시켜 나가야 한다는 점에도 동의한다. 그렇다고 잘못된 트로트의 문화까지 외면해 가며 무조건 치켜세울 필요는 없다. 정말 트로트 장르를 지켜내고 지속가능한 음악으로 이끌고 싶다면 비판 의식을 갖고 꾸준히 발전시켜야 한다. 〈미스트롯 2〉는 전체적인 방송 콘셉트를 미스코리아에서 따온 것부터 이미 트로트 장르에 대한 비판 의식 없이 시작한 방송이다. 하지만 시즌이 거듭될수록 등장하는 새로운 얼굴의 참가자들과 그에 맞는 재미있는 포맷으로 시청자들과의 호응을 이끌어나갔고 국내에서 트로트 열풍을 만들어냈다. 만약 이 트로트 열풍을 유지하고 싶다면, 트로트 장르를 국내 메이저 음악 장르로 연결시켜 가고 싶다면, 단순히 현대 트로트를 재현하는 형태의 방송은 옳지 않다. 〈미스트롯 2〉에 대해서 언급된 문제점을 수정해 나가지 않으면, 트로트는 다시 기성세대만의 전유물이 될 것이다. 시간이 흐를수록 세대는 변화하고 사회 흐름도 변화한다. 도태되고 싶지 않으면 그 흐름을 담아내는 미디어로서의 역할을 다해야 할 것이다.

괴물에게 서사를 만들어주는 일의 의미

tvN 〈마우스〉와 JTBC 〈괴물〉

이행선

들어가며: 사건에서 인간으로

수사물의 인기는 여전하지만, 달라진 것이 있다면 드라마의 초점이 사건에서 인간성으로, 사건의 진실에서 인간의 진실로 옮겨졌다는 점을 들 수있을 것이다. 이전에 방영했던 드라마 〈시그널〉(2016)과 〈비밀의숲〉(2017), 〈비밀의 숲 시즌 2〉(2020)는 주로 장기 미제 사건과 내부 비밀을 추적했다. 그리고 올해 방영한 〈마우스〉와 〈괴물〉은 앞선 작품들이 삼은 소재를 토대로 인간성을 주로 추적했다. 그렇다면 이 두 드라마는 인간의 정체를 발견하기 위해 무엇에 주목하고 무엇을 고민했는가. 이 두 드라마는 '개인과 집단' 및 '부모와 자식'이라는 두 관계의 양상에 주목하고, '고통과 구원' 및 '범죄자에게 서사를 만들어주는 일'이라는 두 가지 문제에 대해 고민했다.

첫 번째 이야기: 개인과 집단, 그리고 부모와 자식

먼저 이 두 드라마가 주목하는 관계를 보자면, 〈마우스〉와 〈괴물〉은 우선 개인과 집단 간의 갈등 관계를 중심으로 이해할 수 있다. 이 두 드라마에서 인간은 집단의 구성원으로 존재한다. 따라서 〈마우스〉에서 사이코패스처럼 집단에 위해를 가하는 존재는 집단의 안전을 위해 제거해야 하며 집단의 안전한 존속에 위험이 되는 요소를 예방하기 위해 실험체가 될수 있다. 그래서 정바름(태아 감별을 통해 사이코패스로 판정받은 인물)과 성요한(태아 감별로 사이코패스로 잘못 판정받은 인물)은 사회의 안전을 위해 실험체로 취급받아 관찰과 감시를 당하며 실험 대상이 된다. 〈괴물〉에서 만양 사람들은 개인적으로 행동하기도 하지만 만양 사람으로서 행동하기도 하므로, 개인으로서의 행동양식과 '만양 사람'으로서의 행동양식에 모순이 생기기도 한다. 만양 사람으로서의 삶과 개인으로서의 삶의 부조화 속에 만양 사람으로서 받은 상처와 개인으로서 받은 상처가 복잡다단하게 똬리를 튼다. 만양 사람들은 외지인을 향해 즉시 단결하여 그를 대놓고 의심하고 경계하지만 내부적으로는 자기들끼리 은연히 의심하고 경계한다.

다음으로 〈마우스〉와 〈괴물〉은 부자 간 갈등 관계를 중심으로 이해할 수도 있다. 〈마우스〉의 정바름은 사이코패스인 아버지의 유전자를 물려받아 아버지가 저지른 살인 행위는 물론 자신이 저지른 행동을 기억해 내면서 죄책감에 시달려야 했고, 〈괴물〉의 한주원은 아버지의 진급에 방해가 될지도 모른다는 이유로 정신병원으로 이송되는 어머니에게 아무런 힘이 되어주지 못한 어린 시절의 자신을 기억하는 일과 뺑소니 사건을 감추고 불의를 저지르면서까지 권력을 차지하려는 아버지의 아들이라는 사실 때문에 죄책감에 사로잡혀야 했으며, 이동식은 자신이 살인사건의 용의자로 지목되었을 때, 불의한 방식을 동원해서라도 아들 박정제를 보호하고 자신의 꿈도 성취하는 도해원과는 달리, 자신에게 아무런 힘이 되어주지 못한 아버지에 대한 기억 속에서 여전히 상처받아야 했다. 즉, 두 드라마는 아버지로 인한 죄책을 짊어지고 한편으로는 죄책감에 괴로워하며 다른 한편으로는 그 죄책을 자신의 아버지에게 되돌려주면서 ─ 정바름은 아버지를 죽이고, 한주원은 불의한 아비를 체포하면서 ─ 자기를 실현하는 불쌍한 오이디푸스들의 이야기라고도 할 수 있다.

한편 이들은 부모가 규정한 자신의 정체도 극복해야 한다. 가령 한기환에 따르면 그의 아들 한주원은 아버지의 그늘 아래서 조용히 살아야 하는 나약한 성격을 가진 사람이며, 도해원에 따르면 그의 아들 박정제는 지나치게 소심한 겁쟁이로 삶의 중요한 결정을 모두 어머니에게 위임해야 하는 사람이다. 이러한 점에서 이 드라마는 불쌍한 오이디푸스들이 정의와 부정의의 경계를 발견해 나가는 과정에서 부모님과 자기를 분리해 자기를 해방하고 독립체로서 실현해 나가는 이야기라고도 할 수 있다.

이렇게 〈마우스〉와 〈괴물〉은 부모와 자식을 분리함으로써 자식들이 부모의 자녀로 살게 하지 않고 독립적 인간으로 살게 하려 했다. 〈괴물〉에서 이동식은 한기환의 아들인 한주원을 의심하는 동료에게 다음과 같이 말한다. "한주원은 (한기환과) 다른 사람이야." 또, 〈마우스〉에서 병원 창문으로 뛰어내리려는 성요한에게 그의 연인 최홍주는 다음과 같이 말한다. "네 아빠가 죽인 피해자 가족들 …… 그 사람들도 버티고 살잖아. 살아서 보여줘. 너는 네 아빠와 다르다는 걸. 다른 종류의 사람이란 걸."

두 번째 이야기: 고통과 구원, 그리고 범죄자에게 서사를 만들어주는 일

그렇다면 〈마우스〉와 〈괴물〉은 고통받는 인간을 어떻게 다루는가. 〈마우스〉는 용서와 사랑을 통해, 〈괴물〉은 죄를 구분하는 방식을 통해 고통을 다룬다. 그런데 고통과 구원이라는 문제는 신을 요청하게 한다. 고통을 죄벌로서 이해한다면, 고통은 내가 원한 것이 아니므로 그것이 연유한 곳은 따로 있을 것이기 때문이다.

그래서인지 〈마우스〉와 〈괴물〉 첫 회의 공간적 배경은 모두 성당이다. 우선 〈마우스〉 첫 회에서 어린 정바름은 "나 괴물로 태어났대요. 그날 난 신에게 기도했다. 제발 괴물이 되지 않게 해달라고 …… 신은 결코 나의 기도를 들어주지 않았다. 나는 결국 살인마가 되었다"라고 고백한다. 이후 많은 살인을 저지르고 다니는 정바름은 "괴물이 되지 않게 해달라고 했잖아. 빌었잖아. 근데 넌 내 기도를 철저히 외면했어. 그러면서 니 따위가 무슨 신이야. 이제부터 내가 신이야. 니가 한 개소리를 믿고 따르는 인간들 내가 싹 다 심판할거야. 나는 프레데터다. 나는 프레데터였다"라고, 신을 원망하고 증오한다. 그런데 뇌수술을 통해 감정을 갖게 된 정바름은 살인을 저질렀던 자신의 과거를 기억하고 괴로워하며 악이 신이 아니라 자기로부터 온 것임을 받아들인다. "하느님은 네 기도를 들어주셨어. 넌 더 이상 괴물이 아니야." 그래서 〈마우스〉는 고무치 형사의 다음과 같은 독백으로 끝이 난다. "결코 구원받을 수 없는 괴물이 있었다. 신은 그 괴물에게 감정을 갖게 해주었다. 그리하여 그는 처절한 고통과 괴로움 속에서 참회하며 죽어갔다. 신은 그에게 천벌을 내린 것일까, 아니면 그를 구원한 것일까." 고통과 구원의 문제를 다루면서 〈마우스〉는 고무치 형사의 마지막 질문을 통해 '인간의 과학 너머 신비로운 신의 은총이 존재하는 것이 아니겠느냐'고 묻고 있는 것은 아닐까.

〈마우스〉는 이렇게 정바름을 통해 고통과 구원의 신비를 다루면서 이에 대한 두 가지 규율 사이에서 고통받는 인간을 다루는데, 그 인물이 바로 고무치 형사이다. 고통받는 사람들 주변에는 늘 "원수를 사랑하라"는 신약의 가르침과 "이에는 이, 눈에는 눈"이라는 구약의 규율이 맴돈다. 아닌 게 아니라 〈마우스〉에서는 이 두 『성경』 구절이 자주 언급된다. 연쇄 살인마에게 아버지를 잃은 고무치 형사와 연쇄 살인마 정바름은 구약의 응보의 원칙을 따르고, 고무치의 형이자 천주교 사제인 고무원과 고무치의 어머니는 신약의 사랑의 원칙을 따른다. 이 두 가지 규율이 고통받는 인간을 더 고통스럽게 하기도 하고 구하기도 한다. 인간을 고통에서 구하려면 이 모순처럼 보이는 두 규율 중 무엇을 선택해야 할까?

이에 대해서는 〈괴물〉에 답이 있다. "이에는 이, 눈에는 눈"을 올바르게 실현하려면 적어도 얽히고설킨 각자의 죄를 분명히 해야 할 것이며, 그런 후에야 '원수를 사랑하라'는 말을 실천할 수 있을 것이다. 이러한 사정을 염두에 두고, 〈마우스〉와 〈괴물〉은 이것이야말로 죄벌을 분명히 다룰 수 있도록 입법하고 판결해야 하는 자리에 있는 사람들의 과제라는 점을 자주 암시했던 것이다.

그래서 〈괴물〉 속 경찰과 만양 주민들은 우리나라 법을 원망하면서 죄책감과 고통 속에서 자기 인생을 살지 못하는 서로를 구하려고 한다. 그들은 왜 한편으로는 법을 원망하고, 다른 한편으로는 죄벌의 사슬에서 서로를 구하려고 할까. 죄벌에 구속당해야 하는 사람들의 경계가 불분명한 현실 때문일 것이다. 현실에서 죄벌의 경계가 불분명하니 〈괴물〉 속 인물들은 서로 더 의심하고 가책한다. 어떤 사람은 가족 때문에,

다른 어떤 사람은 가족이 아닌 타인 때문에 합리적 의심이라는 미명 아래 모든 이를 의심하며 살아간다. 그들이 사로잡힌 죄악 때문에 세상을 향한 괴물 같은 시선을 갖지 않을 수 없게 되는 것이다. 괴물 같은 시선은 끊임없이 합리적인 의심의 시선으로 외부를 보게 하고, 외부를 향해 분노하게 한다. 그런데 이 괴물 같은 사람 안에 있는 선한 자아는 내부를 향해서 가책이 똬리를 틀게 하여 자기를 파먹게 하기도 한다. 괴물 같은 사람들이 저지른 죄악 때문에 내 인생도 아니고 다른 사람의 인생도 아닌 길 위에 있게 되며, 괴물도 아니고 인간도 아닌 어디쯤 있게 된다.

이와 같은 이야기야말로 〈괴물〉에서 주목해야 할 점이다. 죄벌과 용서를 다루며 신의 가르침을 전파함으로써 고통에서 인물을 구하려는 드라마는 낯익지만, 죄벌을 분명히 심판하기 위해 먼저 가책과 고통에서 인물을 구하려는 드라마는 아직 낯설기 때문이다. 이를 위해 〈괴물〉은 죄의 서사를 복잡하게 만들어 인물들을 가책의 지옥으로 밀어 넣었다가 끝에서 인물들 각자의 죄벌을 분명히 함으로써 그들을 해방한다. 그리고 부모의 소망과 죄벌을 짊어지기 전, 그리고 부조리하고 불가해한 사건이 덮치기 전, 그들을 향했던 소망을 이동식의 목소리로 다시 들려준다. "주원아! 밥 잘 먹고! 잠 잘 자고! 똥 잘 싸고!"

그렇다면 의심하고 가책했던 그들의 삶은 허구이며 맹목이었고, 또 그만큼 자신의 인생에서 벗어난 시간이었는가. 아니다. 〈괴물〉은 그 허망하고 피폐한 시간에 희망을 걸었다. 드라마 속 인물들을 구한 것은, 다른 사람의 죄와 내가 무관하지 않다는 생각과 다른 사람이 받는 벌과 내가 무관하지 않다는 생각 때문에 보내야 했던 모진 시간이었기 때문이다. 〈괴물〉의 첫 회 첫 장면에서는 성가대가 성가를 연습하는 장면이 나오는데, 이 성가의 가사는 이러한 연관성에 시선을 돌리게 한다. "불의가 세상을 덮쳐도 불신이 만연해도 우리는 주님만을 믿고서 살렵니다. 얼마나 많은 사람이 죽어들 가는가. 어둠에 싸인 세상을 천주여 비추소서. 가난과 주림에 떨면서 원망에 지친 자와 괴로워 우는 자를 불쌍히 여기소서. 얼마나 많은 사람이 불행히 사는가. 이 어둠에 싸인 세상을 천주여 비추소서." 이 성가로써 불의와 불신이 만연한 세상을 알리고 선한 사람들의 트라우마를 통해 한편으로는 세상에 덮친 불의와 불신에 빛을 비추고, 다른 한편으로는 선한 사람들의 트라우마를 치유하려 했던 것이 아닐까. 그리고 이를 위해 드라마는 인물들 중 누구도 죄의 사슬로부터 자유로울 수 없게 만들고, 그 인물들 몇몇이 자기가 연결한 사슬 부분이라도 풀어내려는 의지를 갖게 함으로써, 그런 사람들이 협력하게 함으로써, 불의와 불신을 극복할 수 있는 단초가 거기에 있다는 희망을 갖는 것은 아닐까.

이렇게 두 드라마는 고통과 구원의 문제에 관해 다른 방식으로 질문하고 다른 방식에 희망을 두는 한편, 범죄자의 서사를 통해 우리의 시선이 범죄자가 아니라 우리로 향하게 한다. 이것이 이 두 드라마가 기도(企圖)한 바이다. 우선 〈마우스〉는 정바름의 생물학적 조건, 그를 자극하는 여러 상황, 법안을 통과시키기 위해 그의 살인을 방기하는 정치인들의 욕망을 함께 작용하게 하여 그의 살인 배경을 설명함으로써 범죄자에게 서사를 만들어준다. 그의 살인 동기에 작용했던 여러 사건을 설정하고 그가 뇌수술을 받은 이후 감정을 갖게 되면서 고통스럽게 가책하는 모습, 괴물이 되지 않게 해달라고 기도했던 소년이 스스로를 신을 능가한 프레데터라고 규정하고 나중에는 돌아온 탕자가 되어 자신의 기도가 이루어졌다고 고백하는 모습을 보여주면서, 범죄자의 서사를 들려준다. 다음으로 〈괴물〉은 강진묵의 이야기를 들려준다. 드라마의 첫 장면에는 강진묵이 성가대가 "불의가 세상을 덮쳐도"라는 성가를 연습할 때 제대를 꾸밀 꽃을 배달하러 성전으로 들어오는 장면이 나오는데, 그

때 성전 속 한 자매가 강진묵을 무시하고 나무라며 그 자매는 이유연의 어머니에게 이유연의 서울대 합격을 치켜세우기만 한다. 이유연의 어머니는 강진묵을 무시하는 모습을 방관하고 성가대는 강진묵에게 전혀 관심이 없다. 강진묵의 고백에 따르면, 그는 부모도 없이 허드렛일을 하며 살아가는 자신에게 불친절하게 대하는 사람들과 그것을 방관하는 사람들 틈에서 살아남기 위해, 그들의 형제·자매가 되기 위해, 그들로부터 친절을 간청하기 위해 강진묵은 의도적으로 말을 더듬었고 어수룩하고 순진하게 행동했다. 결국 〈마우스〉와 〈괴물〉은 한기환이 한주원에게 하지 말라고 한 일, "범죄자에게 서사를 만들어주는 일"을 했다.

나가며: 우리의 생령(生靈)으로서의 프랑켄슈타인

〈마우스〉와 〈괴물〉의 원형이 있다면, 바로 메리 셸리의 『프랑켄슈타인』 (1818)일 것이다. 소설 『프랑켄슈타인』 역시 살인을 저지른 괴물에게 서사를 만들어주어 언제라도 괴물이 될 수 있는 선량한 사람에 대해 생각하게 하여 인간성을 일깨우는 소설이라고 할 수 있는데, 〈마우스〉는 사이코패스이자 연쇄 살인마인 정바름에게, 〈괴물〉은 강진묵의 살인과 이동식과 한주원의 불법 행위에 서사를 만들어주어 우리로 하여금 인간의 진실을 생각하게끔 하기 때문이다.

다음은 『프랑켄슈타인』에서 괴물이 자신을 만든 프랑켄슈타인에게 자기의 이야기, 서사를 들어달라고 할 때 그의 말이다. "동정심을 갖고 날 경멸하지 말라. 내 이야기를 들어달라. …… 일말의 동정심을 허락해 달라. 내가 한때 지녔던 미덕으로 이 한 가지만 요구하겠다. 내 이야기를 들어달라. …… 내가 인간 세계를 영원히 떠나 무해한 삶을 보낼 것인지, 아니면 인간들을 응징하고 당신을 순식간에 파멸시킬 악마가 될 것인지는, 모두 당신에게 달려 있다."[1] 괴물의 이야기를 들은 프랑켄슈타인은 한편으로는 여전히 자신의 가족을 죽인 그 괴물을 용서할 수 없지만 괴물의 소외를 깨닫게 되고, 자기가 만든 괴물을 통해 자신의 폭력성과 광기를 발견하게 된다.

이 두 드라마 역시, 괴물이 프랑켄슈타인에게 자신의 이야기를 들어달라고 간청하는 것처럼, 무죄추정의 원칙을 견지하며 살인자에 대한 적의가 생기기 전에 판단을 중지하게 하고 그들의 서사를 들려준다. 〈마우스〉와 〈괴물〉은 살인자에게 서사를 만들어줌으로써 두 가지의 질문을 건넨다. 우선 살인자에게 서사를 만들어줌으로써 살인자를 동정하게 하는 것이 아니라 '우리 자신과 우리가 속한 공동체는 그들과 무관한가'라는 질문을 건넨다. 그래서 "괴물은 바로 나 자신의 흡혈귀, 무덤에서 풀려나 내게 소중한 것들을 모두 파멸로 몰아넣을 나 자신의 생령(生靈)이었다"[2]라는 프랑켄슈타인의 고백에 귀를 기울이게 한다. 또, 살인자에게 서사를 만들어줌으로써 괴물이란 결정된 것이 아니라 형성되는 것이라는 점에서 각자는 인간성과 괴물성의 경계에서 어떤 속성을 더 많이 형성해 나가고 있는지 질문을 건넨다. 〈마우스〉에서 사이코패스 유전자 태아 낙태 법안을 정당화하기 위해 연쇄살인을 방관했던 최영신에게 "당신도 나랑 똑같은 괴물이야"라고 했던 정바름의 말과, 〈괴물〉에서 한주원에게 "괴물을 잡으려면 괴물이 되는 수밖에"라고 했던 이동식의 말을 통해 각자는 괴물인지 괴물이 되고 있는지를 묻는다. 이러한 맥락에서 이 두 드라마는 프랑켄슈타인의 고백처럼 우리의 생령을

1   메리 셸리(Mary Shelley), 『프랑켄슈타인』, 김선형 옮김(문학동네, 2012), 134~135쪽.
2   같은 책, 99~100쪽.

상상적으로 재현했다.

　이 두 드라마는 '너는 마우스다', '너는 괴물이다'라고 규정하기 전, 즉 마우스와 괴물을 타자화하기 전에 판단을 중지하게 하는데, 이것이 겨냥하는 것은 그들에 대한 연민과 이해가 아니라 우리에 대한 연민과 이해일 것이다. 누구든 선천적·물리적으로 흠결을 지닌 존재가 될 수 있으며, 누구든 불가해하고 부조리한 삶에서 후천적·정신적으로 괴물로 형성되어 갈 수 있다는 것이 인간의 진실이기 때문이다. 즉, 앞선 수사물들이 사건을 좇는 사람들의 서사를 들려주었다면, 이 두 드라마는 범죄자의 서사를 들려줌으로써 선악에 대한 판단을 중지하게 하고 우리 스스로를 돌아보게 한다.

언(un)택트? 온(on)택트!

그래도 집은 안전합니다: SBS 〈나의 판타집〉부터 tvN 〈바퀴 달린 집〉까지

임종철

코로나 시대가 장기화됐다. 2020년 11월부터 확진자 수가 급증하면서 방역 수칙이 상향 조정됨에 따라 촬영이 중단되는 일도 발생했다. 기존의 예능은 그에 발맞춰 포맷을 대폭 수정할 수밖에 없었다. 스튜디오 예능은 방역에만 집중하면 상관없지만 야외를 무대 삼아 촬영하던 예능은 활동 반경이 축소될 수밖에 없었다. 시민들과의 접촉을 최대한 줄이기 위해 촬영 장소를 통째로 대관하는 노력도 하지만 분위기는 다를 수밖에 없었다. 특히 거리에 나와 시민들과 마주 앉아 직접 소통하는 것이 장점이었던 tvN 〈유 퀴즈 온 더 블럭〉도 실내 공간에서 명사들을 만나는 전통적인 토크쇼 문법을 따른 것이 대표적인 예이다. 이에 방송사는 활동적이면서도 방역에 용이한 곳을 찾았다. 그에 부합하는 곳은 집이었다. 그래서 2020년 추석을 기점으로 집을 소재로 하는 파일럿 프로그램으로 SBS 〈나의 판타집〉, 〈홈스타워즈〉를 선보였고 SBS 〈라면이 당기는 시간〉, MBC 〈볼빨간 라면연구소〉처럼 집 안의 활동을 기반으로 하는 파일럿 프로그램도 나왔다. 또한 이전에 방영했던 프로그램 중에 집과 관련된 예능을 재편성했다. KBS1 〈박원숙의 같이 삽시다 시즌 1〉(2017.12.9~2018.7.21)이 종영되고 〈박원숙의 같이 삽시다 시즌 2〉[1](2020.7.1~2020.12.23)가 다시 방송할 때까지 2년 남짓한 시간이 걸렸지만 〈박원숙의 같이 삽시다 시즌 3〉(2021.2.1~)는 2개월 만에 바로 시작한 것을 보면 현재 시국과 무관하지 않다고 볼 수 있다. 이러한 상황 속에서 방송사들이 앞다투어 집을 소재로 한 예능을 만드는 이유가 무엇일까?

코로나 이후 예능에서 '집'이라는 공간이 중요해진 이유

"본 방송은 코로나19 관련 방역 수칙을 철저히 준수합니다."

이 문장은 방송을 시작하기 전 필수적인 자막이 되었다. 방송 제작은 많은 인원이 필요하기 때문에 방역과는 상극에 놓인 일이다. 특히 예능의 경우 현실 공간과 맞닿는 지점이 많기 때문에 높은 주의가 요구된다. 일례로 연예인이 방문한 음식점에, 방송 다음 날 길게 줄서는 것을 보면 그 영향이 크다는 것을 쉽게 알 수 있다. 드라마나 영화의 경우 가상의 이야기를 만든다는 점에서 현실과 동떨어져 있기도 하고 세트장같이 외부와 단절된 공간에서 만들지만 리얼리티를 강조하는 예능에서는 오히려 현실 공간이 주 무대가 된다. 주로 관찰 방식을 통해 콘텐츠를 만들기 때문에 다른 방송 장르보다 더 현실과의 관계가 밀접하다. 현실

---

1   방송 장르가 시즌2부터 교양에서 예능으로 바뀌었다. 채널도 KBS1에서 KBS2로 옮겼다.

에서는 밖을 나가면 어디를 가든 마스크를 써야 하지만 방송할 때는 현실이어도 마스크를 벗어야 된다. 이런 부분을 누군가 민감하게 여길 수도 있다. 이러한 아이러니한 여건 속에서 마스크를 벗어도 괜찮은 유일한 공간은 집이다. 현실에서도 집에 오면 마스크를 벗듯 방송에서도 촬영지가 집이라면 마스크를 벗어도 괜찮다는 심리적인 안정감을 줄 수 있다. 또한 집은 최대한 외부 접촉을 피할 수 있고 소규모의 사람이 모일 수 있는 환경이 된다.

기존의 MBC 〈나 혼자 산다〉, tvN 〈온앤오프〉같이 개인의 일상을 보여주는 예능이 인기를 끌었던 이유는 1인 가구 세대가 늘어나 공감하는 시청자들이 많아진 것도 있지만 개인이란 존재가 인정을 받았기 때문이다. 개인은 더 이상 다수 속에 포함된 구성원이 아니라 홀로 설 수 있는 개성을 가진 존재로 받아들여졌기 때문이다. 그러나 상황이 바뀌었다. 사회적 거리두기로 인해 사람들의 활동 반경이 줄어들었다. 장기간 사람들 간의 만남을 줄이고 심각한 경우 직장을 잃고 집에 고립되어 우울감이 높아졌다는 코로나 블루 현상이 목격되고 있다. 그렇게 파편화된 사회가 도래하자 다시 함께하는 삶이 중요해진 것이다. 그 와중에 부담 없이 모일 수 있는 최소 단위가 가족이다. 가족은 서로를 아껴주고 위로를 하는 관계인데 집이라는 공간을 통해 그 목적을 달성한다.

이러한 현실적인 여건과 좋은 메시지를 줄 수 있는 공간이 집이기에 많은 관심이 쏠릴 수밖에 없었다. 21년 상반기에 집을 소재로 한 예능이 6편 방영되었다. 집의 내부, 형태, 생활로 카테고리를 나누고 비슷한 점이 있는 예능을 두 편씩 묶어서 특성을 살펴보았다.

내부: KBS2 〈컴백홈〉[1], MBC 〈바꿔줘 홈즈〉[2]

〈컴백홈〉은 게스트가 처음으로 살았던 집을 찾아가 지금 살고 있는 세입자와 만난 다음 리모델링을 해주는 방송이다. 평행이론이란 단어를 사용하여 집이라는 공간을 통해 게스트와 세입자를 인연처럼 만들려고 했으나 다소 무리한 시도였다. 러닝타임 대부분을 게스트에게 할애하고 정작 지금 살고 있는 세입자의 이야기를 들어보는 시간은 짧았다. 서로 다른 사람이지만 같은 공간에 살면서 동일한 경험으로 묶여야 하는데 게스트의 성공담에 기대어 엮으려다 보니 두 사람 간의 관계가 흐지부지되어 버리는 경향이 드러난다. 특별한 의미 없이 같은 집에 살았는 정도의 경험이 전부이다 보니 리모델링을 진행하는 과정도 뜬금없게 느껴졌다. 유기적으로 이어진 한 편의 예능이 아닌 따로따로 찍고 이어붙인 것처럼 보였다.

〈바꿔줘 홈즈〉는 사연자 두 팀을 선정해 바꾸고 싶은 방을 선정하면 전문가가 진단을 하면서 요구조건을 수렴해 3D렌더링을 보여준 뒤 재료를 주고 제한 시간 내에 누가 더 비슷하게 재현했는지 대결 구도로 진행되는 방송이다. 5회에 걸쳐 거실, 방, 베란다, 주방, 다락까지 보통집에 있을 법한 구조의 방을 셀프 인테리어로 꾸몄다. 제한 시간을 넉넉하게 주는 편이고 인력을 보충해 도움을 주기도 했지만 재미를 위해 본래의 목적을 잃어버린 것 같다. 집을 바꾸는 일은 신중해야 되는데 싸움을 붙이는 식으로 진행했다. 물론 건축가가 도면을 맞춰주고 그에 맞는 재료를 보내주었지만 급하게 진행한 부분이 아쉬웠다.

---

1   2021.4.3~6.5 방송.

2   2021.4.3.~5.8 방송.

형태: SBS 〈나의 판타집〉³, JTBC 〈서울엔 우리집이 없다〉⁴

〈나의 판타집〉은 판타지와 집의 합성어로, 게스트가 꿈꿔온 로망의 집을 말하면 요구 조건에 부합하는 집을 찾아서 그 공간을 살아보며 하루 동안 체험하는 것이다. 스페셜 프로그램으로 1, 2회 시청률 4.2%, 3.8%로 높은 성적을 보이며 21년 시작하자마자 정규편성이 되었다. 하지만 정규편성 이후 시청률은 최고 4.1%를 기록했으나 평균 시청률 3.2%에 머물렀다. 회 차가 거듭할수록 점점 하락세를 보였다. 이는 로망과 현실 어느 중간 즈음에 발을 디뎠어야 했는데 너무 로망 쪽으로 치우쳤다. 살고 싶은 집을 알아보는 것은 좋았지만 실상 들여다보면 패널들이 게스트의 일상을 관찰하는 점에서 〈나 혼자 산다〉류의 관찰 예능과 차별점이 보이지 않았다. 유현준 건축가가 패널로 있었지만 한두 마디 정도로 말을 보탤 뿐이었다.

〈서울엔 우리집이 없다〉는 서울 외의 지역에 있는 사연자의 집을 소개한다. 다만 평범한 주택이 아닌 특색이 있는 집을 소개한다. 25회 차에 이르는 제법 긴 기간 동안 방영되었다. 시청률 1.8%로 시작해 최고 2.5%로 끌어올린 뒤 이 사이에서 머물렀지만 한계점이 뚜렷했다. 패널들이 서울 이외의 지역에 있는 사연자의 집을 직접 찾아가 여러 가지 특징 중 5가지를 뽑아 추천과 비추천을 맞히는 형식으로 진행되었다. 그러나 매물이 아닌 집이기에 군이 추천과 비추천을 나눠서 알려줄 이유가 없고 비추천의 이유도 공간의 단점이 아닌 개인적인 이유이거나 소소한 것이 대부분이었다. 집을 소개하는 데 있어서 난데없는 상황극

---

3   2021.1.6~3.31 방송.
4   2020.10.14~21.4.21 방송.

이 계속 이어졌으며 제목과는 다르게 서울 이외의 곳에 집을 갖는 것 또한 쉽지 않아보였다.

생활: KBS2 〈수미산장〉⁵, tvN 〈바퀴 달린 집〉⁶

〈수미산장〉과 〈바퀴 달린 집〉은 장소만 다를 뿐 형식은 비슷하다. 각각 산장과 캠핑카의 주인 역할을 하는 김수미 씨와 성동일 씨를 구심점으로 고정 게스트 몇몇이 모여 손님을 초대할 준비를 한다. 앞서 다뤘던 '내부', '형태'에 관련된 예능과 달리 버라이어티를 살리려고 노력했다. 집이라는 공간에 머무르는 것이 아니라 가족이라는 관계에 주목했다. 손님으로 초대받지만 같이 시간을 보내면서 한 가족으로 어우러지면서 위로와 힐링을 목표로 삼았다. 그러나 두 예능은 비슷한 형식임에도 불구하고 묘한 차이를 드러냈다. 〈수미산장〉은 산장이라고 하기에는 여러 공간이 있었다. 산채는 물론 식당, 온천, 마당 등 다채로운 곳이 있었다. 이는 다양한 모습을 보여줄 수도 있지만 가족의 끈끈함을 보여주려고 했던 취지와 달리 팀을 나눠서 행동할 수밖에 없는 단점을 가졌다. 또한 고민 상담, 음식 만들기, 토크쇼 등 산장 안에서 너무 많은 것을 담아내려다 보니 일정 분량이 정해진 것처럼 느껴졌다. 반면에 〈바퀴 달린 집〉은 캠핑카라는 한정적 공간이지만, 전국 각지를 돌아다니면서 익숙하고도 색다른 분위기를 낼 수 있었다. 머물 수 있는 곳이 캠핑카밖에 없고 고정 게스트와 손님이 가깝게 붙을 수 있기 때문에 주인과 손님 관계의 경계가 불분명해져

5   2021.2.18~5.6 방송.
6   시즌 2, 2021.4.9~6.18 방송.

서 다 같이 어우러질 수 있는 여지가 높아진다. 따로 진행을 하는 것 없이 같이 음식을 준비하거나 장비를 설치하면서 자연스럽게 말이 오갈 수 있었다. 그리고 집이라는 이름을 붙였지만 캠핑과 여행의 분위기도 낼 수 있다는 장점이 있다.

우후죽순 그리고 파죽지세

2021년 상반기는 그야말로 우후죽순이었다. 파일럿 프로그램으로 어느 정도 반응을 살핀 이른바 집 예능은 2020년 방송가에 불었던 트로트 열풍처럼 TV를 켜면 어느 방송사에서나 볼 수 있었다. 위에서 다뤘던 6편의 예능도 이 기간에 방송되었다. 하지만 평균 시청률이 2~3%에 머물렀고 하반기에 들어서는 파죽지세처럼 자취를 감추었다. 시즌제를 목표로 한 템포 쉬어가며 준비 기간에 돌입한 것일 수도 있지만 이 같은 현상은 기존에 있었던 예능과의 차별성을 획득하지 못한 것으로 보인다.

첫째, 집을 구한다는 포맷은 이미 MBC 〈구해줘 홈즈〉가 확실하게 구축해 놓은 상태였다. 사연자의 집을 찾는 현실적인 도움은 물론 시청자에게 있어서도 좋은 정보가 될 수 있기 때문이다. 그리고 〈바꿔줘 홈즈〉와 〈구해줘 숙소〉라는 비슷한 이름으로 연속으로 파일럿 프로그램처럼 내놓으면서 집과 관련된 여러 카테고리를 확대해 가고 있었다. 하지만 〈나의 판타집〉과 〈서울엔 우리집이 없다〉는 특이한 집을 체험하거나 소개함으로써 흥미를 유도했으나 패널들이 그저 '놀랍다, 신기하다' 유의 리액션이 주를 이뤄 그 이상의 공감을 얻기 어려웠다. 물론 패널들 중에 건축가를 섭외해 디테일에 신경 썼으나 단순히 질문에 답하는 식의 일회성 답변에 머물러 깊은 이야기를 들을 수 없었다. 특히 〈나의 판타집〉은 유튜브에 판타집개론이란 이름의 비하인드 영상을 다룬 부분이 있어서 더 아쉬웠다. 유현준 건축가의 코멘트가 담긴 10분 내외의 영상이었는데 이 내용을 본편에 활용하여 직접 게스트와 대화를 하며 심리 상태를 파악하거나 왜 이런 공간을 갖고 싶어 하는지에 대한 동기나 추억을 풀어내는 방향으로 가는 것이 나아보였다.

둘째, 집이라는 공간을 장소에만 국한해 한정적으로 사용한다는 점이었다. 방역에 용이한 장소를 확보했지만 그 이상의 장점을 살려내지 못했다고 생각한다. 초반에 집으로 들어가기까지의 과정이 다를 뿐 그 이후의 전개 방식은 익숙한 그림이 그려졌다. 일상을 관찰한다거나 먹방을 하는 등 여타 다른 프로그램과의 기시감을 줄이기 어려웠다. 〈컴백홈〉 같은 경우에도 집에 가는 도중에 꼭 게스트의 단골집을 들러서 먹는 장면을 집어넣었다. 대표적으로 〈수미산장〉에서 볼 수 있듯이 산장이란 곳에서 먹방, 토크쇼, 관찰 등 여러 가지 모습을 보여줬지만 어지럽게 비쳤다. 그러다 보니 여기저기서 등장해야 하는 김수미 씨의 역할이 너무 커질 수밖에 없다. 물론 이름을 타이틀에 내세울 만큼 중요한 위치에 있는 것은 사실이지만 그로 인해 다른 고정 게스트는 물론 손님과의 결합이 부자연스러울 수밖에 없다.

셋째, 집이 주는 편안함은 공간이란 측면에서도 나오지만 그 안에서 이뤄지는 관계에서 오기도 한다. 하지만 내적인 면에서 나오는 새로운 관계에 대해서 보여주는 것이 드물었다. 주로 집의 겉모습을 가지고 다루는 경우가 많았다. 인테리어나 주거 형태같이 겉모습과 관련된 것을 다뤘다. 〈컴백홈〉이 한 공간에 살았던 두 사람의 새로운 만남을 이끌어갈 수도 있었지만 게스트의 추억을 더듬는 시간으로 채워져 아쉽게도 심도 깊게 다루지는 못했다. 그런 면에서 〈바퀴 달린 집〉이 캠핑카라는 공간 속에서 서로 다른 사람들이 모여서 가족처럼 지내는 모습을 보여주었다. 이들은 가족도 아니고 매번 게스트가 바뀌는 상황에서도 편안해 보였다. 각자에게 주어진 반경이 있기보다 자신의 경계를 내어주고 또 넘나들면서 아늑한 곳으로 탈바꿈할 수 있었다.

다시 Go Home!

한 번 주춤하긴 했지만 집이 배경이 되는 예능은 앞으로 다시 나올 가능성이 크다. 위드 코로나를 앞두고 있고 몇 년 내에 코로나를 극복한다고 하더라도 온라인수업, 재택근무, 배달 문화 등 비대면 생활을 겪으면서 바뀐 삶의 모습이 금방 예전으로 돌아가기 어렵다고 생각한다. 한동안 집에서 보내는 시간이 줄지 않을 것이기에 여전히 집에 대한 관심이 높을 수밖에 없다. 또한 집은 더 이상 잠만 자는 공간이 아닌 일, 운동, 놀이, 식사 등 다양한 기능을 수행하게 되었고 네트워크를 통한 온라인으로 사람과 사람을 만날 수 있는 허브적인 공간으로 재탄생할 수 있는 것이다. 그렇다면 이렇게 재해석한 집의 의미를 통해 뻗어나갈 수 있는 방향이 많을 것이다. 예를 들어 집을 바꿔서 생활해 보며 각자의 생활 방식을 알아보고 서로를 이해할 수 있는 시간을 가질 수도 있고, 가족 구성원 중 자신의 방이 없는 가족에게 방을 만들어줌으로써 내 방이 있는 것이 어떤 의미를 가지는지 알아볼 수도 있다. 다시 한번 집이라는 공간에 대해서 여러 가지 관점으로 파악할 수 있는 유익하고 재미있는 예능이 나오기를 기대하는 바이다.

병아리 하이킥? 병아리 수난시대!

정현동

"저 더 이상 못 참겠어요."
"으앙앙, 못 참겠어요."

2021년 4월 26일 첫 방송을 시작, 7월 11일 12회로 종영된 MBN 예능 〈병아리 하이킥〉에서 매회 거의 유사하게 다뤄진 자막이다. 어른들의 즐거움 사이사이에 평균 나이 5.3세 아이들의 '괴로움'이 그 틈새를 비집고 나왔다. 이 방송은 연예인 태권도 사범단과 아이들의 좌충우돌 성장 버라이어티를 표방했지만, 그 과정에서 오히려 부모가 자식을 감시하고 관찰했다. 〈병아리 하이킥〉은 영유아를 어떻게 묘사했을까. 그 수난을 살펴봤다.

어른들의 시각과 바람만 전달한 〈병아리 하이킥〉

또, '영유아'이다. 2013년 KBS 〈슈퍼맨이 돌아왔다〉가 첫 방송을 시작, 이른바 초대박을 친 뒤, 지상파와 케이블, 종편 예능에서 아이들은 언제나 단골 소재였다. 그동안 영유아를 대상으로 한 관찰 예능은 아이들의 일거수일투족을 카메라로 따라가며, 시청자에게 재미와 감동을 제공했다. 프로그램에 따라 몇 번의 부침과 흥망, 논란이 있었으나, 아이들은 언제나 방송에서 먹히는 소재로 소비됐다.

MBN 〈병아리 하이킥〉도 그 흐름을 철저히 따라간다. 방송은 방송인 현영 씨의 아들 최태혁(5세) 군을 처음으로 소개하며, 최 군의 작은할아버지가 극진공수도의 창시자인 고(故) 최배달 씨라는 점을 밝혔다. 현영 씨는 "피 때문인지 아들이 나이에 맞지 않게 힘자랑을 하는 게 고민이다"라고 했다. 여기에 한국 농구 역사상 유일한 NBA 경력을 가진 하승진 씨는 딸 하지해(5세) 양이 "고집과 승부욕이 너무 심해 걱정"이라는 점을 드러내며 방송 출연 동기를 설명했다.

연이어 〈병아리 하이킥〉은 키즈모델 이로운(5세) 군이 "도전의식이 부족하다"라는 일반인 부모의 입장을 전했다. 뛰어난 미모로 소셜미디어 인기 스타이지만 또래와 잘 친해지지 못하는 최서희(6세) 양, "고기를 너무 좋아하지만, 대신 채소를 잘 먹지 않아 고민이다"라는 코미디언 홍인규 씨의 딸 홍채윤(5세) 양의 사연도 전했다. 끝으로 방송인 알베르토 몬디 씨가 자신의 아들 맹레오(6세) 군이 "태권도로 한국인으로서 자부심을 느끼길 바란다"라고 밝히며 6명의 아이를 소개했다.

그렇다. 이 모든 것은 어른들의 일방적인 시각과 바람이다. "또래에 비해 힘이 세서 걱정이다", "고집과 승부욕이 너무 심하다"라는 설명은 부모의 걱정과 고민이지 아이들이 직접 말하는 고충이 아니었다. 방송에 출연한 그 어떠한 아이도 방송 내내 실제로 이러한 어려움을 스스로 말하지 않았고, 누가 봐도 심각한 문제적 행동을 저지르지도 않았다. "한국인으로서 자부심을 느끼길 바란다"라는 아버지의 희망 사항은 12회 방송이 끝날 때까지 아들인 맹레오 군이 거의 보여주지 않았다.

맞다. 부모가 편식하는 자식을 걱정하는 것은 매우 당연하다. 하지만 부모로서 자식이 문제가 있다고 느꼈다면 가장 먼저 찾아가야할 곳은 방송국이 아니라, 이를 전문적으로 상담하는 기관이어야 했다. 방송도 정말 아이를 걱정했다면, 부모의 입장만 듣고 전달하는 것이 아니라 아이들이 실제로 그러한지 확인해야 했다. 방송이 부모와 자식 간의 상황과 관계를 함께 개선할 요량이었다면, 또래 아이들에 비교해 실제로 문제가 심각한 것인지, 그래서 앞으로 어떻게 할지를 전문가와 함께 대처해야 했다.

그런데 없다. 〈병아리 하이킥〉 부모들이 아이들을 걱정한답시고 선택한 것은 '태권도'였고, '관찰 예능'이었다. 부모의 문제의식이 확실치 않은 상황에서 6명의 영유아들은 번갈아 가며 힘겨움을 드러냈다. 특히 이로운 군이 태권도장을 들어가지 못하는 장면이 그랬다. 이 군은 도장 앞에서 약 2시간 동안 주저하며 연신 울음을 터트렸다. 평소 겁 많은 아이가 낯선 환경에 던져졌고, 이 모습은 "멈칫!", "1차 진입 실패", "우아아앙~"이라는 알록달록한 자막으로 포장됐다.

그렇게 한 아이가 느끼는 공포와 괴로움이 TV로 생생하게 전달됐다. 이로운 군이 두려움에 떨고 있을 때, 일반인 어머니는 "부모 상담하러 간다"라며 울고 있는 자신의 아들을 내버려 두고 하하, 김동현, 나태주 씨가 모여 있는 장소로 향했다. 그곳은 관찰 카메라로 평균 나이 5.3세 영유아를 감시하며 웃고 떠드는 백 토크(Back talk) 현장이었다. 찬 바닥에 덩그러니 놓인 로운 군은 시간이 지날수록 더 엄마를 기다리며 의기

소침해졌다. 아이는 계속 우는데 어른들이 웃고 떠드는 장면이 연속으로 교차했다. 1, 2회 방송 후에 남은 건, 어른들의 바람과 욕심, 아이의 눈물뿐이었다.

선수는 교육자가 아니다

MBN 〈병아리 하이킥〉에는 영유아와 그 부모만 등장하지 않는다. 현재 트로트 가수지만 과거에는 태권도 자유 품새 남자 국가대표 세계 1위 금메달리스트였던 나태주 씨가 '관장'으로 소개됐다. 태권도 15년 경력에 MBN 〈보이스트롯〉에 출연했던 배우 겸 가수인 태미 씨, UFC 격투기 선수이면서 동시에 태권도 공인 3단인 김동현 씨, 태권도 선수 13년에 현재 보이그룹 위아이(WEi) 소속인 김요한 씨가 '사범'으로 출연했다. 여기에 '대부'라는 점을 강조하며 방송인 하하 씨가 존재감을 드러냈다.

그래서 〈병아리 하이킥〉은 비전문적이다. 영유아를 키우는 부모가 교육과정에 생긴 고민을 안고 태권도장을 찾아왔지만, 정작 관장과 사범, 대부로 등장하는 연예인 면모를 보면, 아동을 가르칠 수 있는 수준이 아니었다. 방송 내내 금메달리스트, 태권도 15년과 공인 3단 그리고 13년의 선수 출신이라는 점을 반복하지만, 이것은 선수 경력일 뿐, 사람을 기르고 성장시킬 수 있는 교육자의 이력이 전혀 아니었다. 방송은 태권도가 영유아의 성장과 발달에 어떤 도움이 되는지 설명도 부족했다.

물론 일부 있었다. 〈병아리 하이킥〉은 사범 태미 씨가 고등학교 1학년 때 아이를 잠깐 가르친 경험이 있다는 사실을 말하기는 했다. 사범 김요한 씨가 정식 사범인 적이 없으며, 태권도장을 운영했던 아버지를 어렸을 때 잠깐 도와준 적이 있다는 점도 전달했다. 하지만 거기까지였다. 〈병아리 하이킥〉은 어떻게 10여 년 전에 아이를 잠깐 가르치고, 도장 운영을 잠시 도와준 게 영유아를 키우는 연예인 부모의 고민을 해결해 줄 수 있는지 확실히 제시하지 못했다.

그래서일까. 태권도 교육자로 볼 수 없는 연예인 때문에 방송 내내 아이들이 겉돌았다. 연신 힘을 뽐내던 5세 태혁이 군은 어느 순간 힘듦을 호소하며 주저앉기 일쑤였다. 6세 서희 양은 태권도장에 적응하지 못해 아빠 품으로 달려가기를 반복했다. 여기에 "얘네가 명상을 할 수 있어요?"라는 방송인 현영 씨의 의문을 반영하듯, 명상 도중에 아이들은 "더 이상 못 참겠어요"라고 하나둘 끙끙대며 안절부절 못했다.

결국 6명의 아이들은 명상과 국기원 승급 심사, 기합과 겨루기 등을 할 때 땅바닥에 드러눕고 울면서 칭얼댔다. 〈병아리 하이킥〉은 중간에 웃음과 감동을 주었지만, 그 사이사이에 저항하는 영유아의 모습과 극명하게 대비되어 불편함도 함께 전달했다. 아이들이 괴로워하는 모습을 지켜보는 시청자 입장에서도 편하지 않았다. 고역이었다. 이 상황에서 관장과 사범, 대부로 불리는 연예인들은 "나 안 하고 싶어!"라고 외치는 아이들에게 "태권도 하는 사람은 떼쓰면 안 돼요"라고 권위와 분위기로 억눌렀다.

선수는 교육자가 아니다. 아무리 운동 경험이 오래됐고, 좋은 성적을 과거에 많이 거뒀다고 해서 누구나 쉽게 다른 사람을 가르칠 수 있는 자격이 주어지지 않는다. 단지 그 분야를 다른 사람에 비해 더 잘 알 뿐이다. 이것은 동서고금을 막론한 상식이다. 따라서 〈병아리 하이킥〉에서 관장과 사범, 대부라고 불리는 연예인들이 영유아를 가르칠 자격이 있는지 충분히 드러내지 않은 채, 단순히 "태권도가 좋은 기억으로 남았으면 좋겠다"라는 바람만으로 6명의 아이들을 가르친 것은 부적절했다.

부모가 자식을 감시하고 관찰하는 〈병아리 하이킥〉

기존 대다수의 영유아 관찰 예능은 부모와 자식이 방송에 같이 출연했다. 이 모습을 다른 연예인이나 유명인이 스튜디오나 백토크 장소에서 지켜보며 감정과 의견을 드러냈다. 하지만 〈병아리 하이킥〉은 영유아를 대상으로 한 다른 예능과 달리 부모는 뒤로 숨고 아이들을 앞으로 내세웠다. 왜 그랬을까.

그 답은 그동안 시청자의 열렬한 사랑을 받았던 KBS 〈슈퍼맨이 돌아왔다〉, MBC 〈아빠! 어디가?〉 등의 아동 리얼리티 관찰 예능에서 유추할 수 있다. 이러한 예능에 출연했던 대다수의 연예인은 과거에 구설수에 오르고 사회적으로 문제가 있었던 연예인이었다. 비호감이거나 배우로서 대표작이 없고, 가수로서 히트곡이 없는 유명인이 자신의 아이를 예능에 출연시켜 인지도를 높이는 반전의 기회로 삼고자 했다.

MBN 〈병아리 하이킥〉도 이 문법을 따른다. 현영 씨는 2013년 프로포폴 논란 이후, TV 출연을 거의 하지 않았다. 하승진 씨도 국가대표 농구선수로 스포츠 분야에서 잘 알려졌지만, 방송에서 자주 볼 수 없는 사람이다. 코미디언 홍인규 씨도 KBS 〈개그콘서트〉가 종용된 뒤, 좀처럼 TV에서 볼 수 없는 연예인이다. 〈병아리 하이킥〉의 부모들은 방송을 오래 쉬거나, 인지도가 부족한 인물이 대다수였다.

그래서 숨었다. 다른 사람도 아닌, 부모가 아동을 전면에 내세우고 뒤에서 감시했다. 어버이가 자식을 직접 관찰하며 대중에게 웃음을 선사하는 〈병아리 하이킥〉의 모습은 그동안 영유아 관찰 예능에서 보기 힘든 독한 모습이었다. 연예인과 유명인, 일반인 부모들이 아이를 대하는 모습을 보면, 첫 회에 영유아 부모로서 고민을 안고 방송에 출연했다는 동기가 허울 좋은 명분이었다는 사실을 저절로 느끼게 했다.

미션은 '훈련'이라는 이름으로

지상파와 종편, 케이블 등의 모든 리얼리티 관찰 예능에서 흔히 볼 수 있는 장면이 있다. 영유아, 청장년층 등 관찰되는 대상이 누구인지를 떠나, 제작진은 출연자에게 끊임없이 미션을 부여한다. 관찰 도중에 아무 일도 벌어지지 않으면 시청자에게 전할 수 있는 내용이 없기 때문이다. MBN 〈병아리 하이킥〉도 마찬가지였다. 다만 기존 리얼리티 관찰 예능과 한 가지 차이점이 있었다. 이 미션이 태권도라는 이름으로 포장되어 '훈련'으로 다뤄졌다.

그래서 평균 나이 5.3세인 6명의 영유아들은 매회 하게 된다. 관장과 사범의 지시에 따라 기초체력 훈련이라는 이름으로 어른도 쉽게 하기 힘든 버핏 테스트를 한다. 집중력을 올린다는 이유로 사범인 김요한 씨가 성공하지 못한 정권(正拳)으로 촛불 끄기를 수행한다. 여기에 협동심을 기른다는 구실로 이인삼각 달리기를 하고, 태권도 발차기를 할 때 유연성이 중요하다며 아이들은 다리를 180도로 찢기도 한다.

에릭 에릭슨(Erik Erikson)의 심리사회적 발달이론은 만 3~6세를 "죄책감을 극복하고 새로운 것을 시도하는 주도성 발달" 시기로 봤다. 장 피아제(Jean Piaget)는 인지발달이론에서 "2~6세 아동이 논리적 사고는 못 하지만 감각적 기능에서 벗어나 점차 상징적·개념적 기능을 수행하고, 언어와 상상 놀이가 주요 행동 특징"이라고 언급했다. 에릭슨과 피아제의 이론에 따르면 만 3~6세 아동은 비논리적이지만 자아를 주도적으로 발전시키는 단계에 있다고 요약할 수 있다.

그런 점에서 〈병아리 하이킥〉은 주입식교육과 훈련의 향연이었다. 방송은 아이들이 무엇을 할 수 있게끔 도와주는 것이 아니라, 철저히 어른들의 시각과 관점에서 아이들을 훈육하는 데 그쳤다. 유명 전문가의 주장과 이론을 사전에 알았는지는 차치하더라도, 방송을 만들고 출연하는 어른들 모두 '영유아'의 존재와 시기의 중요성을 등한시했다. 그래서 12회 내내, 교육자로 볼 수 없는 어른들의 훈육과 감시로 "안 하고 싶어"라는 영유아 6명의 저항이 매주 시청자에게 고스란히 전달됐다.

줄탁동시

줄탁동시(啐啄同時)는 "알속의 병아리가 껍질을 깨뜨리고 나오기 위하여 껍질 안에서 쪼는 '줄', 어미 닭이 밖에서 쪼아 깨뜨리는 '탁'"을 뜻하는 사자성어이다. 줄탁동시는 '줄'과 '탁'이 동시에 행하여지는 것을 스승과 제자 사이를 빗댈 때 주로 사용한다.

그래서 아쉽다. 이 말이 MBN 〈병아리 하이킥〉 첫 회에서 "스스로 깨면 병아리, 남이 깨면 프라이"라고 하하 씨, 김동현 씨가 말한 점과 맥락을 같이하기 때문이다. 이 방송에서 대부로 불렸던 하하 씨는 이 문구를 영유아 부모들의 고민을 해소하고 태권도 사범과 병아리인 아이들이 같이 성장하기 바라는 심정을 담아 태권도장 관훈으로 삼았다.

하지만 〈병아리 하이킥〉은 12회 내내 태권도 사범단이 '탁'을 제대로 보여주지 못했다. 이로 인해, 아이들 스스로 성장할 수 있는 '줄'은 방송이 거듭될수록 퇴색됐다. 관장과, 사범, 대부로 불리는 연예인이 정말로 아이들의 성장을 원했다면 종영될 때까지 본인들이 말한 프라이가 되는 상황을 경계해야 했다. 그래서 방송은 아이들이 힘들어할 때, 어른이 밖에서 빠르게 도와 '성장'할 수 있는 기회를 놓쳐버렸다. 여기에 제작진은 영유아 허리에 마이크를 채우면서, 아이들의 의식 없는 행동에 "심쿵", "하트", "설렘주의보"라는 핑크빛 자막으로 포장하기에 바빴다.

〈병아리 하이킥〉은 아동 성장 버라이어티가 맞는지 의문을 남긴 채 지난 7월 종영됐다. 이 방송에서 드러난 여러 가지 문제점을 보면, 이렇게 쉽게 끝나서는 안 된다는 생각을 하게 했다. 왜냐하면 〈병아리 하이킥〉에서 아동을 다루는 방식이 단순히 예능이라는 장르를 넘어, 드라마와 뉴스, 시사 교양과 유튜브라는 우리 방송 환경에서도 종종 볼 수 있기 때문이다. 아이들을 웃음과 재미, 감동의 수단으로 삼은 〈병아리 하이킥〉을 보며, 늦었지만 이제라도 방송에서 아이들을 어떻게 대할지 진지한 고민이 필요하다고 생각한다. 그렇지 않으면 앞으로 방송에서 병아리인 아이들의 수난은 계속될 것이다. 채널만 바뀐 채, 또 다른 이름을 달고.

진정한 응원이란 무엇인가요

김경은

화려한 컴백홈?

〈해피투게더〉 제작진과 유재석 씨의 재결합을 보여주는 〈컴백홈〉. 과거의 인연이 이어져 1년 만에 KBS로 그들이 '컴백홈' 하게 되었다. 이런 유재석 씨의 복귀를 함께한 이들은 사회 초년생이자 MZ세대의 대표 주자인 이영지 씨와, 자취 생활을 약 15년 경험하여 출연진에게 조언을 줄 수 있는 캐릭터, 이용진 씨이었다. 이 세 인물의 케미스트리는 부족한 점을 꼽을 곳이 없었다. 유재석 씨는 전체적인 상황을 주도하며 스토리가 중간에 다른 곳으로 빠지지 않도록 뱃사공 역할을 했고, 이영지 씨는 젊은 피의 소유자로 에너지와 리액션이 넘쳐 전체적인 분위기를 띄우는 역할을 했다. 이용진 씨는 자취 경험에서 우러나오는 멘트를 치며 공감할 수 있는 포인트를 만들어내는 역할을 했다. 세 명의 출연진은 서로 상호 보완적인 관계로 무해한 사람들의 결합을 보여줬다. 상대를 깎아내리면서 재미를 만들어내는 대부분의 토크와는 달라, 첫 방송 예고편을 본 시청자들의 흥미를 돋우었다. 이 때문일까? 약 1년 만에 베일이 벗겨진 〈컴백홈〉은, 긴 준비 기간이 무색할 정도로 출연진에게만 의존하는 모습이 역력했다.

프로그램의 취지는 좋았다. '청춘들의 꿈을 응원하고 힘을 실어주는 리얼리티 예능'. 집 그 자체에 집중하는 것이 아닌, 그 속에서 인생을 살아가는 청년들을 조명하려는 태도도 좋았다. '이 집은 당신에게 어떤 의미인가?'를 질문하며 각자의 보금자리를 돌아보는 계기를 선사하려는 노력도 보였다. 하지만 이 좋은 취지로 시작된 프로그램은, 지난 6월 5일, 평균 시청률 약 3.39%(닐슨 코리아 기준), 다소 부진한 성적과 낮은 화제성으로 막을 내리게 되었다. 그 이유가 과연 무엇이었을까.

어디서 본 듯한 기시감

케이블 방송사는 물론이고, 지상파 방송들도 새로운 예능 트렌드를 만들어내기 위해 색다른 도전을 계속해서 시도하는 추세이다. 이미 다른 채널에서 주도한 포맷을 따라가는 것은, 콘텐츠 홍수 시대에 눈이 높아진 시청자들에게는 오히려 피로감을 주게 된다. 그럼에도 불구하고 〈컴백홈〉은 마치 기존에 존재하던 여러 가지 프로그램들을 뒤섞어 놓은 듯한 느낌을 주었다. MC들과 게스트가 갑자기 식당에서 밥을 먹고, 고기를 구워 먹는 먹방과, 춤 실력 뽐내기, 번개송 랩 작사 타임, 턱걸이 경쟁 등의 콘텐츠까지, 이 프로그램의 방향성에 대한 궁금증을 자아내는 장면이 파다했다. 프로그램이 중구난방으로 길을 새며, 갈피를 못 잡는 듯한 모습들을 보여주자, 이에 대해 '청춘'이라는 소재만 포함되었을 뿐, 〈해피투게더〉의 형태를 벗어나지 못했다는 의견도 분분했다.

인테리어 리모델링을 해주는 점 역시 마찬가지로 타 프로그램을 떠올리게 만든다. 〈컴백홈〉 기획의도에서는 '현재의 집주인을 만나 꿈을 응원해 주는 프로그램'이라고 언급되어 있다. 〈컴백홈〉에서 이 '응원'은, 인테리어를 리모델링해주는 물질적인 부분이 꽤 많이 차지하는데, 이것이 정녕 청년들을 위한 '응원'이 맞는지 의문이 들었다. 〈헌집줄게 새집다오〉, 〈홈데렐라〉, 〈바꿔줘! 홈즈〉와 같이, 프로그램명에서부터 리모델링을 주로 다룰 것이라는 느낌을 주지도 않는데, 이에 집중할 필요성이 있었나 싶다. 2회 차에 게스트 김종민 씨가 살던 집의 거주자가 리모델링을 원하지 않자, 근방에 다른 거주자를 찾아 인테리어를 굳이 새로 해준 것만 보아도, 〈컴백홈〉에서 이 행위가 굉장히 중요한 파트를 차지한다는 것을 알 수 있다. 코로나로 인해 집에 있는 시간이 많아지며 인테리어에 대한 관심이 증가한 사회적 분위기를 의식한 것인지는 모르겠으나, 집을 바꿔준다는 것만으로 청년들에게 힘과 용기를 줄 수 있을 것이라 생각했다면 아주 큰 오산으로 보인다.

무의식 속에 담긴 이데올로기

사실 〈컴백홈〉은 게스트로 마마무의 화사 씨와 휘인 씨가 출연한 첫 회 차부터, 프로그램의 핵심 타깃인 청춘들에게서 공감을 이끌어내지 못했다. 오히려 불쾌함을 안겨줬다는 반응이 대다수였다. 이 감정의 원인은 프로그램 내에 전반적으로 깔려 있는 계급 차별적 시선 때문이라고 할 수 있겠다. 첫 회 차에서 게스트들은 이런 말을 꺼낸다. "나는 그때 당시에 이 마당이 너무 넓게 느껴졌어요", "나도 이제 좀 좁게 느껴져. 그게 좀 슬퍼", "그때 당시에는 '내가 이런 옥상을 가졌다니' 이런 행복…… 뭔가 그만큼 컸다는 뜻인가?". 화사 씨와 휘인 씨는 옥탑방을 둘러보며 이런 발언과 함께 과거를 회상했고, 더위와 싸웠던 기억, 바퀴벌레와 싸웠던 기억을 꺼내기 바빴다. 과거의 그런 고생 끝에 지금 이 자리까지 올 수 있었다며 이야기를 마무리 지었지만, 이는 그 집에 현재 거주 중인 청년을 배려하지 않은 것으로 보인다. 당사자를 앞에 둔 채로 굳이 치부를 파고 들어야 했는지 의문이 들었다. 분명 청년의 가족분들, 지인들도 그 방송을 시청할 것인데, 과연 그들이 어떤 생각을 하고 어떤 감정을 느끼게 될지, 시청자의 입장에서는 우려가 안 됐다면 거짓말이다.

자막 역시 마찬가지이다. 그 예로 '(아파트 안 부러운) 마마무가 살던 집'이라는 자막을 들 수 있겠다. 여기에는 연예인이 한때 살았던 집이라는 이유 하나만으로, 그곳의 값어치가 상승한다는 뉘앙스가 담겨 있다. 이처럼 무의식 속에 튀어나오는 대사와 자막 하나하나가, 일반인과 연예인 사이의 경계가 더 뚜렷해지는 데 기여하고 있다. "우리가 한때는 이런 곳에 살았었지~"라는 감회가 새로운 연예인들의 시선 옆에는 불편한 기색이 역력한 청년들의 표정을 발견할 수 있었다.

청춘을 위로해 준다는 탈 그 이면에는 결국, 다양한 연예인들의 추억 팔이가 콘텐츠의 핵심으로 담겨 있는 모습이다. 금의환향한 연예인들에게 낡은 옛집은 그저 추억에 젖게 되는 과거일지 몰라도, 현재를 살아가는 세입자들에게 그곳은 소중한 보금자리 혹은 하루빨리 벗어나고 싶은 현실이다. 거주 중인 이들에 대한 배려 없이 과거 고생을 함께한 '오래된 집'이라는 프레임을 씌우고, 그 위로 서사를 쌓아 올리는 형식은 시청자들로 하여금 긍정적으로 받아들여지지 않았을 터이다.

과연 청춘들은 같은 곳에서 살았던 연예인들의 성공을 보며 용기를 얻을 수 있었을까. 오히려 상대적 박탈감을 느끼고 자괴감이 들지는 않았을까. 자신이 과거 거주했던 집이 허름해, 직접 찾아와 리모델링해 준다는 요소 자체도 선물보다는 일종의 수혜로 와닿아 계급화를 일으키고 있다. 일자리 부족으로 인한 취업/실업 문제, 집값 폭등으로 인한 주거 문제 등, 청년들이 당장 직면하고 있는 이 고단한 상황을 너무 가벼이 바라보고 있는 것처럼 느껴진다. 진정으로 청년들을 응원하고 위로해 주고 싶었다면, 집을 고쳐주는 것보다 더 현실적인 접근을 통해 참된 소통이 주를 이뤄야 했을 것이다. "너도 열심히 하면 나처럼 성공할 수 있을 거야" 하는 식의 응원은, 그저 선민의식처럼 느껴질 뿐이다.

기획의도 문구 자체에서도 이미 무의식 속에 담긴 이데올로기를 발견할 수 있다. "스타의 낯선 서울살이의 첫걸음을 시작한 첫 보금자리로 돌아가 그곳에 현재진행형으로 살고 있는 청춘들의 꿈을 응원하고 힘을 실어주는 리얼리티 예능 프로그램". 굳이 사람을 오직 '스타'로, 지역을 오직 '서울'로 한정해야 할 합당한 이유가 있었을까? '스타'들의 첫 보금자리만 소중한 것도 아니고, '서울'에 있어야만 성공을 하는 것도 아니다. 기획의도에 담긴 시대착오적인 내용부터가 문제의 발단이지 않을까라는 생각이 든다.

취지의 허점

먼저 리모델링 행위 자체에서 허점을 찾아볼 수가 있다. 청춘들에게 선사하는 리모델링은 월세 혹은 전세로 거주 중인 그들의 상황을 고려하지 않은, 유효기간이 한정된 선물이다. 평생 그곳에 머물러 있는 것이 아니기에 결국에는 집주인에게 득이 되는 일을 무료로 해주게 되는 것이다. 물론 당사자가 이사를 하는 경우에는 가구들을 해체해서 가져가는 것이 가능하다고는 하지만, 부엌과 화장실 같이 고정되어 있는 부분들은 세입자들이 가져갈 수가 없는 노릇이다. 더군다나 가져갈 수 있는 물건조차도 해체하는 작업 자체가 일이며, 이를 모두 다른 곳으로 옮기는 과정에서 비용 역시 많이 드는데, 과연 이 행위가 진정 청년들을 위하는 실용적인 소비인 것인지 의문이 든다.

정말 청춘들을 응원해 주는 것이 목적이라면 구성에서 인테리어 공사보다는, 청년들과의 토크에 더 힘을 싣는 것이 나았을 것으로 보인다. 현재는 청년들과의 토크의 비중이 전체 방송 분량의 약 3분의 1 정도에 불과하다. 그도 그럴 것이 같은 집에 머물렀다는 공통점 한 가지만으로 연예인과 일반인이 계속해서 대화를 이어나가기에는 공감대가 부족했을 터이다. 그렇더라도 사는 지역에 담긴 추억과 관련된 에피소드라든지, 청년들 마음속에 담겨 있는 깊은 고민 등을 꺼내서라도, 그들의 이야기를 더 담아내는 것이 이 프로그램의 취지와 더 어우러졌을 것이다. 그랬다면 청년들을 진정으로 응원하고 있다는 제작자 측의 그 마음이, 그 노력이, 시청자들에게 확실하게 전달될 수 있었을 것이다.

만일 정 인테리어라는 소재를 놓칠 수 없다면 조건이라도 더 명확하게 할 필요성이 있을 것 같다. 예를 들어 인테리어를 해주는 조건으로 세입자가 장기 계약할 수 있게끔, 거주 보장을 해주는 것처럼 말이다. 인테리어가 집값에 꽤 중대한 영향을 미치는 것이 현실인데, 집주인이 값을 올려버리게 된다면 꿈 있는 청년들이 터전을 잃고 쫓겨날지도 모르는 일이다.

리모델링뿐만 아니라 출연자의 사생활 보호에 안일한 촬영 방식 역시, 청춘들을 위하는 프로그램이라는 점에서 모순을 보여주고 있다.

일반인들이 현재 거주하고 있는 집은 다양한 방식을 통해 방송에 노출되었다. 구체적인 지명은 물론이고, 외관과 내부, 드론을 활용한 공중 촬영까지 더해지는 등, 청년들의 실 거주지를 가늠할 수 있는 정보가 상당히 많이 제공되었다. 혹여나 위험한 상황이 발생할 수도 있는, 그런 일말의 가능성을 생각하지 않은 채 방송을 진행한다는 사실 자체가, 청춘들을 충분히 배려하지 않았다는 느낌을 전달했고, 시청자들의 우려 역시 사게 되었다.

진정한 응원이란 무엇인가

'청춘들의 꿈을 응원하고 힘을 실어준다'는 〈컴백홈〉의 취지는, 이 삭막한 사회를 따듯하게 감싸 안아줄 수 있는 잠재력을 지닌 예능이다. 그럼에도 불구하고 긍정적인 평가를 받을 수 없다는 것에는 마땅한 이유가 존재하기 마련이다. 〈컴백홈〉이 잘못하고 있는 지점으로는 출연진에게 너무 의존한다는 사실과, 많은 것을 담아내려는 욕심, 청춘들보다 '스타'에게 더 초점이 맞춰져 있다는 점, 그리고 청춘들이 직면한 현실을 가벼이 본다는 것을 꼽을 수 있겠다. 본연의 좋은 취지를 잊지 않은 채 최대한 살려내고, 꼭 담아내야 하는 장면들로 프로그램을 가득 채워낸다면, 뒤돌아섰던 시청자들을 다시 불러 모을 수 있지 않을까 조심스레 의견을 내어본다. 다음 시즌이 성사된다면 부디 내 집 마련이 거의 불가능에 가까운 세상을 꾸역꾸역 버텨내고 있는 청춘들에게, 〈컴백홈〉이라는 프로그램이 진정한 '응원'을 전달할 수 있기를 기대해 본다.

모범택시의 아찔한 주행

SBS 〈모범택시〉

고은강

최근 TV 채널에서 청소년관람불가 등급의 드라마가 방영되는 빈도가 급증하고 있다. 청소년관람불가 등급으로 방영된다는 것은 장면 연출에 있어 조금 더 자유롭다는 것을 의미한다. 그리고 보통 폭력성, 선정성과 같은 부분에서 수위가 올라가게 된다. 하지만 청소년관람불가 등급이라고 해서 어떤 고려도 없이 제작될 수 있다는 뜻은 아닐 것이다. 그중에서도 실제 범죄를 모티브로 드라마가 제작된다면 청소년뿐만 아니라 성인에 대한 고려도 필요해진다. 실제 피해자와 유사 사건의 피해자들이 존재하기 때문에 해당 범죄 장면이 2차 가해로 작용할 수 있기 때문이다. 이 글에서는 드라마 〈모범택시〉를 통해 실제 범죄 사건이 다뤄지는 방식과 폭력성의 의미에 관해 이야기하고자 한다.

1. 이 드라마는 실제 사건과 유관함을 밝혀드립니다

수많은 작품이 실존하는 단체, 기업, 범죄 사건 등과는 관련이 없다는 사실을 밝히며 시작하고는 한다. 유사성으로 인한 논란을 일축시키기 위함일 것이다. 이렇듯 작품이 실존하는 무언가와 유사하다는 것은 제작자들이 조심스러워질 수밖에 없는 부분일 것이다. 드라마 〈모범택시〉는 실제 사건을 바탕으로 에피소드를 꾸린 범죄 오락물 형태의 복수극이다. 실제로 8개의 에피소드 중 5개의 에피소드가 실제 사건을 모티브로 하고 있다. 에피소드마다 실제 사건을 굉장히 사실적으로 묘사하고 있는데 이는 연출을 맡은 박준우 PD가 시사, 교양 〈그것이 알고 싶다〉와 〈궁금한 이야기 Y〉 등을 연출했던 경험이 있기 때문이다.

하지만 〈모범택시〉는 실제 사건을 재현하는 데 초점을 맞추는 드라마들과는 다를 수밖에 없다. 사회에서 이슈였던 범죄 사건들을 재현해 사람들에게 보여주는 것에 목적이 있는 것은 아니기 때문이다. 이 드라마는 기획의도에 나와 있듯 우리 사회에서 일어나고 있는 수많은 범죄가 납득할 만한 처벌을 받지 못하고 있다는 점에서 이상함을 느끼고 현시대의 정의에 대한 고민을 다시 하는 것에 초점이 맞춰져 있다. 그렇기에 드라마 속 범죄들은 이런 기획의도를 보여주기 위한 소재로 사용되는 것이다.

실화를 모티브로 한 작품들은 보통 하나의 실화 혹은 사건을 소재로 이야기를 전개한다. 해당 모티브를 재현함으로써 사람들에게 다시 기억될 수 있게 하는 것에 의미를 두거나, 실제 모티브 안에서 전달하려는 메시지를 찾고 서사 전체가 그 한 가지 이야기를 끌고 나가는 것에 초점을 맞추는 것이다. 이와 달리 〈모범택시〉의 경우에는 실제 범죄 사건들을 에피소드별로 등장시킨다. 범죄 피해자 유족들이 모여 만든 복수 집단인 '무지개 운수'가 의뢰를 받고 대신 복수해 주는 각각의 에피소드로 실제 범죄 사건이 등장할 뿐 메인 서사는 별개로 전개되는 것이다.

장르는 다르지만 비슷하게 실제 범죄 사건을 에피소드 형식으로 다루는 드라마로는 〈시그널〉을 예시로 들 수 있다. 공교롭게도 두 작품 모두 배우 이제훈 씨가 주연을 맡았다는 것과 〈시그널〉도 SBS 방영 예정이었다는 공통점을 찾아볼 수도 있는데 그보다 전국적으로 주목받았던 범죄 사건들을 에피소드로 다루고 있다는 것에 더욱 주목된다. 다만 〈시그널〉의 경우 더는 피해자 가족들이 상처받아서는 안 된다는 바람과 죄에 대한 대가를 반드시 치러야 한다는 의도를 앞세워 결국 경찰에 의해 범인을 검거하는 방식이다. 나아가 미제 사건을 포기하지 않는 것이 가지는 가치와 의미에 대한 메시지를 던진다. 정의에 대한 고민으로 출발해 피해자 유족들이 사적 복수를 나서고 심지어는 다른 피해자들의 복수를 대행해 준다는 설정의 〈모범택시〉와는 방향이 다르다고 할 수 있다. 진짜 고민은 여기에서 출발한다.

2. 모범택시의 아찔한 주행법

그렇다면 모범택시는 어떤 방식으로 실제 사건들을 다루고 있을까. 먼저 첫 번째로 방영된 젓갈 공장 노예 에피소드는 2014년 신안 염전 노예 사건을 모티브로 했다. 실제 사건은 건설 현장에서 일용직으로 근무했던 48세의 피해자가 직업 소개업자에게 속아 신안 염전으로 가게 되었으나 드라마에서는 보육원에서 자립한 여성 피해자가 악덕 기업으로 팔려갔다는 설정으로 제작되었다. 실제 피해자와 같이 강제적으로 노동하고, 폭력을 당한다는 것은 같지만 드라마에선 성폭행까지 당하게 된다. 지역

전체가 해당 사건과 유착되어 있으며 인근 파출소장까지 피의자와 지인 관계라는 점을 살려 만들어진 에피소드였다.

여기에서 가장 충격적이었던 것은 드라마 속 피해자인 '강마리아'를 냉동창고 속 젓갈 통에 넣어 고문한 뒤 복종하게 만드는 장면이었다. 드라마 첫 방영 후 가학성의 논란이 되기도 했던 장면이다. 이후에는 병원에서 탈출한 피해자가 극단적인 시도를 하려다 처음 모범택시를 호출하면서 본격적인 첫 복수가 시작되는 것이다. 위와 같이 실제 사건을 기반에 두고는 있지만 상세한 설정은 이야기 전개에 맞게 수정하는 방식으로 이야기를 전개한다.

그러나 여타 시사 교양 프로그램에서 알려진 내용에 디테일과 허구가 더해지다 보니 알고 있는 것보다 훨씬 가학적이고 잔혹하게 연출되었다. 그리고 청소년관람불가 등급이라고 하더라도 과연 이 정도로 잔혹해야 했을까 하는 고민을 던져주었다. 물론 기존의 작품들보다 훨씬 자세하게 범죄의 장면을 연출한 것은 나름의 의미 있는 시도이다. 우리는 뉴스나 시사, 교양 프로그램에서 범죄 사건을 접할 때 보통 모자이크 처리된 사건 현장을 보거나 순화시켜 만든 재현 영상을 보지만 실제 사건은 결코 그렇지 않기 때문이다. 우리가 알던 실제보다 더 실제 같은 영역에서 전달되는 장면들은 시청자가 충분히 범죄의 심각성을 인지할 수 있게 돕는다. 시청자의 감각을 자극하기에 보도를 듣는 것보다도 깊게 공감하고 피해자의 감각을 조금이나마 더 헤아릴 수도 있을 것이다.

반면에 해당 사건의 피해자와 유족, 유사 사건 피해자들에게는 끔찍한 그날의 기억을 떠올리게 만드는 트라우마의 기폭제가 될 수도 있을 것이다. 다른 에피소드도 충분히 트리거가 될 수 있겠지만 그중에서도 5화에서 8화에 전개된 '유데이터(웹하드) 직원 폭행 사건'과 '불법 동영상 유포 사건'은 여지가 없다고 보였다. 작중 안고은(표예진 분)은 성

관계 몰카 영상 불법 유포로 스스로 세상을 떠난 언니의 유족이다. 하지만 해당 사건과 맞닥뜨리며 언니의 영상을 직접 목격하게 된다. 이로 인해 트라우마에 의한 큰 고통을 받게 된다. 드라마 전개를 위해서 나중에는 극복하고 복수에 합류하지만 이런 빠른 극복이 과연 가능한지 생각해 볼 수 있다. 심지어 후반부에서는 사설 감옥에서 풀려난 범죄자들이 다시 찾아오며 안고은은 언니를 죽게 만든 범죄자에게 같은 범죄를 당할 뻔했다. 동료 김도기(이제훈 분)의 도움으로 피해 직전에 구출되지만 이런 장면은 피해자들이나 유족에게는 엄청난 2차 가해가 될 수도 있는 지점이다. 이 외에도 사설 감옥에서 풀려나 세상을 돌아다니는 범죄자들의 행적은 충분히 공포감을 준다.

공권력에 의한 정의 구현보다는 사적 복수를 완성하는 과정 자체에 초점이 맞춰진 〈모범택시〉에서 과연 자세한 범죄 장면의 재현이 꼭 필요했을까. 더구나 드라마에서 이뤄진 사적 복수가 완벽하지 않았다는 점에서 더욱 그렇다. 물론 〈모범택시〉가 제대로 된 처벌을 받지 않는 현실에 대한 아쉬움을 사적 복수의 영역으로 끌고 온 것은 시사하는 바가 있다. 하지만 악한 자들이 합법적으로 붙잡혀 처벌받는 구성을 보여주는 여타 범죄 수사물과 달리 〈모범택시〉는 범죄 오락물의 성격이 강하기 때문에 허구의 범죄 사건을 통해 이야기해도 충분하지 않았을까 하는 생각이다.

〈모범택시〉의 각 에피소드 구성을 살펴보자. 초반에는 범죄가 일어나는 전반적인 인과를 보여주고 참아내던 피해자가 결국에는 더 물러설 곳이 없는 순간에 복수 대행 서비스 업체 '무지개 운수'에 연락을 하게 된다. 그리고 모범택시 기사인 김도기는 피해자를 차에 태우고 직접 사연을 녹취한 뒤 코인을 건넨다. 코인을 건네받은 피해자가 지정된 오락기에서 복수 버튼을 누르면 곧바로 회의를 통해 복수 방식을 계획하고 복수에 들어가게 되는 것이다.

이런 방대한 이야기의 흐름에 비해 복수가 끝난 뒤에 피해자들이 어떻게 치유되는지, 이전과 같은 일상으로 돌아올 수 있는지와 같은 부분은 말 그대로 에피소드를 마무리하는 정도로 짧게 귀결되기 때문에 자극적이고 길게 다뤄지는 범죄와 복수에 주목하기 바빠지는 것이다. 드라마가 꼭 피해자의 이야기를 더 중점적으로 다뤄야 하는 것은 아니다. 특히 〈모범택시〉는 범죄 오락물 형식의 복수극이기 때문에 범죄 자체에 더 초점을 맞출 수도 있다. 그러나 작품이 실제 사건을 모티브로 하는 만큼 피해자를 다루는 데 있어서 더 신중해야 할 필요가 있지 않을까. 이런 배려 없이 기획의도에서 내세우는 정의에 대한 고민으로만 소재를 써버린다면 해당 사건, 유사 사건의 피해자들은 이런 고민을 위한 희생양으로 다시 상처받게 될 수 있다는 것도 생각해 봐야 할 지점이다.

3. 과속, 신호위반을 불사하는 아찔한 주행의 의미

〈모범택시〉는 방영 전 출연 예정이었던 여배우의 논란으로 인한 배우 전격 교체, 작품 후반부 작가 교체로 인한 전개 방식의 급변, 그리고 앞서 언급한 실제 사건을 다루는 방식 등 몇 차례의 논란이 있었지만 꿋꿋하게 두 자릿수 시청률을 지키며 운행을 완료했다.

범죄자에 대한 처벌이 제대로 이루어지지 않는 현실에서 피해자에게 남은 억울함을 사적 복수로 해결하려고 하는 방식은 어떤 의미를 지닌 것일까. 첫 번째로 이런 행적에 시청자들이 불쾌감을 드러내지 않았던 것은 그들의 감정에 일부 공감할 수 있었기 때문일 것이다. 어쩌면 조금은 의아한 현 대한민국의 현실이 반영되어 있다는 뜻일 수도 있다.

두 번째로는 징역을 통해 사회로부터 격리하는 방식의 처벌이 대중이 느끼기에 충분하지 않은 것에 비해, 일반적인 사람 이상의 모습으로 그들에게 똑같은 고통을 주어 죄를 뉘우치게 하려는 모습이 일반적인 복수보다 통쾌하게 다가오는 것일 수도 있겠다. 세 번째로는 갈수록 증가하는 청소년관람불가 등급의 드라마가 보여주는 폭력성과 대중문화 콘텐츠가 대중에게 주는 자극에 너무 익숙해져 버려서 이제 이 정도 복수를 해주지 않으면 만족하지 않는 상황에 이르렀다고 볼 수도 있겠다. 마지막으로는 갈수록 황당하고 흉악한 범죄들이 출현하고 있는 세상에서 시청자들도 그들에 대한 분노의 정서가 더욱 극대화되고 있다는 것으로 볼 수도 있을 것이다.

여러 가지 의미로 해석할 수 있는 키워드인 만큼 〈모범택시〉에서 폭력성은 단순히 배제하거나 약화해야 하는 지점이 아니라, 조금 더 고민을 가지고 다양한 접근법을 고려해야 할 속성으로 다가왔다. 또, 완성된 시즌 1의 이야기가 100%의 성공으로 보기에는 여러 의문을 남겼지만 이런 시도가 있기 때문에 다음을 도모할 수 있으리라고 생각한다.

다만 드라마 속 폭력성이 이런 의미를 갖는 것에 반해 필요 이상으로 국민이 공권력을 신뢰할 수 없는 방향으로 흘러간다거나, 모방을 하지 않더라도 저런 사적 복수가 정당화될 수 있다는 착각을 불러일으킬 수도 있다는 점도 생각해 볼 필요가 있겠다.

4. 일반 택시가 아닌 모범택시니까

드라마 〈모범택시〉는 우리 사회가 법률과 제도를 이용해 솜방망이 처벌을 받는 범죄자들과 정의의 문제에 대해 빙빙 돌지 않았다. 오히려 수단

방법을 가리지 않고 쾌속 질주하며 현실에 멀미가 난 사람들의 속을 뻥 뚫어주는 행보를 보여주었다. 몇몇 부분에서 아쉬운 점이 있었던 것은 사실이다. 그런데도 의미 있는 시도를 통해 시청자들이 원하는 모습을 보여주었다는 것은 꾸준히 기록한 두 자릿수 시청률이 증명하고 있는지도 모른다. 굿즈도 성황리에 판매되었고, 수익금 역시 전액 전국범죄피해자지원연합회에 기부되는 훈훈한 행보도 있었다. 이런 상황 속에서 시청자들이 기대하는 시즌 2의 모습은 시즌 1과 똑같은 모습은 아닐 것이다. 다소 과격했거나, 후반부에 들어서 갑자기 이야기가 정체된 모습은 다시 보완되어 오기를 기대하는 것에 가까우리라고 필자는 생각한다. 모범이란 본받아 배울 만한 대상이라는 의미이다. 그리고 모범이라는 이름을 내건 택시가 되기 위해서는 5년이라는 시간 동안 무사고로 운행되어야 한다. 시청자들이 기다리고 있는 것은 일반 택시와 같은 작품이 아니라, 더 품격 있고 안정감 있는 모습의 〈모범택시〉일 것이다.

엄마, 불완전한 세상도 참 따뜻한 거죠?
2021 좋은 방송을 위한 시민의 비평상 수상집

ⓒ 방송문화진흥회, 2021

엮은이 **방송문화진흥회**
펴낸이 **김종수**
펴낸곳 **한울엠플러스(주)**
편집 **김하경·임혜정·최진희**

초판 1쇄 인쇄 **2021년 12월 7일**
초판 1쇄 발행 **2021년 12월 17일**

주소 **10881 경기도 파주시 광인사길 153 한울시소빌딩 3층**
전화 **031-955-0655**
팩스 **031-955-0656**
홈페이지 **www.hanulmplus.kr**
등록번호 **제406-2015-000143호**

Printed in Korea.
ISBN 978-89-460-8140-6 03070